新疆农业职业技术学院现代学徒制试点学徒岗位教材

农机市场营销学徒岗位手册

田多林　张双侠　主编

中国农业大学出版社
·北京·

内容简介

该教材具有较强的实践性，基于农机企业营销环境，根据企业实际需求设计教材项目，通过规划、分析和制定农机企业真实营销策略，开展农机市场调研与分析，制定农机市场营销策划，并提高农机销售管理工作的能力。教学项目真实、设计完整，符合学生思维习惯和学习顺序，并有利于培养学生对整体内容的认知和把握，引导职业理念，帮助学生树立职业目标，熟悉工作内容，增强就业和任职能力。

图书在版编目（CIP）数据

农机市场营销学徒岗位手册/田多林，张双侠主编. —北京：中国农业大学出版社，2020. 5

ISBN 978-7-5655-2352-6

Ⅰ. ①农… Ⅱ. ①田… ②张… Ⅲ. ①农业机械－市场营销学－高等职业教育－教材 Ⅳ. ①F764. 4

中国版本图书馆 CIP 数据核字（2020）第 075847 号

书　名 农机市场营销学徒岗位手册

作　者 田多林　张双侠　主编

策划编辑 张　玉　　**责任编辑** 韩元凤

封面设计 郑　川

出版发行 中国农业大学出版社

社　址 北京市海淀区圆明园西路 2 号　　**邮政编码** 100193

电　话 发行部 010-62733489，1190　　读者服务部 010-62732336

编辑部 010-62732617，2618　　出　版　部 010-62733440

网　址 http：//www.caupress.cn　　**E-mail** cbsszs@cau. edu. cn

经　销 新华书店

印　刷 涿州市星河印刷有限公司

版　次 2020 年 7 月第 1 版　　2020 年 7 月第 1 次印刷

规　格 787×1 092　　16 开本　　18.75 印张　　375 千字

定　价 56.00 元

编写人员

主　编　田多林　张双侠

副主编　刘　杨　刘新军　张绍军　徐晓刚　杜中国

参　编　靳　范　王杰华　赵沙沙　赵红梅　陈　魁

刘爱玲　于海丽　王　静　陈　强

主　审　王海波　史　梅

前　言

2018年12月29日，国务院发布《关于加快推进农业机械化和农机装备产业转型升级的指导意见》，指出农业机械化和农机装备是转变农业发展方式、提高农村生产力的重要基础。《意见》提出要以习近平新时代中国特色社会主义思想为指导，全面贯彻党的基本理论、基本路线，以服务乡村振兴战略、满足亿万农民对机械化生产的需要为目标，以农机农艺融合、机械化信息化融合、农机服务模式与农业适度规模经营相适应、机械化生产与农田建设相适应为路径，以科技创新、机制创新、政策创新为动力，补短板、强弱项、促协调，推动农机装备产业向高质量发展转型，推动农业机械化向全程全面高质高效升级。

农机市场营销岗位是农业装备应用技术专业的核心岗位，其专业岗位设置旨在培养农业装备应用技术专业需求的高等技术应用型专门人才，使其具备农机售货服务和农机营销能力，培养学生具有职业关键技术能力和职业道德，具备综合的职业行动能力。

本教材具有较强的实践性，基于农机企业营销环境，根据企业实际需求设计教材项目，通过规划、分析和制定农机企业真实营销策略，开展农机市场调研与分析，制定农机市场营销策划，提高农机销售管理工作的能力。教学项目真实、设计完整，符合学生思维习惯和学习顺序，并有利于培养学生对整体内容的认知和把握，引导职业理念，帮助学生树立职业目标、熟悉工作内容，增强就业和任职能力。

本教材主编为新疆农业职业技术学院田多林和张双侠；副主编为新疆农业职业技术学院的刘杨、刘新军、张绍军、徐晓刚，新疆天农农机股份有限公司杜中国；参加编写的还有新疆天农农机股份有限公司的陈强，新疆机械研究院股份有限公司的靳范，新疆农业职业技术学院的王杰华、赵沙沙、赵红梅、陈魁、刘爱玲、于海丽、王静老师；在本书编写过程中得到了新疆天农农机股份有限公司、新疆机械研究院股份有限公司、凯斯纽荷兰工业集团等企业领导和技术人员的大力支持，在此一并致以诚挚的谢意。

由于编者水平有限，书中内容难免有错误或不当之处，恳请广大读者批评指正。

编　者

2019 年 7 月

目　录

The first part

The first part

第一部分

步入企业

The first part

The first part

竹笛演奏

业余入门

入职培训专题1
我国农业机械化发展机遇与挑战

第一节　我国农业机械化发展历史与成就

一、我国农业机械化发展历程

农业机械是指在农业生产、处理过程中应用的各种机械。农业机械化是指运用先进适用的农业机械装备农业，改善农业生产经营条件，不断提高农业的生产技术水平和经济效益、生态效益的过程。充分运用和发展农业机械装备，可以更好地挖掘气候、土壤和生物潜能，并为动植物的生产提供更加适宜且可控制的生长环境，从而使在有限的土地上通过较少的劳动力来获取高产量、高品质、高效益的农产品。

原始社会的简易农具标志着我国农业机械的起源，在《齐民要术》《耒耜经》等古籍中有所记载。耒耜是一种早期的耕地工具，在我国新石器时代（约公元前5000—公元前3000）出现。发展到公元前13世纪，拥有了铜犁头为主的牛耕。随着古代农业的发展，公元前3世纪的春秋战国时期，铁、木制农具已经在农业的耕种、收获、生产与加工的各个方面广泛应用。一些原始社会农具的基本原理至今仍在部分农业机械中应用。

新中国成立后，农业机械化在党和政府领导下战胜各种困难挫折，探索前进，开拓创新，取得了多方面的成就和历史性的进步，开创了一条中国特色农业机械化发展道路，实现了由初级发展阶段向中级发展阶段的跨越，为提高我国农业综合生产能力，解放和发展农村生产力，促进农业稳定发展、农民持续增收和我国经济社会持续健康发展做出了重要贡献。

中华人民共和国成立以来，农业机械化发展大体经历了5个阶段。

1. 1949—1980 年，创建起步阶段

中央提出了明确的农业机械化发展目标和相应的指导方针、政策。国家在有条件的社、队成立农机站并投资，支持群众性农具改革运动，增加对农机科研教育、鉴定推广、维修供应等系统的投入，基本形成了遍布城乡、比较健全的支持保障体系。我国农机工业从制造新式农机具起步，从无到有逐步发展，先后建立了包括一拖、天拖、常拖等一批大中型企业，奠定了我国农机工业的基础。

2. 1981—1995 年，体制转换阶段

农村实行家庭联产承包责任制后，集体农机站逐步解散，国家对农业机械化和农机工业的直接投入逐渐减少，农机平价柴油供应等优惠政策逐步取消，曾经出现"包产到户，农机无路"的尴尬。1983 年国家开始允许农民自主购买和经营农机，农民逐步成为投资和经营农业机械的主体。为适应农业生产组织方式的重大变革，农机工业开始第一轮大规模结构调整，重点生产了适合当时农村小规模经营的小型农机具、手扶拖拉机、农副产品加工机械、农用运输车等。而大中型拖拉机和配套农具保有量停滞不前，机具配套比失调，田间机械利用率低，农田作业机械化水平提高缓慢。

3. 1996—2003 年，市场引导阶段

20 世纪 90 年代中期以来，农村劳动力开始出现大量转移趋势，农村季节性劳力短缺的趋势不断显现。1996 年，国家有关部委开始组织大规模小麦跨区机收服务，联合收割机利用率和经营效益大幅度提高，探索出了解决小农户生产与农机规模化作业之间矛盾的有效途径，中国特色农业机械化发展道路初步形成。农机工业开始了新一轮产品结构调整，高效率的大中型农机具开始恢复性增长，小型农机具的增幅放缓，联合收割机异军突起，一度成为农机工业发展的支柱产业。

4. 2004—2018 年，依法促进阶段

2004 年颁布实施了《农业机械化促进法》，2004—2009 年的中央 1 号文件和十七届三中全会都明确提出了加快推进农业机械化的要求和措施。购机补贴政策对农业机械化发展和农机工业拉动效应显著，促进了我国农机装备总量持续快速增长、装备结构不断优化、农机社会化服务深入发展，农机工业产品结构进一步优化，向技术含量高、综合性能强的大型化方向发展，一批具有地域特色的产业集群具备雏形，产业集中度进一步提高。2007 年我国耕种收综合机械化水平超过 40%，农业劳动力占全社会从业人员比重已降至 38%，这标志着我国农业机械化发展由初级阶段跨入了中级阶段，农业生产方式发生重大变革，机械化生产方式已基本占据主导地位。

5. 2019 年以来，转型升级阶段

2018 年 12 月 29 日，国务院发布《关于加快推进农业机械化和农机装备产业转型升级的指导意见》，指出农业机械化和农机装备是转变农业发展方式、提高农村生产力的重要基础。《意见》指出，要以习近平新时代中国特色社会主义思想为指导，全面贯彻党的十九大和十九届二中、三中全会精神，以服务乡村振兴战略、满足亿万农民对机械化生产的需要为目标，以农机农艺融合、机械化信息化融合、农机服务模式与农业适度规模经营相适应、机械化生产与农田建设相适应为路径，以科技创新、机制创新、政策创新为动力，补短板、强弱项、促协调，推动农机装备产业向高质量发展转型，推动农业机械化向全程全面高质高效升级。同时提出，力争到2025年，农机装备品类基本齐全，产品质量可靠性达到国际先进水平。全国农机总动力稳定在11亿kW左右。全国农作物耕种收综合机械化率达到75%，粮棉油糖主产县（市、区）基本实现农业机械化，丘陵山区县（市、区）农作物耕种收综合机械化率达到55%，设施农业、畜牧养殖、水产养殖和农产品初加工机械化率总体达到50%左右。

近年来，我国农业机械化发展成就巨大，但与发达国家仍有不小差距，发展还不平衡不充分，总量不足、结构不优与质量不高并存。进入新时期，实施乡村振兴战略需要农业机械化向更宽领域、更高水平发展，农业机械化发展环境和需求结构深刻变化，必须适应新形势新要求，加强顶层设计，加大推进力度，推动农业机械化转型升级，为实施乡村振兴战略、推进农业农村现代化提供支撑。

二、我国农业机械化发展成就

（1）农业机械化水平显著提高，为增强农业综合生产能力提供了坚实的物质基础。

新中国成立之初，我国农业机械总动力仅有8.01万kW，农用拖拉机仅配备不到两百台，农用载重汽车、联合收割机等大型机械的数量更低，基本上是零。农业机械化水平极低，完全统计所得结果还不到1/100。

新中国成立70周年，经过全国人民的不懈努力，我国制造业能力与水平得到前所未有的高度，农业机械的当前保有量大大增加，较新中国成立初期，增加了不止千倍，一些使用较多的农用机械数量增加了万倍。采用农业机械化作业的领域不仅包括粮食生产，还在向各种经济作物延伸。农业生产得益于机械化的普及，衍生出了农产品加工业、副业、养殖水产业等。耕作模式也从简单粗放的大田农业向运作起来效率高、管理起来方便的设施农业转变，不但关注生产过程，更重视对“产前+产后”的链条产业的发展。小麦、大豆、水稻等传统粮食作物的生产均实现了高水平的机械化，尤以小麦生产情况最佳，大体上实现了全程机械化（播种、收获机械化水平各自占比为74%与72.8%）。

（2）农业机械化科技创新能力和农机制造能力不断增强，为农业机械化发展提供了技术装备保障。

新中国成立以来，特别是改革开放以来，国家积极推动农业机械化科技创新，通过农具改革，实施国家科技攻关、国家科技支撑计划、农业科技跨越计划、引进国际先进农业技术（948计划）项目等，加大了农业机械装备关键技术和装备的研制开发和扶持力度，推动了农业机械化部分“瓶颈”环节技术和技术集成问题的解决。水稻种植和收获两个关键环节的机械化生产技术和装备研发取得突破，玉米收获机械化技术日臻成熟，油菜、牧草、甘蔗收获、移动式节水灌溉、复式农田作业机具以及保护性耕作技术的创新研究取得重大进展。农机产品的适用性、安全性、可靠性进一步增强。农机工业通过转换经营机制，深化企业改革，实现了从农机生产弱国发展成为世界农机生产大国的历史性跨越，支撑了我国农业机械化迅速发展。

目前，我国规模以上农机企业 2 500 多家，主营业务收入 4 500 亿元，能够生产 14 大类 50 个小类 4 000 多种产品，进出口总额近 400 亿美元，其中出口 270 亿美元，成为世界农机生产大国；全国农机总动力近 10 亿 kW，种植业亩均动力 0.41 kW，超过美、日、韩等国。农机拥有量 1.9 亿台套、产值近万亿元。

（3）农机社会化服务组织发展壮大，成为发展现代农业和建设社会主义新农村的有生力量。

改革开放以来，农机大户、农机专业合作社、农机专业协会、股份（合作）制农机作业公司等新型农机社会化服务组织不断涌现，经营效益稳步提高。农机社会化服务领域进一步拓展，呈现出组织形式多样化、服务方式市场化、服务内容专业化、投资主体多元化的显著特征。农机作业的订单服务、租赁服务、承包服务和跨区作业、集团承包等服务方式，满足了农业生产和农民的迫切需要，农机跨区作业的服务半径进一步外延，规模进一步扩大，作业收入稳步增长。

农业机械朝着市场化、社会化发展，起源于 20 世纪 90 年代的跨区域小麦收割。跨区域机械化收割的进行，将联合收割机在每年的使用时间从 7～10 d 延长至 1 个月。因此，小麦收割效率明显上升，联合收割机的应用率也显著增加。该措施使很多农户的小麦得以采用机械收割，农业机械整体应用的经济效益也由此展现出来。另外，现役联合收割机的数量也由此大幅度上升。这一举措也带动了别的农业产业的作业模式向集中的机械化生产迈进。从那开始，各地农业机械作业协会、合作社和作业公司如雨后春笋一般大量出现。

目前，全国农机户及服务组织 4 249 万个，其中农机合作社 7 万个，乡村农机从业人员超过 5 000 万人，机耕、机播、机收、机械植保和机电灌溉作业面积合计超过 63 亿亩，农机化服务总收入 5 400 亿元，成为农机使用大国。全国农作物耕种收综合机械化率超过 67%，其中主要粮食作物耕种收综合机械化率超过 80%。

（4）农业机械化法律法规及扶持政策体系基本建立，为农业机械化创造了良好的发展环境。

2004 年 11 月 1 日，《中华人民共和国农业机械化促进法》正式实施，这是我国第一部关于农业机械化的法律，从科研开发、生产流通、质量保障、推广使用、社会化服务等方面制定了促进农业机械化发展的扶持措施，标志着我国农业机械化发展进入依法促进的轨道。2009 年 9 月 7 日，国务院常务会议审议并通过《农业机械安全监督管理条例》。2004 年开始实施的农业机械购机补贴政策，带动地方政府及农民和企业对农机化的投入，形成多元化的投入机制。国家对农机制造、农机流通、农机作业服务实施了税费优惠政策，降低农机产品增值税率，免征农机作业、维修服务企业所得税，对跨区作业的联合收割机、运输联合收割机（包括插秧机）车辆的免征通行费。一些有条件的地方还出台了农机优惠信贷、政策性保险、重点环节农机作业补贴、报废更新经济补偿、农机安全检验费减免、农机场库棚用地优惠等扶持措施。2018 年 12 月 29 日，国务院发布《关于加快推进农业机械化和农机装备产业转型升级的指导意见》，旨在解决当前农业机械化和农机装备产业发展不平衡不充分的问题，特别是农机科技创新能力不强、部分农机装备有效供给不足、农机农艺结合不够紧密、农机作业基础设施建设滞后等问题。国家和地方对农业机械化的法制建设和政策扶持力度逐步加大，农业机械化发展环境持续向好。

（5）建立比较完善的农业机械化管理和技术支撑体系，为促进农业机械化发展提供了组织保障。

目前，我国基本建立了较为健全的农业机械化行业管理体系，各省、自治区、直辖市和绝大多数地（市）、县（市）、乡镇都设有农业机械化管理机构。2008 年全国有省级农机管理机构 31 个（其中副厅级以上 14 个），地级农机管理机构 348 个，县级农机管理机构 2 768 个，农机管理机构履行政策实施、规划指导、监督管理、协调服务等职能的能力和水平不断提高。部、省和地市级农机试验鉴定机构共 55 个，国家级农机质检中心 6 个，部级农机质检中心 23 个，在促进企业技术进步和提高农机产品质量等方面发挥了重要作用。隶属农机化系统的农机科研机构 89 个，农机教育培训机构 1 827 个。农机推广体系覆盖全国 31 个省市自治区和新疆生产建设兵团及黑龙江农垦系统，有地、县级推广机构 2 456 个，乡镇级推广机构 1.44 万个，基本形成了多层次、多功能、多形式的推广体系和比较完整的技术服务网络，已成为农业机械化科技成果转化为农业现实生产力的中坚力量。全国农机安全监理网络进一步完善，各级农机安全监理机构 2 897 个，有效预防和减少了农机事故发生，促进了农机安全发展。

第二节　世界范围内我国农机行业发展机遇与挑战

一、世界农机行业发展现状与趋势

美国、日本和欧洲是农业机械化发展水平较高的几个国家，这些国家的农业之所以发达，就在于他们不但拥有足够数量的农业机械，而且还形成了适合各自国情的农业机械化体系。

美国是目前世界上农业机械化水平最高的国家，早在20世纪40年代，美国就领先世界各国最早实现了粮食生产机械化。近年来美国开始致力于在谷物播种机、喷雾机、联合收割机等农业机械与装备上采用卫星全球定位系统来进行监控作业等高新生产技术，并向着农业机械与装备的精准化方向发展。

总体来看，目前发达国家现代农机装备正向着大型、高效、智能化和机电液一体化方向发展。具体体现在：适应大农场需求，拖拉机功率继续提高，大型农机实现计算机控制、自动换挡、无级变速，噪声降低，操作舒适简便。

大部分发展中国家比如菲律宾、印度、泰国、智利、巴西等国家，也在大力加快本国的农业机械化水平，并积极采用拖拉机等配套农业机械与装备来进行各项农业的作业。不过从总体上来看，全球发展中国家的农业机械化发展水平在不同的地区存在很大的差异，而且发展也极不平衡。

二、我国农机行业发展现状与趋势

农业代际演进是一个漫长的渐进过程，技术的发展和商业模式的演替，不断推动农业从低代际向高代际发展，各代际的影响程度相应呈现此消彼长。当某一代际发展演进到一定程度时，量变引起质变，自然进入下一代际，从而实现农业代际的动态跃迁。

中国传统的农业1.0时代极其漫长，无动力的农业机械很早就进入了农业生产，只是到了新中国成立后，特别是改革开放后，大型综合型农业机械被广泛使用，农田里出现了机器的轰鸣，标志着一个农业生产新时代的来临。

农业2.0的机械化到农业3.0的自动化演进过程中，机械化与自动化互相交替激励，以信息化的方式形成两个时代的软连接，这两个时代在一定程度上是相伴携行的。早期的机械化没有信息化的支撑，只是用机器代替人的纯劳力替换。机械化和信息化融合，机械的使用开始转向自动化，劳动力在一定程度上被释放出来。然而，自动化的内涵外延要远高于机械化，除了支撑机械化，信息化驱动下的农业还在向更高的智能时代跃进。由于信息化的支撑，农业2.0时代得以延长，为机械化赋予了自动化的特征。同样由于机械化的灼灼光彩，农业3.0时代的到来显得十分隐约。农业3.0时代并未完全实现，还处于加速成熟期，预计2050年前后，农业3.0的自动化才能达到基本实现的70%普及率。

农业4.0是一个新兴事物，中国目前还处在“概念的界定、内涵的丰富、示范工程设计”这一阶段。农业4.0是一个技术为王的农业时代，显著特点是无人化，是对现代信息技术的高度集成，投资大，风险也大，具有典型的木桶效应。农业4.0的发展以互联网、物联网、大数据、云计算、人工智能技术为关键，迎合现代农业的发展需求是农业4.0走向现实的必经之路。从农业3.0到4.0的跨越在时间维度上很难分清界限，农业 3.0 的后期与农业 4.0 的初期几乎是叠加的。然而，农业 4.0 与农业 3.0 有着本质的差别，从农业 3.0 到 4.0 的巅峰一跃对技术进步的要求极其苛刻，既要求物联网、大数据、云计算、人工智能等信息技术的协同，还要求数据信息与动植物生长性状等生物学特征进行精准匹配，完全是数字驱动的农业时代，这将是一个技术为王的终极农业时代，这个 4.0 时代的实现即达到无人化技术 70％的普及率预计将要到 2070 年。

中国是农业大国，农业是国家的命脉，农业机械化发展是农业发展的重要保证。我国农业机械制造业是在新中国成立后，从无到有逐步发展起来的，是从增补旧式农具和制造推广新式农具起步的。

经过六十多年的发展，我国已经确立了农机产品生产大国的地位，我国以拖拉机和联合收割机为代表的主要农机产品的数量远远超过其他国家。来自国家统计局的统计数据显示，2016 年我国大中型拖拉机实现产销 59.2 万台（数据来源于中国农机工业协会），高于德国、日本等工业发达国家；联合收割机年产销量达到 25.8 万台，产量居世界首位。

虽然中国农机总量快速发展，但巨大的人口基数仍使中国农机人均保有量处于世界平均水平之下，综合机械化水平仅约 48％，并呈现明显的结构性不均衡：小型机械较多而大中型机械较少、动力机械较多而配套机械较少、机耕机械化水平显著高于机播和机收、粮食作物机械化水平普遍高于经济作物、丘陵地带机械化仍处于起步阶段。同时，由于我国的农业机械工业规模普遍偏小，产品技术含量较低，新技术和新设备又难以得到很好的推广，造成了农机行业整体发展水平的滞后。

随着农村土地流转、规模化经营、机械化操作的趋势的增强，农业机械的发展方向也会发生改变。结合市场需求，我国的农业机械向着高效智能、节约环保、舒适便捷和个性、专用性方向发展，是必然的选择。

三、中国农机企业核心竞争力构建

（一） 我国农机企业面临的竞争状况

我国农机市场仍是全球最具竞争力的市场。在惠农政策的推动下，我国农机行业发展成就显著，呈现出产业转型、品质提升、需求升级的发展趋势，正处于要素发展、创新驱动的关键时期。

产业转型有序推进。2016 年，农机行业实现主营业务收入 4 745.3 亿元，同比增长 5.2％。我国目前能够生产 3 500 多种农机具，基本能够满足我国农业全程机械化的装备需求。传统主机生产企业纷纷进入农机具行业，不断完善、延伸产业链条，加强机组协同，丰富耕种管收一体化产业谱系，主动为用户提供全套农业装备解决方案。主要农机具企业进行产业拓展，传统耕整地制造企业向种植机械、植保机械、大中型拖拉机、收获机械等产业领域发展；植保机械制造企业向耕整地、收获机械等产业领域延伸，产业结构、发展能力进一步增强。零部件配套企业产品稳步升级，产品品质大幅提升，有力支持了主机产品的换代升级。

虽然农机在农业生产中的载体作用日益凸显，但我国农机行业发展却充满挑战。当前，国际知名农机跨国公司在加速抢滩中国的同时，正凭借新技术和高端产品优势垄断国内高端市场，这些跨国巨头不断把原本的合资公司变成其独资公司，进一步压制国内企业和品牌，此外，加大农业应用投资成本，我国的高端产品大量依赖进口。

我国农机产品的品种为 3 500 种左右，仅为国际农机总数的一半，丘陵山区、经济作物等领域农机产品的空白点依然很多。从全球范围看，国外农机产品种类已达 7 000 多种，并基本实现了全面机械化；而我国仅实现了粮食耕种收环节的机械化。宗锦耀把这种情况概括为“日益增长的农业机械化需求与农机新技术新装备有效供给不足的矛盾”，并称之为我国农机化发展中的最主要的矛盾。

除了品种不足，我国农机产品在产品性能、技术水平、制造水平、产业组织等方面，与国际先进水平相比，都存在较大的差距。以拖拉机为例，“我国 300 马力拖拉机仅解决了‘有’和‘无’的问题，180 马力的也才解决了批量生产的问题，而国外 500 马力拖拉机基本实现了批量生产。”中国农机院院长李树君慨叹。

在设计和制造环节，国外已经基本实现了数字化柔性制造。“即在一条混合组装线上，既可以组装拖拉机，又可以组装收割机、插秧机等。”

产业组织方面，国际农机巨头已经实现了集团化，从数字化设计到高端制造，形成专业化分工配套协作的全产业链；而国内农机行业存在共性技术缺失，转化机制弱化，企业创新投入严重不足，产业化组织程度低的问题。

农机制造技术水平的差距，基础工艺、基础材料、基础零件，“三基”依然是制约我国农业装备水平提升最要害的地方。

（二） 企业竞争力构建的基本途径

1. 机械制造自动化水平进一步提高

机械制造自动化水平的进步，既是进步劳动生产率和保证产品生产质量的内在要求，也是企业进步竞争力的必然结果。机械制造自动化水平的进步首先要单台机具自动化水平的进步，这是机械制造系统自动化的基础。我国目前的农机制造企业已具备一定的自动化水平，有些企业已配备一定数目的专用自动机和加工中心，但仍有很多企业的制造设备是人工操纵的加工机床，企业的自动化程度还不高。

其次，机械制造自动化水平的进步是要促进生产组织的自动化程度。具体而言，就是要促进加工工件的存放、运输、生产预备和各种辅助工作的自动化，要实现生产过程的自动化，就要利用计算机辅助工艺规程设计（CAPP）和成组技术（GT）。

2. 制造技术在讲求精益生产的同时，制造系统的柔性也应加强

精益生产最早出现在具有较强现代制造特点的汽车行业，并有力推动了汽车产业的发展。对农机产品来说，精益生产的目标是充分利用现有加工技术，进一步提高农机产品的加工质量和加工效率，同时对农机产品的配送、物流等生产辅助工作也提出相应要求，保证农机产品在生产和制造过程中实现即时供货和零库存治理。

现代制造技术一个非常重要的方面就是要增强产品制造的灵敏性，即及时推出市场需求的产品。农机产品的市场需求固然不像生活用品那样富有个性，但由于总体趋向多元化，产品功能质量配置（QFD）要求也逐步进步。这样对制造企业的制造水平和生产柔性提出了相应要求。目前我国农机生产过程的柔性化程度还不够，这种模式只适用于单品种大批量的需求，很难满足多品种小批量的发展，企业在生产工艺改造时也存在较大的难度。

制造系统的柔性是指利用计算机技术来实现生产过程的可重组和及时调整。就整个制造系统而言，它包括计算机辅助设计（CAD）、计算机辅助工艺设计（CAPP）、计算机数控机床（CNC Machine Tool）、物流控制技术、生产计划与控制、柔性制造系统（FMS）等内容。

3. 制造治理模式转向一体化集成治理

对制造型企业而言，先进的加工技术和加工工艺只有在先进的治理模式下才能完全发挥作用，而治理的核心就是利用现代治理技术和手段，对包括原材料、在制品、终极成品及其相关信息的活动与储存，进行设计、实施和控制。随着市场竞争的进一步加强，很多制造型企业在加强技术改造和工艺革新的同时，对企业各个制造治理环节（包括产品开发和市场营销）进行改革或再造，以求得效益最优和效率最高。在此背景下，物流和供给链治理也就应运而生。物流治理作为现代企业新的利润源泉，同时也成为提升企业竞争力的一个重要方面。

现代物流治理固然在我国出现时间不长，但已经显示出其强大的生命力。现代物流夸大一体化集成式治理，即与产品有关的各个制造企业组成产品供给链，通过加强协作和降低本钱和风险，提升整个供给链的效率，从而增强供给链和成员企业的竞争力。农机产品属于装配流程型产品，各零部件供给商和整机组装厂组成一条完整的供给链。因此加强集成式治理，通过对各零部件供给商进行有效的协调和治理，形成具有科学层次和结构的零部件配套系统，从而提升整体竞争力成为农机制造技术又一发展方向。

入职培训专题 2
农机企业管理文化

第一节　我国新疆地区典型大型农机企业组织架构

一、新疆机械研究院股份有限公司

新疆机械研究院股份有限公司（以下简称“新研股份”）是专业从事农牧机械研究、设计、制造和销售的高新技术企业。其前身是成立于1960年的新疆机械研究所，是新疆转制的科研单位之一。2009年整体改制为股份有限公司，于2011年1月成功登陆深交所创业板，是一家农牧机械制造行业上市公司。并于2015年通过收购四川明日宇航，进入了航空航天飞行器零部件制造业，实现“农机＋军工”双主业发展的战略布局。

新研股份专注于中高端农牧机械产品，拥有“牧神”“海山”两个省级著名商标。主要产品包括轮式拖拉机系列、耕作机械系列、大型自走式谷物收割机系列、自走式玉米收获机系列、秸秆饲料收获机系列、经济作物收获机系列、林果机械系列等7大类60余种产品。其中自走式玉米收获机、青（黄）贮饲料收获机、动力旋转耙技术水平在国内名列前茅，自走式辣椒收获机属国内开创性产品。“牧神”品牌商标系列产品被评为新疆名牌产品，国内15个省区均有销售，并在国内建立了完善的产品销售服务体系。

近年来，新研股份承担并完成科研项目50余项，其中国家重点研发计划3项，自治区重点研发计划2项。30余项科研成果经鉴定处于国内优势水平。新研股份参与制定国家标准1项，行业标准1项，主持制定团体标准1项，地方标准4项，企业标准20余项。获得有效专利52项，其中发明专利14项，国家重点新产品5项。今后将借助军工科研及制造优势，围绕农牧机械主业，大力提升“牧神”产品的整体性能，打造具有军工品质的农机产品。

（一） 人力资源

新研股份拥有50余年的创新底蕴，公司继承和发展了原科研院所的研发体系和创新传统，打造了高水平的研发平台和技术团队，建立了良好的管理机制。新研股份现已成为注册资本14.8亿元，总资产92.28亿元的现代化大型装备制造企业。拥有学徒1 800余名，其中大专以上人员占学徒总数72%；具有高级职称的专业技术人员150余名，享受国务院特殊津贴专家8名，研究员8名，教授级高级工程师40余名。

（二） 物质资源

新研股份三大研发基地分别被新疆维吾尔自治区、山东省、吉林省授予省级企业技术中心，建有以公司为依托的“农牧机械关键技术与装备国家地方联合工程研究中心”及自治区批准的“新疆农牧收获机械工程技术研究中心”“新疆农牧机械研究成果转化基地”“产学研联合培养研究生示范基地”，形成了农牧机械开发、中试、熟化、批量生产的技术平台。

（三） 组织机构

历经十余年的发展，新研股份已从单一科研单位发展成集研发、制造、销售为一体的高新技术企业，现已形成1个总部、1个技术中心、1个营销公司、3个生产基地的农牧机械产业布局（图1-1）。总部和技术中心位于新疆乌鲁木齐市；研发、生产基地分别位于新疆、山东和吉林。

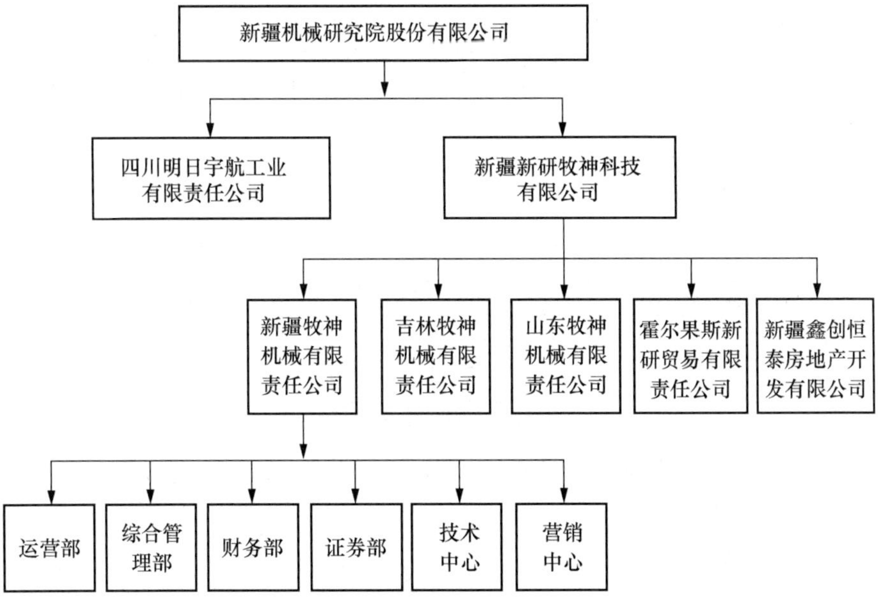

图1-1 新疆机械研究院股份有限公司组织架构图

二、新疆天农农机股份有限公司

新疆天农农机股份有限公司是天信集团下属农机事业部板块，前身是成立于 1964 年的自治区农机公司国企改制企业，于 2015 年 6 月公司进行了股份制改造，更名为新疆天农农机股份有限公司。

50 年来公司经历了改制重组、二次创业、高速发展三个重要发展阶段，已成为集农机生产研发、鉴定推广、展示交易、金融协同、物流配送、贴心服务、技术培训、电子商务、二手机交易等多功能服务为一体的新疆农业机械的综合服务平台。年销售规模 10 亿，销售网络及服务网络遍布全疆 14 个地州 30 多个县，是全国农机流通行业百强企业、全国农业机械流通协会 AAA 信用企业、中国农机流通协会副会长单位、新疆农机流通协会会长单位。公司连续多年被评为十优十佳经销商和客户服务标杆企业。

公司秉承“以市场为导向，以客户为中心”的经营理念，立足新疆面向全国、辐射中亚，服务三农，推动农业现代化进程，为自治区和国家农业经济发展再做贡献。

公司定位：中高端农机综合服务解决方案提供商。

销售网络：遍布全疆有 8 个大区 14 个地州 30 多个县。

代理品牌：约翰迪尔、凯斯、克拉斯、东方红、爱科、久保田、福田等。

图 1-2 至图 1-5 为新疆天农农机股份有限公司各种组织架构图。

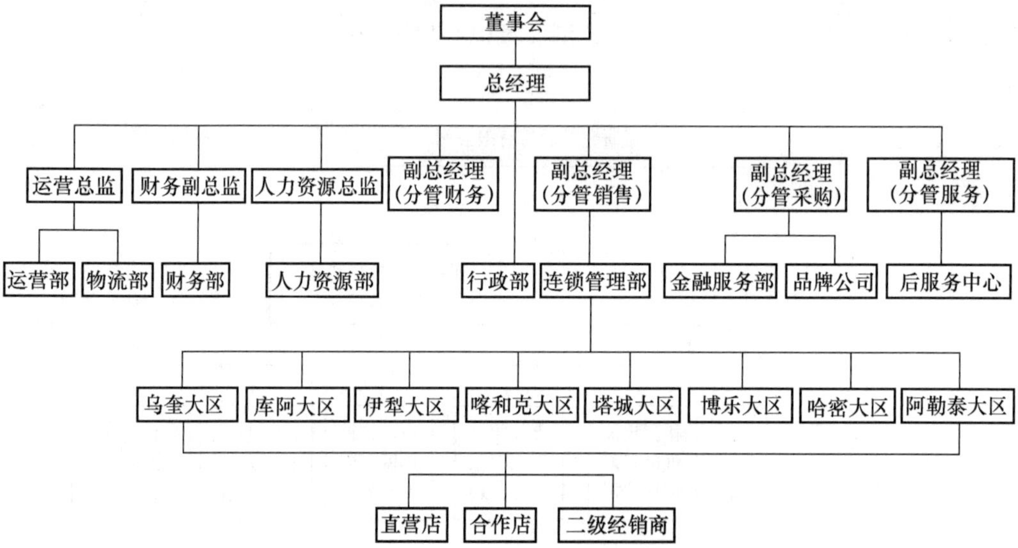

图 1-2 新疆天农农机股份有限公司组织架构

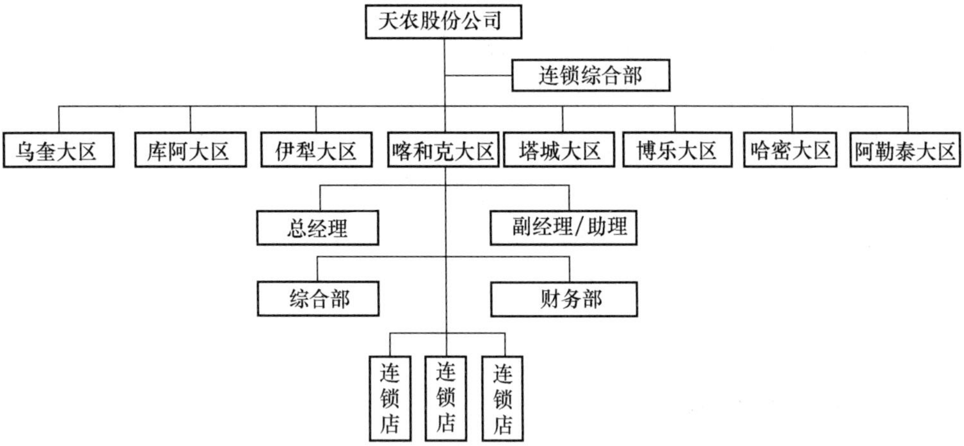

图 1-3　新疆天农农机股份有限公司连锁组织架构

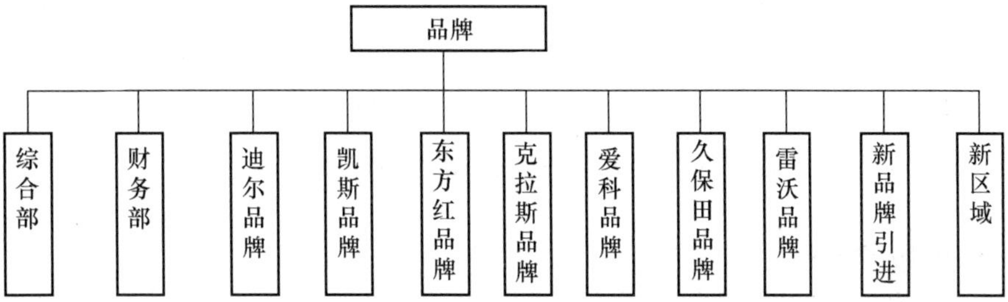

图 1-4　新疆天农农机股份有限公司品牌组织架构

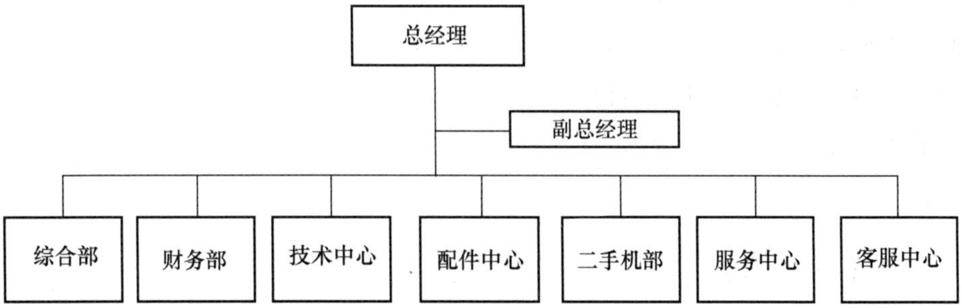

图 1-5　新疆天农农机股份有限公司后服务中心组织架构

第二节　我国农业机械市场营销模式

经过多年的发展，农机产品本身“高端、大气、上档次”的新型农机产品的刚性需求将逐渐增多，农机产品升级换代速度也将加快步伐。更重要的是，客户的需求将从产品本身向更多元化的服务方向衍生，例如从农场规划、建设，从育秧到耕种、收获乃至烘干及仓储、配送等，从机具维修到管理、操作和维修的整套培训等，客户需要的是全程化解决方案。同时，新的消费群体和需求的产生、新的传播技术和媒介的出现、新的物流与结算方式的运用，以及基于信息技术的管理变革等，导致农机市场环境发生了革命性的变化，也催生了多种营销模式。

一、会展经济模式

农机专业展览会促进了产销交流、贸易、对接，如每年一度的新疆维吾尔自治区农业机械博览会充分体现出新疆的大农业、大农机、大市场和大发展的特点。一是迎合新疆产粮大省和绿色食品基地的需求，展品呈现出“大、新、高”，即大功率强、新品种多和科技含量高的特征；二是商机汹涌、人脉丰厚，有 150 家中外客商参展，有上万人次入会交易、参观。已成为一个国内知名的投资洽谈、贸易对接、产销交流和传播友谊的大平台，成为中外客商开拓新疆大市场的风向标。

二、金融模式

中国农机市场面对的消费者决定了该营销模式的产生，农民是低收入阶层，购买力低成为制约企业销售的一个重要因素，为了刺激市场需求，激发市场潜力，如中国一拖、福田雷沃、约翰迪尔和凯斯纽荷兰等大批企业引入金融机制，使金融与农机市场融合更加密切，2014 年以来，随着金融支持农业发展的加强，国家政策的支持，银行、融资租赁、金融信贷和信用担保等大批的金融机构进军农机行业，使农机营销模式创新成为可能，金融作为撬动现代工业的重要手段，正成为推动农机行业转型的重要力量。

三、专门店模式

专门店模式强调排他性和唯一性，在农机行业主要包括农机专卖店、品牌店和 4S 店等商业模式。近年，随着农机市场刚性需求的减弱，市场竞争更加激烈，一些大型知名企业开始构筑属于自己的专门营销公司——专门店（或品牌店、专卖店和 4S 店等），逐渐发展成为农机市场重要营销模式。以中国一拖、约翰迪尔和久保田等为代表的农机生产企业基于市场竞争需要，在全国不同区域建立了自己的专门店，这个模式的优点是能提高品牌传播的力量，扩大品牌影响力，强化竞争优势，融合了销售、服务和信息等各种营销元素。

四、商务模式

农机电子商务作为我国农机领域正在摸索的营销模式，目前虽然还未形成主流，很多企业依然停留在传统的农机经营模式中，但与农机属性的高度契合却是客观存在的，电子商务在农机流通领域已经开始并逐渐发挥更大的作用。近年，我国农机流通企业的电子商务有所发展，纷纷建立自己的网站，开展宣传活动，主要以信息发布和宣传为主，并试图开展网上购物等功能。

五、体验试营销模式

新一代农机消费群体（80后、90后农民）的产生，其选购农机已不单单是考虑价格而是多方位、多角度地选择适合自己的产品，单纯的以产品为中心的销售已经不能唤醒其购买欲望，而要融入更多的体验。体验营销是要站在消费者的感官、情感、思考、行动和关联5个方面，重新定义、设计营销的思考方式。此种思考方式突破传统上“理性消费者”的假设，认为消费者消费时是理性与感性兼具的，消费者在整个消费过程中的体验，才是研究消费者行为与企业品牌经营的关键。

六、一对一营销模式

农机合作社群体的壮大，使农机“一对一营销”成为可能，其核心思想是：以“顾客份额”为中心，与顾客互动对话以及“定制化”。企业应该从关注市场占有率到关注个体顾客的“顾客份额”上来，关注本企业产品在顾客所拥有的所有该产品中的份额，并努力提升对这个份额的占有。了解“顾客份额”的目的是用来对顾客进行区分。我们可以以顾客未来一段时期内的采购计划与现有钱夹份额为二维标准，进行分类，把顾客归属到“需去争取的”“需进行培养的”和“需进行维系的”3个不同的阶段，以便有针对性地进行市场营销活动并提供差异化、定制化的产品及服务。

第三节　典型农业机械企业企业文化

一、新疆机械研究院股份有限公司的企业文化

公司的奋斗目标：把公司建设成为中国专业、杰出、竞争力强的大型装备制造企业。

新研人秉承“创新务实、品质至上、精诚合作、追求卓越”的核心价值观，不断

研制新产品，以创新驱动发展助力新经济前行，用自身的行动承担责任，服务社会。

愿景：做中高端农牧机械的领跑者

作为西北地区农机行业的领头羊，新研股份立足自身优势，努力进取，以高性能、高品质的产品赢来用户的信任与赞誉，旗下“牧神”系列农牧机械是“新疆名牌产品”。新研股份将致力在经营管理、品牌与人才建设等全方面处于行业前列。

使命：让农牧业生产更加轻松愉快！

农业是立国之本。“科研立院、人才兴院、发展产业、服务农业”的宗旨鞭策我们不仅要把企业做大做强，更要以为我国农业的现代化及发展做出自己的贡献为己任。“牧神”必将不辱使命，耕耘神州，为我国农业现代化与农村经济发展做出更大贡献。

核心价值观：创新务实　品质至上　精诚合作　追求卓越

创新是我们的灵魂，务实的作风是我们成功的关键；

新研始终坚持“不接受不良品、不制造不良品、不输出不良品”；

积极合作，利用集体的力量，发挥最佳功能，达到预期的效果；

新研人坚信“事欲达，志先达”，敢为人先，追求行业顶尖水平；

管理理念：关心学徒成长，激励学徒进取

为学徒提供良好的工作环境和激励机制；完善学徒培养体系和职业发展通道，使学徒与企业同步成长；充分尊重和信任学徒，不断引导和鼓励，使其获得成就的喜悦。以“团队合作奖励制度”保持研发技术人员的团队合作精神；通过“内部晋升及人才储备”保持公司的技术优势；实施“股权激励”保持研发技术人才队伍的稳定。

二、新疆天农农机股份有限公司公司企业文化

愿景：打造一流的农机流通品牌，为百万农户创造价值，成为中国最大的农机流通平台。

使命：为客户创造价值，为农业创造效益，为中国农业现代化贡献力量。

价值观：我们以价值创造为唯一标准，为客户、为农业、为社会创造价值。我们所有的工作都围绕这一核心价值观，所有的行为准则也以价值创造为原则。

人力定位：我们珍视每一位员工，为他们提供安全稳定的事业平台和成长空间，实现体面和尊严的生活。

竞争优势：专业的能力与满意的服务

图 1-6 为新疆天农农机股份有限公司管理保障使企业文化落地。

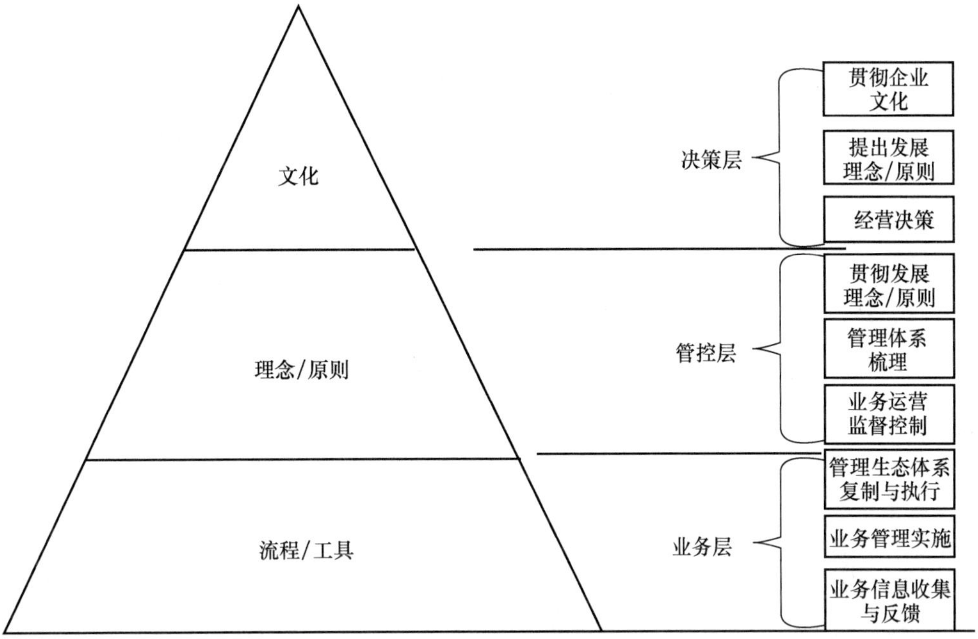

图 1-6　新疆天农农机股份有限公司管理保障使企业文化落地

入职培训专题3
农业机械企业人事管理制度及流程

构筑先进合理的人力资源管理体系，体现“以人为本”的理念，重视培养和开发学徒，使学徒与企业共同成长。农业机械企业人事管理制度及流程保持人事制度和程序的统一性和一致性，保持人力资源系统的专业水平和道德标准，保证各项人事规章制度符合国家和地方的有关规定。

第一节　招聘管理制度

一、招聘目标

通过系统化的招聘管理保证公司招聘工作的质量，为公司选拔出合格、优秀的人才。

招聘流程规定人员需求的申请、招聘渠道的评估、面试程序及录用程序，以保证招聘工作满足公司需要并有效控制成本。

二、招聘原则

公司招聘录用学徒按照“公开、平等、竞争、择优”的原则。对公司内符合招聘职位要求及表现卓越的合适学徒，将优先给予选拔、晋升。其次再考虑面向社会公开招聘。

所有应聘者机会均等，不因应聘者性别、民族、宗教信仰和推荐人不同而给予不同考虑。

三、招聘工作流程

（一） 招聘程序

用人单位提出用人需求→寻找人选→面试→确定人选→到岗试用。招聘流程见图 1-7。

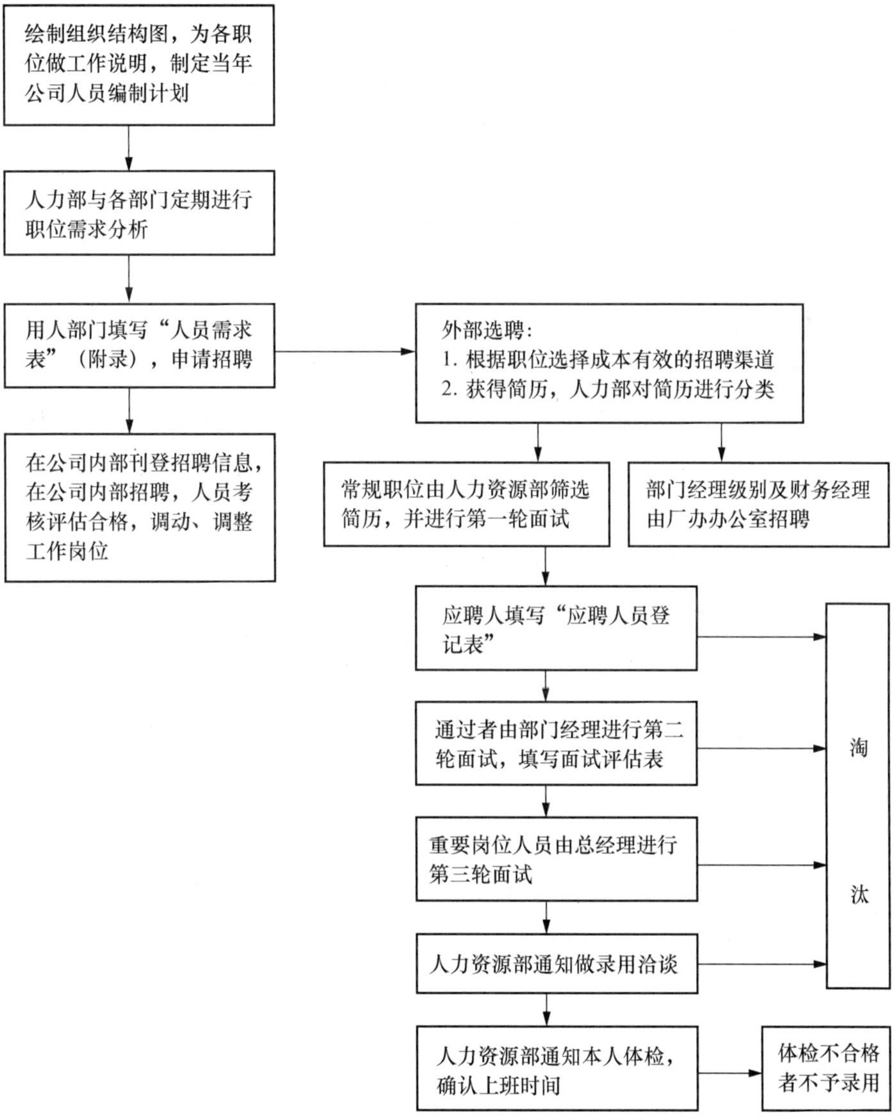

图 1-7 招聘流程图

（二） 招聘需求申请和批准

（1）各部门根据实际业务需求，提出学徒需求的申请。填写“人才需求单”，详列拟聘职位的招聘原因、职责范围和资历要求，并报人力资源部审核。

（2）招聘申请审批权限：人员的招聘申请均须由公司总经理批准。

（3）面试步骤：

①人力部对应聘资料进行收集、分类，按照所需岗位的职位描述做初步筛选。

②拟选人员一般经过三次面谈：人力资源部初试→用人单位复试→总经理面谈，通知确定人员体检，体检合格通知报到。

（三） 内部招聘体系

遵循“内部晋升优先制”原则：

（1）职位空缺不能由本部门其他人员来补充时方可采用此办法；

（2）必须取得本部门主管与用人部门主管的同意。

第二节　学徒入职及转正工作程序

一、工作目标

将学徒顺利引入现有的组织结构和公司文化氛围之中。学徒被录用初期通常是最重要的时期，正是在这个时期学徒形成了工作态度、工作习惯，并为将来的工作效率打下基础。

向学徒介绍其工作内容、工作环境及相关同事，使其消除对新环境的陌生感，尽快进入工作角色。

在试用期内对学徒工作的跟进与评估，为转正提供依据。

二、人力资源部办理入职手续

（1）填写“学徒档案登记表”。

（2）与学徒签订“劳动合同”。

（3）带学徒到部门，介绍给部门经理。

（4）更新学徒通讯录。

入职流程见图 1-8。

三、入职培训

（1）入职培训由人力资源部和各用人部门共同完成，时间为 1～2 天，根据岗位的不同而不同。

（2）学徒培训内容包括：公司介绍、人资制度、公司各项规章制度、产品知识、业务基础知识等。

（3）不定期举行企业文化、相关业务知识等方面的培训。

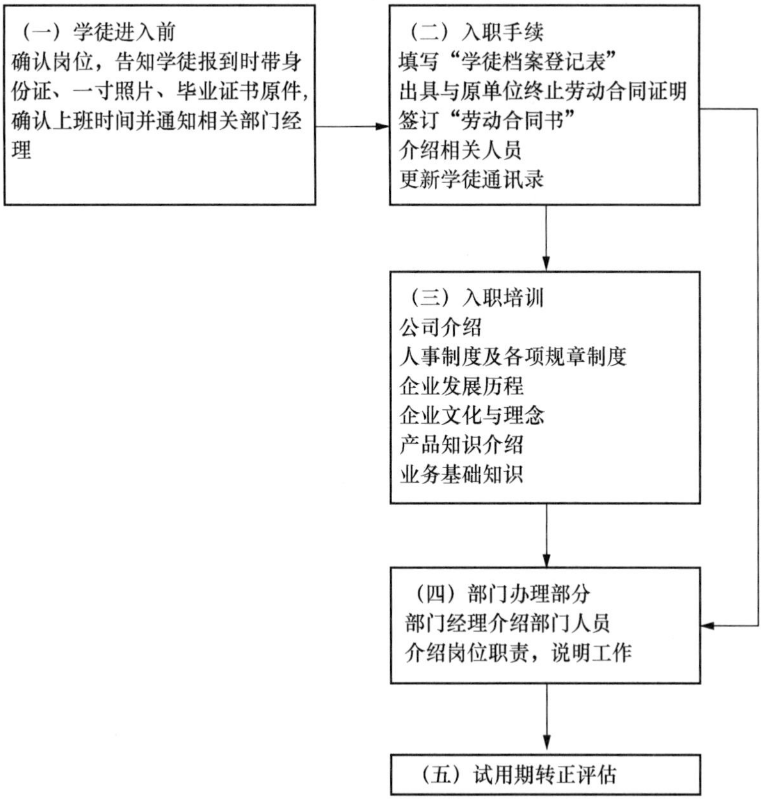

图 1-8　入职流程图

（4）培训结束由培训部做考核评估，考核合格转相关部门。

四、转正评估

（1）学徒试用期满时，由人力资源部提前两周安排进行转正评估。

（2）学徒对自己在试用期内的工作进行总结，由直接经理对其进行评估。直接经理的评估结果将对该学徒的转正起到决定性的作用。

五、转正考核

转正是对学徒的一次工作评估，也是公司内部优化的重要组成部分。

（1）转正对学徒来说是一种肯定与认可，转正考核流程的良好实施，可以为学徒提供一次重新认识自己及工作的机会，帮助学徒自我提升。

（2）一般学徒的转正由用人部门和人力资源部进行审批并办理有关手续。

学徒试用期一般为 3～6 个月。

（3）学徒在试用期内工作表现优异、突出，可由部门经理提出提前转正申请，经人力资源部审核报总经理审批。

(4) 学徒在试用期满工作表现较差，需要延长试用期限。

第三节　内部调动工作程序

一、工作目标

(1) 达到工作与人力资源的最佳匹配，使人尽其才，提高工作绩效和工作满意度。

(2) 调整公司内部的人际关系和工作关系。

二、岗位变动

(1) 调岗　因部门调整或业务需要，或为符合学徒工作能力和发展意向，公司可安排学徒调岗。

(2) 借调　因业务上的需要，公司可把学徒借调到其他部门。

(3) 待岗　当学徒被认为绩效表现及工作能力不能胜任本岗位工作需要，经过培训仍无法达到要求时，部门可向人力资源部提出安排其待岗。

三、工作程序

内部调整流程见图 1-9。

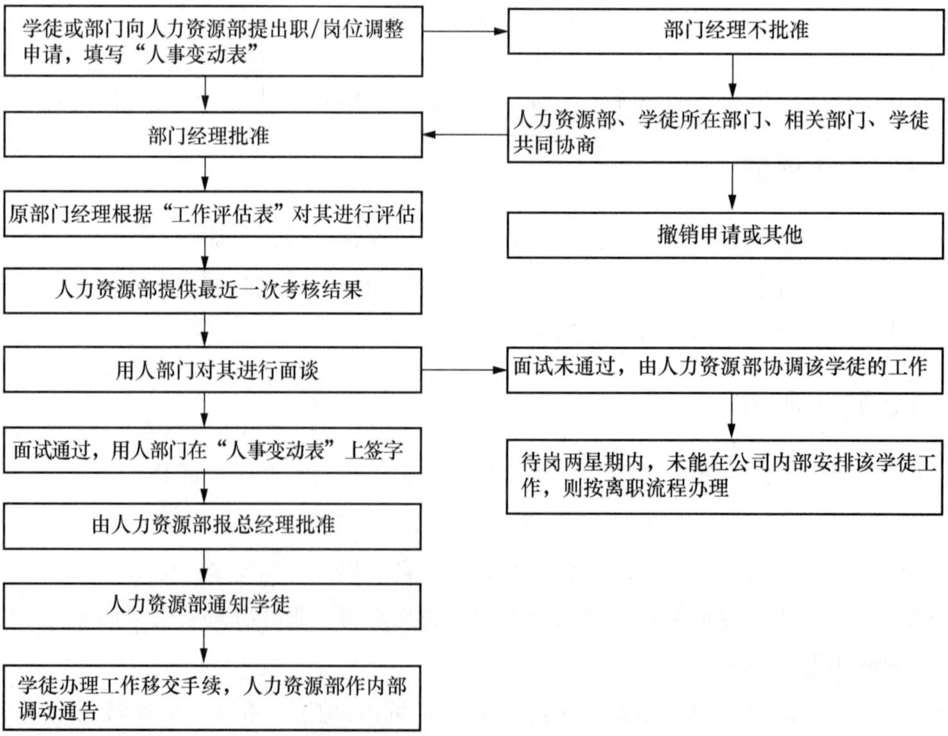

图 1-9　内部调整流程图

（一） 调岗

（1）当公司内部出现岗位空缺时，除考虑内部提升及外部招聘外，亦考虑平级调岗。公司有关部门及学徒本人均可提出调岗。

（2）学徒提出的调岗，应由本人提出书面调岗申请。

（3）经所在部门经理同意后，填写“人事变动表”，部门经理填写“工作评估表”，报总经理批准，后由人力资源部参照学徒聘用审批程序办理。

（二） 借调

（1）由公司或拟借调单位的经理提出，经人力资源部与有关部门协商，报总经理批准而决定。

（2）用人部门向人力资源部提出借调申请，由人力资源部同用人部门、调出部门及学徒本人协商取得一致。

（3）用人部门或人力资源部填制“人事变动表”，相关部门签字后，报公司总经理批准。

（三） 待岗

待岗应由用人部门以书面形式提出，填写“人事变动表”，详细说明待岗理由，交人力资源部，报总经理审批。同时由用人部门和人力资源部共同协调其工作安排，在两个星期内仍不能安排其工作的，进入离职工作流程。

第四节　学徒离职制度

一、工作目标

（1）离职流程管理是为了规范公司与离职学徒的多种结算活动，交接工作，以利于公司工作的延续性。

（2）离职手续的完整可以保护公司免于陷入离职纠纷。

（3）人力资源部与离职人员的面谈提供管理方面的改进信息，可以提高公司管理水平。

二、离职面谈

由人力资源部根据情况安排面谈或与总经理进行离职前谈话，面谈记录记入学徒档案保存。

三、离职交接

离职流程见图 1-10。

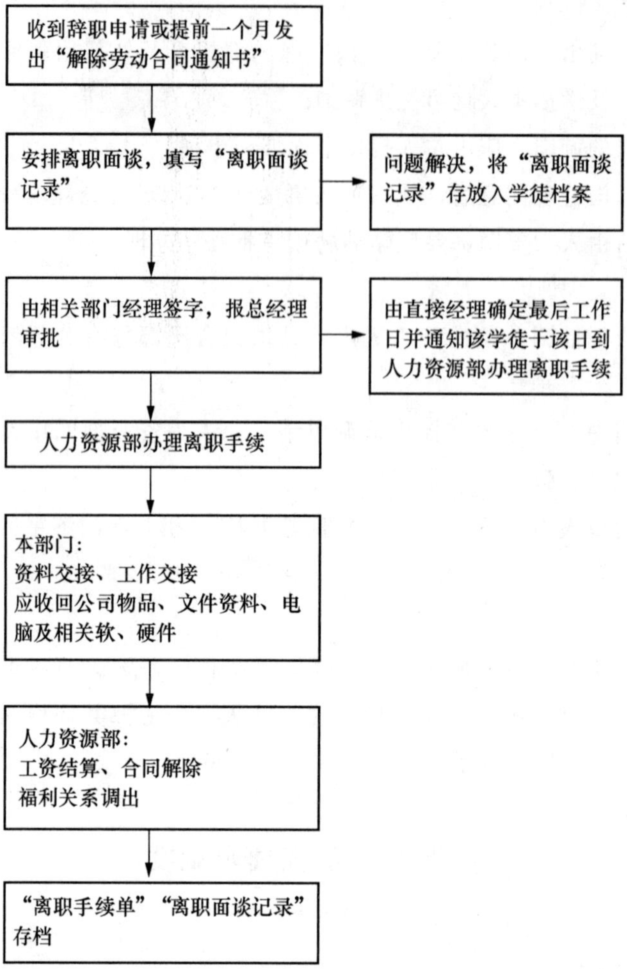

图 1-10　离职流程图

（1）不论何种原因学徒离职的，学徒应在离职前完成工作交接，并且归还公司的所有财物及工作文件。

（2）人力资源部经理审核基本手续齐全后，将人事档案调出并办理保险、工资结算手续（工资汇入本人工资卡的形式结算），该手续在学徒离职手续齐全后两周内完成。工资结算应根据销售回款报表时间确定，不超过一个月，具体以交接手续完成时间起。

（3）学徒拒绝按照公司的程序办理离职手续或未完成上述交接任务的，公司有权暂缓支付相关费用、工资或暂停办理人事手续。

（4）所有离职材料、凭证存入该学徒档案，并将档案转入离职人员档案系统管理。

(5) 离职手续办理内容：

①业务、工作交接

• 向所在部门就自己的工作近况、详细客户档案、所有出货情况、接受的所有凭证和财务票据、未完成项目、合作方电话、物品等，制成一份书面的交接清单，由离职人员、公司指派的交接人员和部门经理三方做完整的交接工作，并在交接清单上签名确认。

• 重要涉密岗位学徒辞职，须与公司签订“保密协议”，保证不对外泄露公司技术秘密及商业机密。

• 学徒与公司签订的保密协议、竞业禁止协议、研发行为准则中的保密义务在学徒离职后的 2 年内继续有效。

②办公用品交接

• 离职者除私人物品外、不得携带公司的任何财物，包括工作笔记、公司的文件资料、办公用品、电脑、通信工具、名片、办公桌、文件柜、公司钥匙等。所有归还的公司物品交部门经理签收。

• 入住公司寝室者还必须当日完成其私人物品的搬离，并交还所有公司提供的用品，由公司指定人员进行交接工作，签收交接意见。

③财务交接：财务部负责清点离职人员的所有财务款项，离职人员必须还清所有欠款，说明清理不明确账目。

• 核实应付学徒未付的奖金、佣金；

• 学徒未付公司的借款、罚金；

• 原承诺培训服务期未满的补偿费用；

• 汇总应付学徒款项的总金额；

• 支付学徒应结算工资总额减去学徒应还款公司总额部分工资。

四、离职审计

公司管理人员或重要岗位学徒离职时，公司将进行该学徒的离职审计。

第五节　劳动合同管理制度

一、相关政策

(1)《中华人民共和国劳动法》《中华人民共和国劳动合同法》；

(2) 地方性法规及企业现行规章制度；

(3) 合同期限：固定期限和无固定期限；

(4) 无特殊情况的合同试用期为 1～6 个月。

二、管理规定

劳动合同签订流程见图 1-11。

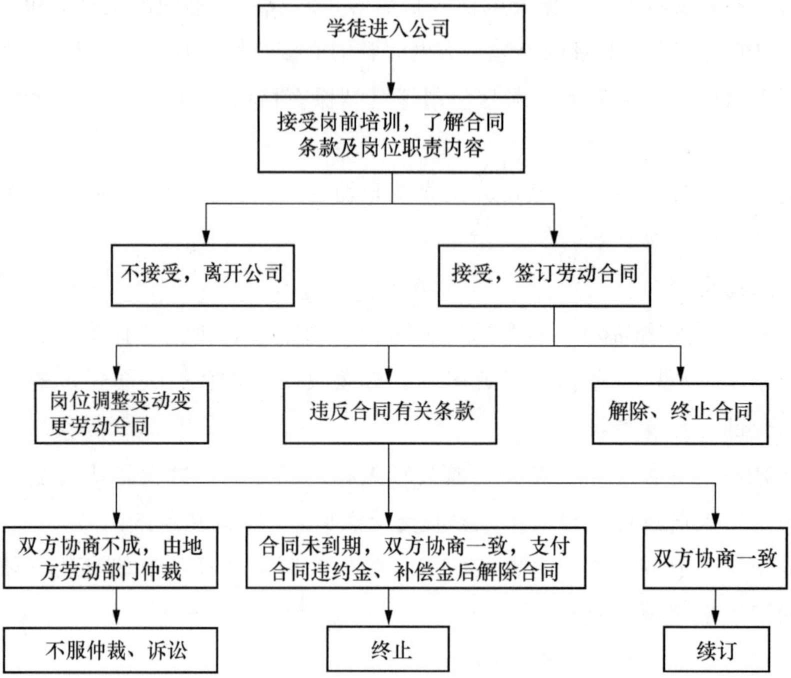

图 1-11　劳动合同签订流程图

（一） 合同签订

（1）公司在聘用学徒时，应要求被聘用者出示终止、解除劳动合同的证明或与原单位不存在劳动关系的其他证明，经证实确与其他用人单位没有劳动关系后，方可订立劳动合同。

（2）学徒进入公司报到之日接受岗前培训，了解和认可公司的劳动合同条款及岗位职务说明书确定的职责，确定合同期限，甲乙双方可签订劳动合同。

（3）公司出资培训的人员，已经按有关规定与公司签订了专项协议书，在与公司订立劳动合同时，合同期不得短于服务合同或协议尚未履行的期限。

①在合同履行过程中，公司对出资培训的学徒应按规定计算培训服务期；若培训服务期超过劳动合同期限，应延长劳动合同期限至培训服务期满。

②合同变更：由于签订合同时所依据的客观情况发生重大变化或机构调整等原因，致使原合同无法履行的，经双方协商同意，可以变更原合同的相关条款。

③合同续签：合同期限届满，劳动关系即告终止。甲乙双方经协商同意可以续订合同。公司在原合同期满前两个月通知对方部门经理，并填写“合同续签评估表”。

（二） 合同解除和终止（含固定期和无固定期合同）

(1) 协商一致解除：劳动合同期内，公司与学徒经协商一致，可以随时解除劳动合同。包括：公司提出的协商一致解除和学徒个人提出的协商一致解除。

(2) 公司有权单方解除，并应依法支付学徒经济补偿金的情形：

①学徒不能胜任岗位工作，经过培训或者调整工作岗位，仍不能胜任工作的；

②学徒患病或非因工受伤，规定医疗期满后不能从事原工作，也不能从事公司另行安排的工作的（包括学徒无正当理由拒绝接受公司安排工作的）；

③双方在劳动合同订立时所依据的客观情况发生重大变化，致使劳动合同无法履行，经公司与劳动者协商，未能就变更劳动合同内容达成协议的（包括公司经营地址搬迁、公司分立或合并后学徒的工作部门被撤销或工作岗位消失等情形）；

④公司依法进行经济性裁员的。

(3) 公司有权随时解除，并不予支付学徒经济补偿金的情形：

①试用期内被证明不符合岗位录用条件的；

②学徒严重违反公司的规章制度的；

③严重失职或营私舞弊给公司造成重大损失的（如给公司造成直接经济损失2000元以上）；

④同时与其他用人单位建立劳动关系，经公司提出拒不改正或者对完成本职工作造成严重影响的（如发生旷工行为等）；

⑤学徒的原因导致劳动合同无效的；

⑥被依法追究刑事责任的；

⑦法律、行政法规等规定的其他情形。

(4) 学徒辞职：劳动合同期内，学徒有权单方通知公司解除劳动合同，学徒须提前三十日以书面形式向其所在部门提交书面解除劳动合同通知。经所在部门和人力资源部经理签署意见后，报总经理批准后，开始办理辞职手续。

(5) 劳动合同的终止

①劳动合同期满未续订的；

②公司被撤销或者决定提前解散的；

③法律、行政法规规定的其他情形。

入职培训专题4
农业机械企业财务与资产管理

农业机械企业根据董事会关于加强公司制度建设的指示要求，为了强化公司财务管理，促进各项财务工作更加规范化、制度化、科学化，做到有章可循、有章必循。依据国家相关财经法规并结合本公司的实际情况，制定本公司财务管理制度。

第一节　财务管理机构及岗位职责

一、财务机构的组织框架（图1-12）

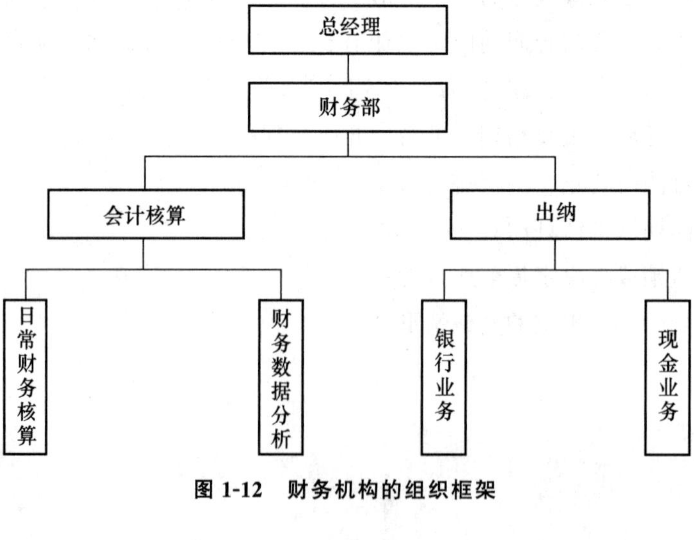

图1-12　财务机构的组织框架

二、财务机构岗位职责

（一） 财务会计的岗位职责

（1）依据公司发展战略和业务单元的要求制定公司财务管理整体方案，为公司战略、业务发展提供可行的财务方案；

（2）组织编制公司会计制度、核算制度、资金管理制度、内部控制制度等财务管理制度，并贯彻执行公司的会计核算制度；

（3）为公司经营提供财务决策依据；

（4）对公司业务进行税收筹划和管理；

（5）对业务合同的审核、检查监督，落实各项收入管理制度的贯彻执行；

（6）全面负责公司日常财务管理工作和财务部的日常行政工作。

（二） 出纳的岗位职责

（1）办理货币资金的收付工作，保证库存现金、银行存款准确无误；

（2）根据记账凭证登记现金和银行存款；

（3）保管现金、支票等各种有价证券；

（4）月末与会计共同核对银行存款调节表；

（5）审查报销手续、借款手续是否齐全正确；

（6）按要求定期列出借款清偿明细单；

（7）每天编报现金流量表；

（8）负责银行承兑汇票等付款结算。

（三） 档案管理员的岗位职责

（1）整理分部财务工作文件、信息资料、数据档案等，分门别类进行存放；

（2）收取各类凭证并进行归档处理；

（3）保管财务报表；

（4）收发本部门的文件、邮件和传真并进行归档处理；

（5）发文的登记和整理；

（6）保管、修缮和查阅档案资料满足财务工作人员的工作需求。

第二节 货币资金管理制度

资金管理是企业财务管理的重要组成部分。为了能够让企业的资金使用效益得到最大限度的发挥，加强企业内部资金的管理尤为重要。资金管理主要包括货币资金的管理、银行承兑汇票的管理、融资的管理及资金分析等。

一、货币资金的管理

货币资金的管理直接关系经营活动的正常进行。货币资金管理的优劣，直接影响企业整个流动资金的正常周转。因此做好货币资金的管理至关重要。

货币资金是指公司经营所得、与经营有关的其他所得以及滞留在公司的现金、支票、信用卡等。加强货币资金的管理，一方面是静态的风险控制管理，保证资金的完整、安全；另一方面是动态的流转管理，保证适度存量的资金及其收支的平衡，提高资金的使用效益，确保按时支付经营所需的付款，防止发生财务危机，从而树立良好的商业形象。其中静态的风险控制管理指银行账户的开立和使用的管理，公司库存现金、印鉴和票据的管理，财务内控制度的落实等；动态的流程管理主要是指资金在各个流通环节的周转使用和投放的管理。

（一） 银行账户的开立和使用

(1) 收入账户：主营收入及其他业务收入款项的回收的银行账户。该账户银行预留印鉴为两枚，一枚是财务章，另一枚是法人代表私章。

(2) 费用及结算账户：主要指公司日常的经营、管理费用支出的账户和支付货款的银行账户（即基本户）。该账户银行预留印鉴为两枚，一枚是财务章，另一枚是法人代表私章。

（二） 网上银行的管理

网上银行（E－BANK）是指银行通过互联网向客户提供金融服务的银行系统。

(1) 为确保资金安全，所有网上银行的开立必须具备以下二级授权管理，即每一笔资金的支付，必须经操作员、授权操作方可划转成功。

①操作员：出纳

权限：制单、账户维护、余额查询

②授权人：总经理

权限：授权转账、账户维护、余额查询

(2) 网银操作人员必须加强登录网银所必备证书（IC卡）及密码的管理及保密工作，不得将密码或证书泄露或交与他人代为操作或保管。

(3) 各项支付必须在遵循公司相关的付款审批及授权规定的前提下，方可在网上支付。

（三） 库存现金、 印鉴和票据的使用管理

1. 库存现金的管理

出纳人员应严格按公司的规定使用现金，认真审核各种原始凭证。日终后要核对结余数与实际库存额，做到账实相符，日清日结。出纳每日及月末必须按照公司的库存现金盘点制度进行清点。

2. 财务印鉴的管理

(1) 公司的财务专用章和法人印鉴必须由两人以上分开保管，坚决杜绝一人保管或交与他人代为保管；财务专用章由公司总经理保管，盖章时必须履行其复核职能，各种签批手续齐全、金额正确。

(2) 法人授权出纳管理法人私章，出纳收取支票等票据不允许携带银行预留的印鉴外出。出纳收取的票据必须经复核盖章后方能填写进账单入账或背书使用。

3. 票据的管理

(1) 公司的各种票据由出纳统一管理，严格按公司的要求开具、领取、使用票据，设置支票领用登记簿，详细登记支票的领用时间、支票号码、用途、收款单位、付款金额、报销日期、票据盖章人、领用人等事项，做到每日一清点，作废的票据要装订在一起，所有的票据必须保证号码连续。票据出现丢失现象时，要在第一时间报告给财务部经理，并立即着手办理挂失手续，同时告知银行，以防不测。发生票据欺诈或作弊等行为时，要在第一时间向公安机关报案，并及时同银行协调，积极追讨，防止款项流出。

(2) 加强公司财务制度的贯彻落实。学徒要严格根据公司财务制度的要求和公司赋予各岗位的工作职责，在公司授权范围内按程序做事，认真履行职责，严禁越权和擅自做决定。

(四) 资金报表的管理

资金报表是公司掌控现金流动状况、进行资金调配、投资等决策的重要依据。出纳应当每日编制现金流量表，报送给公司董事长、总经理。

资金报表的具体编制要求如下：

(1) 资金报表中的所有数据均精确到元，保留小数点后两位；

(2) 所有数据的填列以收付实现制为准，遵循现金流入流出的概念；

(3) 资金报表在每日 10：30 之前报出。

二、备用金及临时性借款管理

为了防止资金流失，加强资金管理，提高工作效率，对备用金按如下管理：备用金即为保证日常临时支付而单独储备的现金。备用金由出纳负责保管和使用。

(一) 备用金和临时借款的申请审批、归还手续

(1) 借支：经过预算批准后，借款人填写“借款单”申请签名→总经理签字→出纳付款。

(2) 归还：借款人归还现款或以报销费用抵冲或工资中内扣。

(二) 备用金的管理

(1) 备用金保管负责人为出纳；

(2) 备用金的使用者只能是资金管理部出纳员;

(3) 备用金必须日清月结,每天核对账实数据;

(4) 保险柜隔夜存放现金额不得超过控制金额;特殊情况下的大额存放,必须及时向主管领导反映,以便采取相应的安全措施。

第三节 费用报销制度

费用是指公司为提供劳务等日常活动所发生的经济利益的流出。费用具有如下基本特征:①费用最终会导致公司资源的减少,具体表现为公司的资金支出,或者表现为资产的消耗;②费用最终会减少公司的所有者权益。因此费用的优化配置与合理控制是企业创造利润的重要来源,为减少费用而采取的一系列方法,最终要达到的目的是企业利润最大化。

一、费用控制

(一) 费用控制原则

(1) 签字管理:公司的所有费用开支一律经董事会授权总经理审批签字,财务方可报销。

(2) 专户管理:公司设立专门的费用账户对各项费用开支进行管理。公司所有的费用开支必须且只能从此专用账户支出。

(二) 日常费用的控制

1. 费用账户的日常管理规定

(1) 公司所有的费用开支必须只能从费用结算户中支出;

(2) 公司所开立的费用结算户原则上必须使用基本账户(可以提取现金);

(3) 费用开支的备用金应按照费用预算根据日常开支需要随时在费用账户中提取,严禁将现金收入坐支用于费用支出。

2. 费用账户资金的日常拨付规定

费用账户资金的拨付,实行“按月总额控制”的原则。每月初,出纳根据公司实际经营需要,对本月应支付款项拨付到费用账户中。

(三) 费用的审批程序

1. 费用审批程序

经办人持原始凭证→经理审核签字→会计审核签字→出纳审核报销付款。

2. 费用报销的要求

公司支付、报销业务统一按资金预算、财务报销要求执行。

(1) 费用开支类:第一张粘贴单采用“报销粘贴单”,并在上面注明所有粘贴单的数量、金额等要素，其余的原始单据均用“票据粘贴单”粘贴即可，粘贴要求为从左到右层层整齐粘贴。

（2）出差报销：使用“差旅费报销单”，注明出差事由、起始时间、地点、费用类型、金额。

（3）付款项类：使用“付款申请”，财务付款依据为付款合同或协议，否则财务部有权拒绝办理付款。

（4）借款：使用“借款单”。注明借款人、部门、事由、金额、支付方式等。

（5）费用会计要严格遵守费用报销制度，认真审核各种凭证，对不符合要求的凭证应拒绝予以报销，否则要承担责任。

（6）费用报销严禁分拆，属于同一项目、同一时间或同一性质的费用按照单笔费用报销。

（7）费用报销经手人适用从高原则。如招待费，在参加人员中，应由其中最高级别的人员填制费用报销单报销。

3. 票据规定

（1）凡到财务报销的原始凭证，内容必须真实、合法、完整、准确，不得涂改，不得弄虚作假。对不真实、不合法的原始凭证财务人员不予接收，对记载不准确、不完整的原始凭证予以退回。

（2）凡属于公司报销的外来发票（原始凭证），均需取得正式并填写完整的税务发票。如对方单位无法开具正规税务发票，必须取得收款收据并向财务部了解具体报销方式。发票上的日期、单位名称、实物数量、单位和金额、填制单位和经办人的签名或盖章等必须真实合法，填制无误。经办人取得发票时须辨明其真伪，如有付款单位项，须注明是本公司。如发票（或其他凭据）印章模糊，字迹不清或有涂改，数字不准确（大小写不符），将不予办理。

4. 票据粘贴及领款要求

（1）票据粘贴要求：经办人应按要求使用填好支付、报销单据，将所持原始凭证粘贴于相应单据上，以上下右三边为界，要求粘贴平整、均匀、美观、结实，以便装订与保管。粘贴时，将胶水涂抹在原始票据背面的左边，应将原始票据与粘贴单粘贴整齐，票据较多时，原始票据沿粘贴单据上沿自上而下、自右向左呈阶梯状粘贴。一般情况下，一张粘贴单粘贴原始票据不超过 20 张，票据较多一张粘贴单不够时，可分若干张粘贴单进行粘贴，粘贴时请按票据类型进行分类粘贴。个别原始票据（如工程结算单、合同）较大且数量较多时，将原始票据按照粘贴单大小进行折叠。报销单上所填写数字不得涂改。填写内容均用碳素笔或钢笔，禁止用圆珠笔或铅笔。

（2）报销票据经审批完整无误后，出纳人员方能报销，付款后应加盖“银行付讫”或“现金付讫”。

二、主要费用项目的管理（以新疆××农机股份有限公司为例）

（一） 差旅费

1. 出差种类

出差是指学徒因公离开本人工作单位所在地去异地办理公务的行为过程。具体包括临时出差、长期出差、工作调动等。

（1）临时出差人员：由公司派往现工作地点以外（不含境外）地区公干，并且在外地连续工作时间不超过 1 个月的学徒；

（2）长期出差人员：由公司派往现工作地点以外（不含境外）地区公干，并且在外地工作连续时间超过 1 个月，不满 3 个月的学徒。

2. 差旅费的相关规定

（1）出差人员在出差前必须填写出差计划表，出差人员必须详细填写出差任务描述及相关内容；经主管领导批准后方可出差。

（2）出差应本着节俭原则。如遇特殊情况需乘坐软卧、高级软座、飞机的必须事先在出差计划书上注明，并经总经理或董事长批准。

（3）出差人认真、如实填写报销单，各类单据分类粘贴整齐，附在费用单据后，根据报销程序报销。

（4）出差费用（除出差补贴外）必须凭出差时实际发生的发票报销，出差旅费准予列支的项目如下：

①往返交通费：指往返交通工具的票费（汽车，轮船三等舱，飞机经济舱，火车硬卧、硬座，高铁/动车二等座，全列软席列车二等软座）、订票费、退票费、保险费、机场建设费、机场/火车站往返大巴或出租车费等。

②出差时间及补贴确认：

• 乘火车/高铁、长途汽车出行，均以票面时间为计算依据，以出行当日 14：00 为界，14：00（含）以前出发，按 1 天计算补贴；14：00 以后出发，按 0.5 天计算补贴；返回当天 14：00（含）前到达，按 0.5 天计算补贴；14：00 以后到达，按 1 天计算补贴。

• 乘飞机出行，以行程单票面时间为计算依据，以出行当日 14：00 为界，14：00（含）以前出发，按 1 天计算补贴；14：00 以后出发按 0.5 天计算补贴；返回时，14：00（含）以前到达，按 0.5 天计算补贴；14：00 以后到达，按 1 天计算补贴。

• 驾驶公司车辆出行，需选择合适的出行时间，不鼓励开夜车，以出行当日 14：00 为界，14：00（含）以前出发，按 1 天计算补贴；14：00 以后出发，按 0.5 天计算补贴，确认出发时间以离开城市首张过路费发票时间为起始时间，以到达目的地城市末张过路费发票时间来确认到达时间。

③出差地划分标准：乌鲁木齐市区（含县）及周边、昌吉市区及周边、呼图壁县（含芳草湖）、玛纳斯县、五家渠市区及周边、吐鲁番市区周边、阜康市区及周边，乘坐公共交通工具的，只报销往返目的地城市的客运交通费。

④住宿费：指根据批准的出差计划书规定的行程，出差期间平均每天的住宿费不能超出规定标准，超出部分请自理；出差结束后凭实际发生的发票报销。2 人同时出差，且为同性，只允许住一间标准间，按 1 人标准执行本制度（副总经理及以上级别除外）；若多人同时出差，人数为单数的，按（人数＋1）/2 标准执行本制度，人数为双数的按人数/2 的标准执行本制度；由出差地客户或公司免费安排住宿的不得另行报销住宿费。

⑤出差补贴：出差补贴含市内交通费、伙食补贴。市内交通费指出差期间，因业务需要在出差地城市发生的市内交通费。伙食补贴指出差期间给予的用餐补贴费。出差补贴按标准执行，由财务根据出差天数计算。特别规定：乌鲁木齐市区（含县）及周边、昌吉市区及周边、呼图壁县（含芳草湖）、玛纳斯县、吐鲁番市区及周边、五家渠市区及周边、阜康市区及周边，这些县、市不算出差，没有出差补贴。因工作需要，必须在上述出差地住宿的，总经理批准后可报销住宿费及按差旅费补助标准报销差旅费。

⑥出差报销标准：地区分类、职务分类、住宿费、伙食补贴、出差补贴标准见表 1-1。

表 1-1　出差报销标准

职位	住宿费标准	伙食补贴	市内交通费	备注
副总经理及以上	北京、上海、广州、深圳为 500 元/（间·天）	无	凭出差地城市所发生的市内交通费发票报销。	如无法提供发票，则不予报销。超标准部分自理。
	除北京、上海、广州、深圳以外的城市 380 元/（间·天）			
部门经理或部门负责人	北京、上海、广州、深圳为 350 元/（间·天）	100 元/（人·天）	凭出差地城市所发生的市内交通费发票报销。	如无法提供发票，则不予报销。超标准部分自理。
	除北京、上海、广州、深圳以外的城市 280 元/（间·天）			
学徒	北京、上海、广州、深圳为 280 元/（间·天）	100 元/（人·天）	伙食补贴中含有市内交通费，不予以报销。	超标准部分自理。
	除北京、上海、广州、深圳以外的城市 220 元/（间·天）			

⑦长期出差人员差旅费报销标准：

• 长期出差人员的住宿，如出差当地公司或厂家提供住宿地点的，不予报销住宿费；出差超过 1 个月的，按照出差当地实际情况租房；

• 长期出差人员伙食补贴，如当地公司或者厂家提供伙食的，不予报销伙食补贴，按照 20 元/天发放生活补贴。

（二） 通信费

通信费补贴按不同级别标准在工资中按月发放，不需提供发票，不另行报销出差期间发生的通信费。

（三） 交通费

因公事外出，以公共汽车为主，需要打出租车应事先报请主管领导批准。

（四） 招待费

(1) 业务招待费用定义：因工作需要对公司客户和协作伙伴的宴请、娱乐所花费的费用。

(2) 发生业务招待费之前，按要求填写“业务招待费申请审批单”，详细填写内容，经总经理审批后，方可报销。

(3) 业务招待费报销标准：外协单位人员（厂家或协助项目实施人员需我公司负责吃住的人员）按照工作餐标准 35 元/（人·餐），商务宴请标准 150 元/人。

(4) 出差期间在外发生的个人餐费，已纳入了出差补助，不予额外报销。

第四节　资产管理制度

一、低值易耗品管理制度

（一） 低值易耗品的分类

低值易耗品是指单位价值在 100 元以上，不属于固定资产的，且使用年限在一年以上的各种财产物资。按照其用途可分为办公用具、家具用具、工具器具、包装物、劳保用品等几大类。

(1) 办公用具包括办公用桌椅、计算机桌椅、文件柜、书柜、保险柜、电话机、打印机、验钞机、传真机、饮水机、移动存储器、计算器等；分类号为 1。

(2) 家具用具包括柜台、货架、收款台、操作台、展台、展架、门窗、沙发、茶几、各种生活用具、各种家用电器等；分类号为 2。

(3) 工具器具包括包装机、普通电子秤、磅秤、封口机、小型仪表仪器、维修器械工具、消防器具、装卸搬运工具、小型建筑工具、手推车、三轮车等；分类号为 3。

(4) 包装物是指用来包装商品，可以多次使用的各种包装箱、包装容器等；分类号为 4。

(5) 劳保用品是指工服、绝缘鞋、安全帽、防护网等各种劳动保护用品。分类号为5。

（二） 低值易耗品的核算

(1) 行政部应设专人负责低值易耗品的管理、按部门设置低值易耗品实物账，按种类设型号账页，登记低值易耗品实物数量的增加、减少、调拨、存放地点等情况；

(2) 低值易耗品虽不按固定资产核算，但按固定资产方式进行管理。需对其进行编号及造册登记；

(3) 每年进行一次财产清查，保证账物相符。

（三） 低值易耗品采购、 领用的管理

(1) 购进低值易耗品应由使用部门提出申请，经总经理批准，由行政部负责统一购置。

(2) 低值易耗品购进后由低耗管理人验收，填制入库单，登记低值易耗品明细账。

(3) 领用低值易耗品，由领用部门填制领用申请单，经领用部门负责人审批后由低耗管理人填制“出库单”领用低值易耗品，同时登记低值易耗品明细账。

(4) 每半年，低值易耗品管理员对低值易耗品进行盘点，做到账实相符。

二、固定资产管理制度

第一条 为严格公司固定资产管理，防止资产流失，充分发挥资产效能，特制定本制度。

第二条 固定资产分类

固定资产按其用途可分为运输设备、机器设备、电子电器、房屋及建筑物、其他等五大类。

第三条 固定资产日常管理

1. 总经理负责公司所有固定资产业务的审批。

2. 固定资产管理部门是指负责对固定资产进行监督管理的部门，所有固定资产由行政部负责。

3. 固定资产管理部门的责任：

(1) 负责其监管范围内的固定资产档案的建立；固定资产档案的内容包括：固定资产购买或自行建立的批准单复印件，购销合同，固定资产卡片，发票复印件，保修卡，固定资产调拨单等；档案由专人建立和保管；

(2) 负责其监管范围内的固定资产新增、部门之间调拨、合并、拆分、清理等业务的计划和复核，并提请总经理批准；

(3) 负责固定资产台账的登记；

(4) 定期对其监管范围内的固定资产进行盘点；

(5) 对其监管范围内的固定资产流转提出可行性建议。

第四条　固定资产采购、管理、领用程序

1. 固定资产采购程序

(1) 使用部门申请增添固定资产时，应填写“固定资产申请表”，经总经理审批同意。

(2) 采购部接到经批准“请购单”后，则办理采购程序，依采购程序办理完成核签。

2. 固定资产验收、入库程序

(1) 采购人员采购完成，固定资产送达时，固定管理员与采购人员共同对固定资产进行验收。

(2) 固定资产验收合格后，固定资产管理员开具“固定资产入库单”办理入库手续。

(3) 固定资产管理员根据“固定资产入库单”登记固定资产管理台账。

3. 固定资产出库程序

(1) 固定资产管理员通知固定资产使用人领取固定资产，固定资产使用人领取固定资产的同时在“固定资产出库单”签字确认。该“固定资产出库单”作为固定资产的档案材料。

(2) 固定资产管理员根据“固定资产出库单”登记固定资产管理台账。

4. 固定资产内部转移

(1) 固定资产的内部转移，经总经理批准后，并填写“固定资产内部转移单”经使用人员、接收人员、固定资产管理员签字后，移交固定资产。

(2) 固定资产管理员根据“固定资产内部转移单”登记固定资产管理台账。

5. 固定资产维护

固定资产维护是指公司为了确保固定资产的正常运转和使用，对固定资产进行保养、检查、故障修理等行为。

固定资产需要维护、维修时，由固定资产管理员与厂家或维修人员联系；提前提出固定资产维修维护申请，经总经理批准后进行维修维护。

维护、维修完成后，固定资产使用人、固定资产管理人对固定资产进行查验；固定资产管理员登记固定资产管理台账。

6. 固定资产报废

(1) 所有丧失原有使用功能而无法继续使用的固定资产应立即申请报废或毁损。

(2) 所有固定资产报废都必须由使用人提出申请，固定资产管理部核准后，报总经理批准。

(3) 固定资产报废后，固定资产管理员及时办理固定资产管理台账的变动。

(4) 因使用固定资产使用人使用或管理不善导致的固定资产报废，将追究使用人的相关责任。

第二部分

The second part

认识岗位

入职培训专题5

认识学徒业务岗位

农机市场营销岗位是农业装备应用技术专业的核心岗位，旨在培养农业装备应用技术专业需求的高等技术应用型专门人才，培养学徒具备农机售后服务和农机营销关键职业能力和职业素养，使学徒具备综合的职业行动能力。

该岗位具有较强的实践性，基于农机企业营销环境，根据企业实际需求设计教材项目，通过规划、分析和制定农机企业真实营销策略，开展农机市场调研与分析，制定农机市场营销策划，提高农机销售管理工作的能力。教学项目真实、设计完整，符合学生思维习惯和学习顺序，并有利于培养学生对整体内容的认知和把握，引导职业理念，帮助学生树立职业目标、熟悉工作内容，增强就业和任职能力。

入职培训专题 6
岗位安全教育与考核

《中华人民共和国安全生产法》规定：生产经营单位应当对从业人员进行安全生产教育和培训，保证从业人员具备必要的安全生产知识，熟悉有关的安全生产规章制度和安全操作规程，掌握本岗位的安全操作技能。未经安全生产教育和培训合格的从业人员，不得上岗作业。

农机销售相关企业学徒上岗前安全教育的形式主要采用三级安全教育方式。三级安全教育是指新入厂学徒、工人的厂级安全教育、车间级安全教育和岗位（工段、班组）安全教育，是厂矿企业安全生产教育制度的基本形式。三级安全教育制度是企业安全教育的基本教育制度。企业必须对新工人进行安全生产的入厂教育、车间教育、班组教育；对调换新工种、复工、采取新技术、新工艺、新设备、新材料的工人，必须进行新岗位、新操作方法的安全卫生教育，受教育者经考试合格后，方可上岗操作。

在农机具销售活动中，营销人员必须掌握必要的安全生产知识，熟悉有关的安全生产规章制度和安全操作规程，识读企业安全标示标牌，培训合格后方可进入岗位学习。以纽荷兰 T1254B/1404B 拖拉机为例，掌握农机营销学徒岗位中需要注意安全事项。

学徒岗位安全教育与考核的任务主要包括安全生产法律法规、企业安全生产规章制度、自救互救、急救方法、疏散和现场紧急情况的处理、作业中危险区域和设备状况及安全操作规程、生产设备安全装置、劳动防护用品（用具）的性能及正确使用方法、本岗位易发生事故的不安全因素及其防范对策等内容。见图 2-1。

农机市场营销岗位学徒岗位安全教育与考核可采取参观、座谈、演讲等与课堂讲授相结合的形式进行。

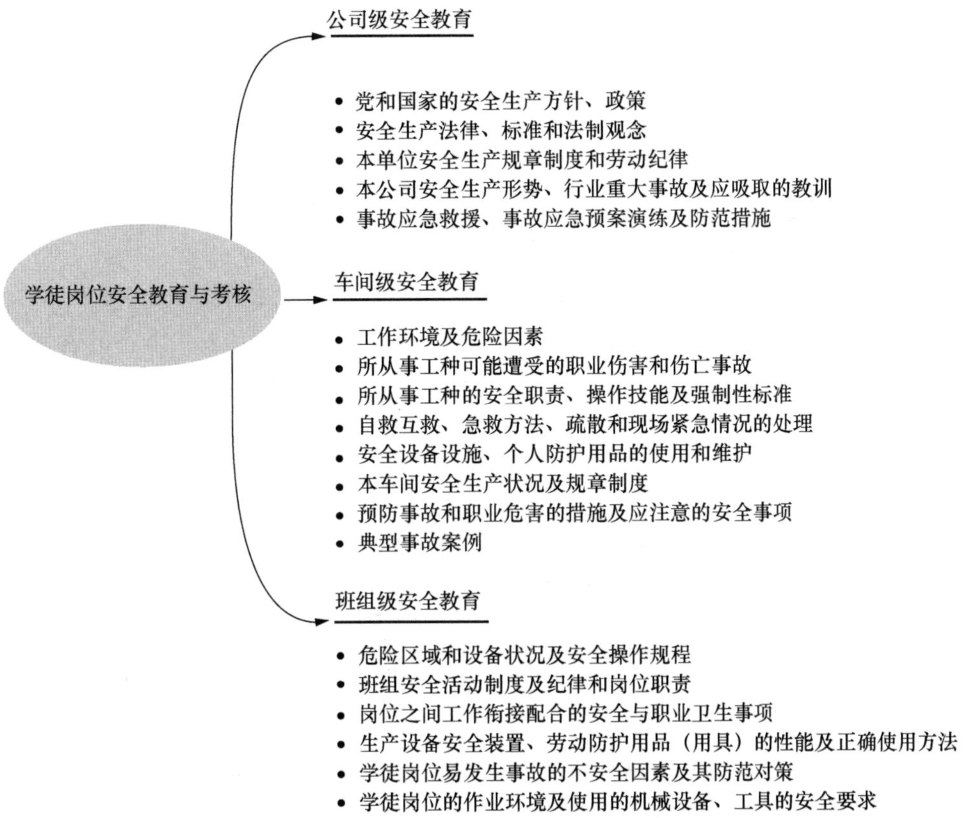

图 2-1　学徒岗位安全教育与考核

第一节　安全生产

安全生产常用的几个基本概念

（一）　安全与本质安全

安全泛指没有危险，不受威胁和不出事故的状态。安全是一个相对的概念，当危险性低于某种程度时，人们就认为是安全的。

本质安全是指设备、设施或技术工艺含有内在的能够从根本上防止事故的功能。本质安全是生产中预防为主的根本体现，也是安全生产的最高境界，是人们追求的目标。

（二）　安全生产

安全生产是指在生产作业活动过程中，采取有效措施，消除和控制危险、有害因素，整治和消除事故隐患，防止各类事故发生，保障人身安全与健康、设备和设施免受损坏、环境免遭破坏的总称。

（三） 安全生产方针

(1) 我国安全生产的方针是“安全第一，预防为主，综合治理”。

(2) 安全生产方针的含义

安全第一：就是在生产经营活动中，在处理保证安全与生产经营活动的关系上，要始终把安全放在首要位置，优先考虑从业人员和其他人员的人身安全，实行“安全优先”的原则。在确保安全的前提下，努力实现生产的其他目标。

预防为主：就是按照系统化，科学化的管理思想，按照事故发生的规律和特点，千方百计预防事故的发生，做到防患于未然，将事故消灭在萌芽阶段。虽然在生产活动中还不能完全杜绝事故的发生，但只要思想重视，预防措施得当，事故还是可以大大减少的。

综合治理：是指安全生产必须综合运用法律、经济、科技和行政手段，标本兼治，重在治本，推动要素到位，建立长效机制。做到思想认识上警钟长鸣，制度保证上严密有效，技术支撑上坚强有力，监督检查上严格细致，事故处理上严肃认真。

（四） 危险源

危险源即危险之根源，是系统中导致事故的根源。可能导致人身伤害和（或）健康损害的根源、状态或行为，或其组合。

危险源由三个要素构成：潜在危险性、存在条件和触发因素。是指一个系统中具有潜在能量和物质释放危险的、可造成人员伤害、在一定的触发因素作用下可转化为事故的部位、区域、场所、空间、岗位、设备及其位置。一般来说，危险源可能存在事故隐患，也可能不存在事故隐患，对于存在事故隐患的危险源一定要及时加以整改，否则随时都可能导致事故。

（五） 事故与事故隐患

在生产经营过程中，事故是指造成人员死亡、伤害、职业病、财产损失或其他损失的意外事件。

事故隐患是指生产经营单位违反安全生产法律、法规、规章、标准、规程和安全生产管理制度的规定，或者因其他因素在生产经营活动中存在可能导致事故发生的物的危险状态、人的不安全行为和管理上的缺陷。因此，隐患是事故发生的必要条件。

（六） 工伤和工伤保险

工伤，又称“职业伤害”“工作伤害”，指劳动者在从事职业活动或者与职业责任有关的活动时所遭受的事故伤害和职业病伤害。一般而言，意外事故必须与劳动者从事工作或职业的时间和地点有关，而职业病必须与劳动者从事的工作或职业的环境、接触有毒有害物质的浓度和时间有关。

工伤保险，又称职业伤害保险。工伤保险是通过社会统筹的方法，集中用人单位缴纳的工伤保险费，建立工伤保险基金，对劳动者在生产经营活动中所遭受的意外伤害或职业病，并由此造成的死亡、暂时或永久丧失劳动能力时，给予劳动者及其家属法定的医疗救治以及必要的经济补偿的一种社会保险制度。

（七）“三不伤害”原则

不伤害自己，不伤害他人，不被他人伤害。

（八）“三违”

“三违”是违章指挥、违章操作、违反劳动纪律的简称。

要杜绝违章，首先明白什么是违章；违章就是违反安全管理制度、规范、章程，违反安全技术措施及所从事的活动。“违章不一定出事（故），出事（故）必有违章”，这句话很好地诠释了事故与违章的关系。根据全国每年上百万起事故原因进行的分析证明，95%以上是由于违章而导致的。违章是发生事故的原因，事故是违章导致的后果。

（九）特种作业人员

特种作业是指容易发生人员伤亡事故，对操作者本人、他人及周围设施的安全可能造成重大危害的作业。直接从事特种作业的人员称为特种作业人员。

机械行业常见特种作业及人员主要包括：金属焊接、切割作业，起重机械作业，厂内机动车驾驶人员，压力容器作业、电气作业等。

（十）安全操作规程

安全操作规程是生产经营单位在长期的安全生产工作实践中，认真吸取事故教训，根据各工种的特点和作业中存在的危险因素，总结、提炼的学徒安全行为规范。从某种意义上说，它是通过血的教训，甚至是付出生命的代价换来的，是职工在生产操作时必须遵守的安全行为准则。

职工从事本工种工作，就要遵守本工种安全操作规程，减少或消除可能导致人身伤亡的不安全行为，从而有效控制各类事故的发生。

第二节　安全教育

安全培训是企业实现安全生产、文明生产最重要的措施之一，是企业管理工作的一项重要的基础工作。

我国《安全生产法》明确规定：“生产经营单位应当对从业人员进行安全生产教育和培训，保证从业人员具备必要的安全生产知识，熟悉有关的安全生产规章制度和安全操作规程，掌握本岗位的安全操作技能。未经安全生产教育和培训合格的从业人员，不得上岗操作。”

国家安监总局颁布的《生产经营单位安全培训规定》明确要求：“加工、制造业等单位的从业人员，在上岗前必须经过厂（矿）、车间（工段、区、队）、班组三级安全教育培训。”

一、“三级” 安全教育的内容

“三级”安全教育制度是企业安全教育的基本制度。教育的对象包括新入职学徒、代培人员和实习人员。

（一） 公司级岗前安全培训内容

（1）本单位安全生产情况及安全生产基本知识；

（2）本单位安全生产规章制度和劳动纪律；

（3）从业人员安全生产权利和义务；

（4）有关事故案例等。

（二） 分厂、车间级岗前安全教育

各车间有不同的生产特点和不同的要害部位、危险区域和设备，因此在进行本级安全教育时，应根据各自的情况，详细讲解，内容应包括：

（1）工作环境及危险因素；

（2）所从事工种可能遭受的职业伤害和伤亡事故；

（3）所从事工种的安全职责、操作技能及强制性标准；

（4）自救互救、急救方法、疏散和现场紧急情况的处理；

（5）安全设备设施、个人防护用品的使用和维护；

（6）本车间（工段、区、队）安全生产状况及规章制度；

（7）预防事故和职业危害的措施及应注意的安全事项；

（8）有关事故案例；

（9）其他需要培训的内容。

（三） 班组安全教育

班组是企业生产的“前线”，生产活动是以班组为基础的。由于操作人员活动在班组，机具设备在班组，事故也常常发生在班组，因此，班组安全教育非常重要，班组级安全教育应包括：

（1）岗位安全操作规程；

（2）岗位之间工作衔接配合的安全与职业卫生事项；

（3）有关事故案例；

（4）其他需要培训的内容。

二、“三级” 安全教育的组织实施

厂级安全教育由公司安全生产管理部门实施。车间级安全教育培训由分厂（车间）

负责人或安全管理人员负责组织实施。班组级安全教育由班组组织实施。

新入职人员必须全部进行三级安全教育，教育后要进行考试，并填写“学徒三级安全教育表”，考核合格方能上岗。

第三节　安全生产法律法规

我国颁布的安全生产及相关法律法规很多，主要有《安全生产法》《职业病防治法》《劳动法》《消防法》《特种设备安全法》《工伤保险条例》《危险化学品安全管理条例》及安全生产监管部分发布的相关规定及规范标准等。下面重点介绍以下几个法律法规。

一、《安全生产法》

2002 年 6 月 29 日第九届全国人民代表大会常务委员会第 28 次会议通过，同年 11 月 1 日颁布实施。2014 年 8 月 31 日，第十二届全国人民代表大会常务委员会第十次会议修改通过，2014 年 12 月 1 日起重新发布施行，共七章，一百一十四条。主要对“生产经营单位的安全生产保障”“从业人员的权利和义务”“安全生产的监督管理”及“法律责任”做出了基本的法律规定。

（一） 相关的权利

《安全生产法》第三章规定了各类从业人员必须享有的有关安全生产和人身安全的权利：

1. 职业健康安全保障

《安全生产法》第四十九条规定：生产经营单位与从业人员订立的劳动合同，应当载明有关保障从业人员劳动安全、防止职业危害的事项，以及依法为从业人员办理工伤保险的事项。

生产经营单位不得以任何形式与从业人员订立协议，免除或者减轻其对从业人员因生产安全事故伤亡依法应承担的责任。

2. 知情权和建议权

《安全生产法》第五十条规定：生产经营单位的从业人员有权了解其作业场所和工作岗位存在的危险因素、防范措施及事故应急措施，有权对本单位的安全生产工作提出建议。

3. 批评检举控告和拒绝违章指挥权

《安全生产法》第五十一条规定：从业人员有权对本单位安全生产工作中存在的问题提出批评、检举、控告；有权拒绝违章指挥和强令冒险作业。

生产经营单位不得因从业人员对本单位安全生产工作提出批评、检举、控告或者拒绝违章指挥、强令冒险作业而降低其工资、福利等待遇或者解除与其订立的劳动合同。

4. 紧急情况下的停止作业和紧急撤离权

《安全生产法》第五十二条规定：从业人员发现直接危及人身安全的紧急情况时，有权停止作业或者在采取可能的应急措施后撤离作业场所。

生产经营单位不得因从业人员在前款紧急情况下停止作业或者采取紧急撤离措施而降低其工资、福利等待遇或者解除与其订立的劳动合同。

从业人员在行使这项权利的时候，必须明确三点：一是危及人身安全的紧急情况必须有确实可靠的直接根据，凭借个人猜测或者误判而实际并不属于危及人身安全的紧急情况除外；二是紧急情况必须直接危及人身安全，间接或者可能危害人身安全的情况不应撤离，而应采取有效的处理措施；三是出现危及人身安全的紧急情况时，首先是停止作业，然后要采取可能的应急措施，采取应急措施无效时，再撤离作业场所。

（二） 相应的义务

从业人员在享有以上安全生产权利的同时，在生产劳动过程中必须履行相应的义务。

1. 遵章守规，佩戴和使用劳动防护用品的义务

《安全生产法》第四十九条规定：从业人员在作业过程中，应当严格遵守本单位的安全生产规章制度和操作规程，服从管理，正确佩戴和使用劳动防护用品。

2. 接受培训，提高安全生产素质的义务

《安全生产法》第五十条规定：从业人员应当接受安全生产教育和培训，掌握本职工作所需的安全生产知识，提高安全生产技能，增强事故防范和应急处理能力。

3. 发现隐患及时报告的义务

《安全生产法》第五十一条规定：从业人员发现事故隐患或者其他不安全因素，应当立即向现场安全生产管理人员或者本单位负责人报告。

二、《职业病防治法》

《中华人民共和国职业病防治法》为了预防、控制和消除职业病危害，防治职业病，保护劳动者健康及其相关权益，促进经济社会发展，根据宪法制定。2017 年 11 月 4 日，第十二届全国人民代表大会常务委员会第三十次会议决定，通过对《中华人民共和国职业病防治法》做出修改。自 2017 年 11 月 5 日起施行。

《职业病防治法》中规定了劳动者职业卫生保护权利、用人单位的职业病防治职责以及职业病诊断和职业病人待遇等。

《职业病防治法》第三十九条规定，劳动者享有下列职业卫生保护权利：

（1）获得职业卫生教育、培训；

（2）获得职业健康检查、职业病诊疗、康复等职业病防治服务；

（3）了解工作场所产生或者可能产生的职业病危害因素、危害后果和应当采取的职业病防护措施；

（4）要求用人单位提供符合防治职业病要求的职业病防护设施和个人使用的职业病防护用品，改善工作条件；

（5）对违反职业病防治法律、法规以及危及生命健康的行为提出批评、检举和控告；

（6）拒绝违章指挥和强令进行没有职业病防护措施的作业；

（7）参与用人单位职业卫生工作的民主管理，对职业病防治工作提出意见和建议。

三、《工伤保险条例》

2004 年 1 月 1 日颁布实施。2010 年 12 月 8 日国务院第 136 次常务会议修改，2011 年 1 月 1 日重新发布施行。目的是为了保障因工作遭受事故伤害或者患职业病的职工获得医疗救治和经济补偿，促进工伤预防和职业康复，分散用人单位的工伤风险。

《工伤保险条例》第十四条规定：职工有下列情形之一的，应当认定为工伤：

①在工作时间和工作场所内，因工作原因受到事故伤害的；②工作时间前后在工作场所内，从事与工作有关的预备性或者收尾性工作受到事故伤害的；③在工作时间和工作场所内，因履行工作职责受到暴力等意外伤害的；④患职业病的；⑤因工外出期间，由于工作原因受到伤害或者发生事故下落不明的；⑥在上下班途中，受到非本人主要责任的交通事故或者城市轨道交通、客运轮渡、火车事故伤害的；⑦法律、行政法规规定应当认定为工伤的其他情形。

《工伤保险条例》第十五条规定：职工有下列情形之一的，视同工伤：

①在工作时间和工作岗位，突发疾病死亡或者在 48 小时之内经抢救无效死亡的；②在抢险救灾等维护国家利益、公共利益活动中受到伤害的；③职工原在军队服役，因战、因公负伤致残，已取得革命伤残军人证，到用人单位后旧伤复发的。

职工有前款第①项、第②项情形的，按照本条例的有关规定享受工伤保险待遇；职工有前款第③项情形的，按照本条例的有关规定享受除一次性伤残补助金以外的工伤保险待遇。

《工伤保险条例》第十六条规定：职工符合本条例第十四条、第十五条的规定，但是有下列情形之一的，不得认定为工伤或者视同工伤：

①故意犯罪的；②醉酒或者吸毒的；③自残或者自杀的。

第四节　安全色和安全标志

一、安全色

（一） 安全色

(1) 安全色：是特定的表达安全信息的颜色。它以形象而醒目的色彩语言向人们提供禁止、警告、指令、提示等安全信息。安全色包括四种颜色，即红色、黄色、蓝色、绿色。

(2) 安全色的含义及用途：

红色表示禁止、停止的意思。禁止、停止和有危险的器件设备或环境涂以红色的标记。如禁止标志、机器紧急停止按钮、交通禁止标志、消防设备。

黄色表示注意、警告的意思。需警告人们注意的器件、设备或环境涂以黄色标记。如警告标志、交通警告标志。

蓝色表示指令、必须遵守的意思。如指令必须佩戴个人防护用具标志、交通标志指示等。

绿色表示通行、安全和提供信息的意思。可以通行或安全情况涂以绿色标记。如表示通行、机器启动按钮、安全信号旗等。

（二） 对比色

对比色有黑白两种颜色，黄色安全色的对比色为黑色。红、蓝、绿安全色的对比色均为白色。而黑白两色互为对比色。

黑色用于安全标志的文字、图形符号，警告标志的几何图形和公共信息标志。

白色则作为安全标志中红、蓝、绿色安全色的背景色，也可以用于安全标志的文字和图形符号以及安全通道、交通的表现、铁路站台上的安全线等。

红色与白色相间的条纹比单独使用红色更加醒目，表示禁止通行、禁止跨越等，用于公路交通等方面的防护栏杆以及隔离墩。

黄色与黑色相间的条纹比单独使用黄色更加醒目，表示要特别注意。用于起重吊钩、剪板机压紧装置、冲床滑块等。

蓝色与白色相间的条纹比单独使用蓝色醒目，用于指示方向，多为交通指导性导向标。

二、安全标志

安全标志由安全色、几何图形和图形符号构成，用以表达特定的安全信息。使用安全标志的目的是提醒人们注意不安全因素，防止事故发生，起到安全保障的作用。

当然，安全标志本身并不能消除任何危险，也不能取代预防事故的相应措施。

（一） 安全标志的类型

安全标志分为禁止标志、警告标志、指令标志和提示标志四大类型。

（二） 安全标志的含义

禁止标志是指禁止人们不安全行为的图形标志。其基本形式为带斜杠的圆形框。圆环和斜杠为红色，图形符号为黑色，衬底为白色。见图 2-2。

图 2-2 禁止标志示例

警告标志是指提醒人们对周围环境引起注意，以避免可能发生危险的图形标志。其基本形式是正三角形边框。三角形边框及图形为黑色，衬底为黄色。见图 2-3。

图 2-3 警告标志示例

指令标志是指强制人们必须做出某种动作或采用防范措施的图形标志，其基本形式是圆形边框。图形符号为白色，衬底为蓝色。见图 2-4。

提示标志是指向人们提供某种信息的图形标志。其基本形式是正方形边框。图形符号为白色，衬底为绿色。见图 2-5。

（三） 使用安全标志的相关规定

在有较大危险因素的生产经营场所或者有关设施、设备上，设置明显的安全警示标志，以提醒、警告学徒，使他们能时刻清醒地认识到所处环境的危险，提高注意力，加强自身安全保护，这对于避免事故发生将会起到积极作用。

图 2-4　指令标志示例

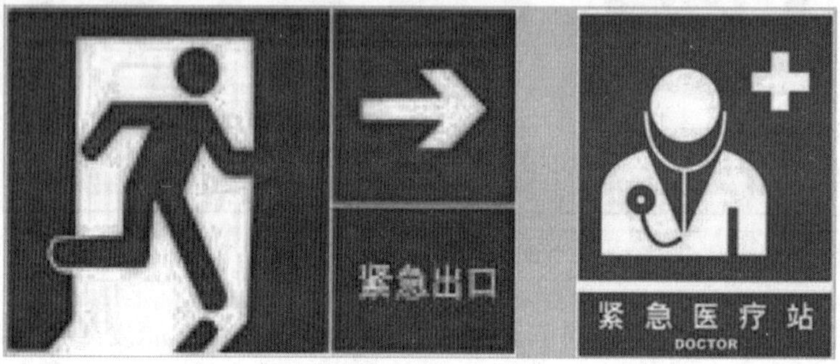

图 2-5　提示标志示例

在设置安全标志方面，相关法律已有诸多规定。如《安全生产法》规定，生产经营单位应当在有较大危险因素的生产经营场所和有关设施、设备上，设置明显的安全警示标志。安全警示标志必须符合国家标准。设置的安全标志，未经有关部门批准，不准移动和拆除。

第五节　职业健康和劳动防护用品知识

一、职业健康知识

（一） 什么是职业病

职业病是指劳动者在职业活动中，因接触粉尘、放射性物质和其他有毒、有害物质等因素而引起的疾病。根据《职业病分类和目录》，职业病分为 10 类 132 种。

（1）职业性尘肺病及其他呼吸系统疾病

（2）职业性皮肤病

（3）职业性眼病

（4）职业性耳鼻喉口腔疾病

（5）职业性化学中毒

(6) 物理因素所致职业病

(7) 职业性放射性疾病

(8) 职业性传染病

(9) 职业性肿瘤

(10) 其他职业病

构成《职业病防治法》所称的职业病，必须具备4个要件：

(1) 患病主体必须是企事业单位或者个体经营组织的劳动者；

(2) 必须是在从事职业活动的过程中产生的；

(3) 必须是因接触粉尘、放射性物质和其他有毒、有害物质等因素而引起的，其中放射性物质是指放射性同位素或射线装置发出的α射线、β射线、γ射线、χ射线、中子射线等电离辐射；

(4) 必须是国家公布的职业病分类和目录所列的职业病。

在上述4个要件中，缺少任何一个要件，都不属于法定职业病。

（二） 什么是职业病危害因素

职业病危害是指对从事职业活动的劳动者可能导致职业病的各种危害因素。职业病危害因素包括：职业活动中存在的各种有害的化学、物理、生物以及在作业过程中产生的其他职业有害因素。

（三） 职业病是如何发生的

劳动者接触到职业病危害因素，并不一定就会发生职业病。造成职业病发生必须具备一定的作用条件，同时受一定的个体危险因素的影响。其中作用条件包括：接触机会、接触方式、接触时间和接触的强度；个体危险因素包括：遗传因素、年龄和性别的差异、营养缺乏、其他疾病和精神因素、文化水平和生活方式或个人习惯。

（四） 职业有害因素的来源

生产工艺过程、劳动过程和工作环境中产生和（或）存在的，对职业人群的健康、安全和作业能力可能造成不良影响的一切条件或要素，统称为职业有害因素。职业有害因素是导致职业性损害的致病源，其对健康的影响主要取决于有害因素的性质和接触强度等。职业有害因素按其来源可分为3类：

1. 生产工艺过程中的有害因素

(1) 化学性有害因素：包括生产性毒物和生产性粉尘。

(2) 物理性有害因素：包括异常气象条件（高温、高湿、低温、高低气压等）、噪声、振动、非电离辐射（可见光、紫外线、红外线、射频辐射、激光等）、电离辐射（α射线、β射线、γ射线、χ射线、中子射线等）。

(3) 生物性有害因素：如炭疽杆菌、布氏杆菌、森林脑炎病毒、真菌、寄生虫及某些植物性花粉等。

2. 劳动过程中的有害因素

不合理的劳动组织和作息制度、劳动强度过大或生产定额不当、职业心理紧张、体内个别器官或系统紧张、长时间处于不良体位、姿势或使用不合理的工具等。

3. 工作环境中的有害因素

自然环境因素（如室外作业）、厂房建筑或布局不符合职业卫生标准（如通风不良、采光照明不足、有毒工段和无毒工段在同一个车间内）和作业环境空气污染等。

二、劳动防护用品知识

劳动防护用品，是指用人单位为劳动者配备的，使其在劳动过程中免遭或者减轻事故伤害及职业伤害的个体防护装备。使用劳动防护用品，是保障从业人员人身安全与健康的重要措施，也是保障生产经营单位安全生产的基础。

（一） 劳动防护用品的十大类

(1) 防御物理、化学和生物危险、有害因素对头部伤害的头部防护用品。

(2) 防御缺氧空气和空气污染物进入呼吸道的呼吸防护用品。

(3) 防御物理和化学危险、有害因素对眼面部伤害的眼面部防护用品。

(4) 防噪声危害及防水、防寒等的听力防护用品。

(5) 防御物理、化学和生物危险、有害因素对手部伤害的手部防护用品。

(6) 防御物理和化学危险、有害因素对足部伤害的足部防护用品。

(7) 防御物理、化学和生物危险、有害因素对躯干伤害的躯干防护用品。

(8) 防御物理、化学和生物危险、有害因素损伤皮肤或引起皮肤疾病的护肤用品。

(9) 防止高处作业劳动者坠落或者高处落物伤害的坠落防护用品。

(10) 其他防御危险、有害因素的劳动防护用品。

（二） 劳动防护用品的正确使用方法

(1) 会检查（可靠性）。使用前做一次外观检查，检查的目的是确认防护用品对危险有害因素防护效能的有效性。检查的内容包括外观有无缺陷或损坏，各部件组装是否严密，启动是否灵活等。

(2) 会正确使用。严格按照使用说明书正确使用劳动防护用品。

(3) 会正确维护保养防护用品。

第六节 事故应急与现场急救知识

掌握一定的事故应急救援知识，对于处理紧急事故、防止和减少伤亡事故有着积极的意义。

一、应急管理中的“四个一”

在应急中应掌握“四个一”，即“一图一点一号一法”。

“一图”——逃生路线图。所有作业现场发生突发事故，班组学徒除了抢救身边的伤者，最重要的任务不是救灾抢险，而是逃生，这是现代应急管理的基本原则，是以人为本的具体体现。既然是逃生，就要事先熟悉现场逃生路线，班组应急演习也是为了熟悉这条逃生路线，否则急来抱佛脚，乱了方向，成为无头的苍蝇。

“一点”——紧急集合点。紧急集合地点是逃生路线的终点。它的重要作用体现在：紧急疏散后，集中到此点，便于应急指挥部门点名，核实学徒人数，如有缺员，可以立即展开寻救。

“一号”——报警电话号码。报警电话有不同的类别和层次，火警 119，急救 120 是众所周知的，但是作为班组学徒，仅仅知道这两个号是远远不够的。这里所说的“一号”，首先是指所在单位的应急指挥中心的电话号码，以及你的直接上级领导的电话。

“一法”——常用的急救方法。突发事件发生后，如何在第一时间内对伤者采取急救措施，争取挽救伤者的机会，对于减少人员伤亡起着重要的作用。

二、现场急救与逃生

（一） 事故现场急救原则

在生产劳动过程中，不可避免发生各类工伤事故，为了减少和避免事故造成的伤害和损失，每个职工都应了解一些常见事故发生以后的救护和自救技术，才能做到临危不乱，化险为夷。职业伤害急救原则如下：

（1）遇到伤害发生时，不要惊慌失措，要保持镇静，并设法维持好现场的秩序。

（2）在周围环境不危及生命条件下，一般不要随便搬动伤员。

（3）暂不要给伤病员喝任何饮料和进食。

（4）如发生意外，而现场无人时，应向周围大声呼救，请求来人帮助或设法联系有关部门，不要单独留下受伤人员无人照管。

（5）根据伤情对病员边分类边抢救，处理的原则是先重后轻、先急后缓、先近后远，对呼吸困难、窒息和心跳停止的伤病员，从速置头于后仰位、托起下颌、使呼吸道通畅，同时施行人工呼吸、胸外心脏按压等复苏操作，原地抢救。

（6）对伤情稳定、估计转运途中不会加重伤情的伤病员，迅速组织人力，利用各种交通工具分别转运到附近的医疗单位急救。

（7）现场抢救一切行动必须服从有关领导的统一指挥，不可各自为政。

（二） 急救时首先要对病人做的检查

现场急救，人命关天，现场急救时的检查不容许像在医院中那样全面细致地进行，但是在给病人做急救处理之前，必须首先了解病人的主要伤情，对病人进行必要的检查，特别是对重要的体征不能忽略遗漏。所以现场急救的检查要抓住重点。

首先要检查心脏跳动情况。心跳是生命的基本体征，正常人每分钟心跳 60～100 次。严重创伤，大出血等病人，心跳多增快，但力量较弱，摸脉搏时觉脉细而快，每分钟跳 120 次以上时多为早期休克。当病人死亡时，心跳停止。

其次是检查呼吸。呼吸也是生命的基本体征，正常每分钟呼吸 16～20 次。垂危病人的呼吸多变快、变浅、不规则；当病人临死前，呼吸变缓慢、不规则直至停止呼吸。在观察危重病人的呼吸时，由于呼吸微弱，难以看到胸部明显的起伏，可以用一小片棉花或小薄纸条、小草等放在病人鼻孔旁，看这些物体是否随呼吸来回飘动来判定还有无呼吸。

最后看瞳孔。正常人两个眼睛的瞳孔等大、等圆、遇到光线照来时可以迅速收缩。当病人受到严重伤害，两侧的瞳孔可能不一般大，可能缩小或扩大。当用电筒突然刺激瞳孔时，瞳孔不收缩或收缩迟钝。

（三） 急救常识

1. 创伤急救

创伤急救原则上是先抢救，后固定，再送医院，并注意采取措施，防止伤情加重或污染。需要送医院救治的，应立即做好保护伤员措施后送医院救治。

抢救前先使伤员安静躺平，判断全身情况和受伤程度，如有无出血、骨折和休克等。

外部出血立即采取止血措施，防止失血过多而休克。外观无伤，但呈休克状态，神志不清，或昏迷者，要考虑胸腹部内脏或脑部受伤的可能性。

为防止伤口感染，应用清洁布片覆盖。救护人员不得用手直接接触伤口，更不得在伤口内填塞任何东西或随便使用药。

搬运时应使伤员平躺在担架上，腰部束在担架上，防止跌下。平地搬运时伤员头部在后，上楼、下楼、下坡时头部在上，搬运中应严密观察伤员，防止伤情突变。

2. 止血

伤口渗血：用较伤口稍大的消毒纱布数层覆盖伤口，然后进行包扎。若包扎后仍有较多渗血，可再加绷带适当加压止血。

伤口出血呈喷射状或鲜红血液涌出时，立即用清洁手指压迫出血点上方（近心端），使血流中断，将出血肢体抬高或举高，以减少出血量。

用止血带或弹性较好的布带等止血时，应先用柔软布片或伤员的衣袖等数层垫在止血带下面，再扎紧止血带以刚使肢端动脉搏动消失为度。上肢每 60 分钟，下肢每 80 分钟放松一次，每次放松 1～2 分钟，开始扎紧与放松的时间均应书面标明在止血带旁。扎紧时间不宜超过四小时。不要在上臂中 1/3 处和腋窝下使用止血带，以免损伤神经。若放松时观察已无大出血可暂停使用。

高处坠落、撞击、挤压可能有胸腹内脏破裂出血。受伤者外观无出血但常表现面色苍白，脉搏细微，气促，冷汗淋漓，四肢厥冷，烦躁不安，甚至神志不清等休克状态，应迅速躺平，抬高下肢，保持温暖，速送医院救治。

3. 烧伤、烫伤

立即冷却烧（烫）伤的部位，用冷水冲洗烧伤部位10～30分钟或冷水浸泡直到无痛的感觉为止。

冷却后再剪开或脱去衣裤。

不要给口渴伤员喝白开水。

伤口全部用清洁布片覆盖，防止污染。四肢烧伤时，先用清洁冷水冲洗，然后用清洁布片消毒纱布覆盖送往医院。

妥善保护创面，不可挑破伤处的水泡。不可在伤处乱涂药水或药膏等。

尽快送往医院进一步治疗。

搬运时，病人应取仰卧位，动作应轻柔，行进要平稳，并随时观察病人情况，对途中发生呼吸、心跳停止者，应就地抢救。

4. 触电

首先应立即使触电者脱离电源。救护人员切不可直接用手、其他金属或潮湿的物件作为救护工具，而必须使用干燥绝缘的工具。救护人员最好只用一只手操作，以防自己触电。

如果触电者伤势不重、神志清醒，但有些心慌、四肢麻木、全身无力，或触电者曾一度昏迷，但已清醒过来，应让触电者安静休息，注意观察并请医生前来治疗。触电后，即使触电者表面的伤害看起来不严重，也必须接受医生的诊治。因为身体内部可能会有严重的烧伤。

如果触电者伤势较重，已经失去知觉，但心脏跳动和呼吸尚未中断，应让触电者安静地平卧，解开其紧身衣服以利呼吸；保持空气流通，若天气寒冷，则注意保温。严密观察，速请医生治疗或送往医院。

如果触电者伤势严重，呼吸停止或心脏跳动停止，应立即实施口对口人工呼吸或胸外心脏按压进行急救；若二者都已停止，则应同时进行口对口人工呼吸和胸外心脏按压急救，并速请医生治疗或送往医院。在送往医院的途中，不能中止急救。

5. 中暑

当出现中暑先兆症状或轻度中暑时，应立即离开高温作业环境，到阴凉安静地方休息，补充清凉含盐饮料。

昏倒的患者，应将其迅速抬到环境凉爽的地方，解开衣扣和裤带，有条件者可在患者头部、两腋下和大腿内侧等处放置水袋，用冷水、冰水或酒精擦身，同时用风扇向患者吹风。上述治疗过程中，必须用力按摩患者四肢，以防止周围血循环停滞。

病人清醒后，可给病人喝些凉开水，同时服用十滴水或人丹等防暑药品。

对重度中暑者，应在作上述降温措施的同时，将患者迅速送往医院进行抢救。

第七节　安全实操训练与考核

一、安全实操训练

下面出现的安全标识在拖拉机上的位置如图 2-6 所示。这些标识用来保护您和与您

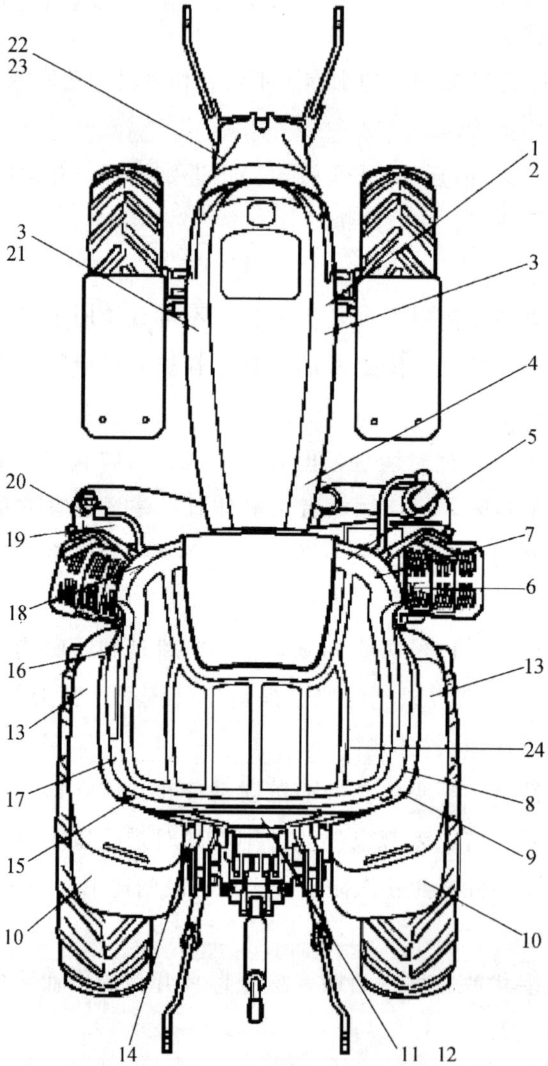

图 2-6　纽荷兰 T1254B/1404B 拖拉机安全标识位置图

一起工作的其他人员的安全。请带上本手册，环视拖拉机，查看这些安全标识的位置和作用。熟记这些安全标识和本手册中与机器操作员有关的详细操作说明。

位置：散热器的左右两侧，1 号位置。

存在危险：小心烫伤！取下漏斗盖之前，务必取下水箱盖。在发动机运行或冷却剂发烫时，切勿取下任何一个盖子。关闭发动机并让系统冷却。使用厚布缓慢松开盖子，让压力释放。

安全标示牌

位置：散热器箱上，盖侧，2 号位置

存在危险：发动机运行时，禁止打开散热器盖。发动机关闭 15 分钟后，才能缓慢转动盖子。

安全标示牌

位置：风扇护罩左侧和右侧，3 号位置

存在危险：部件正在运转！手和衣服要远离旋转的风扇和传送带。

安全标示牌

位置：起动马达，4 号位置

存在危险：小心机器意外移动！跨接起动机器时请务必小心。

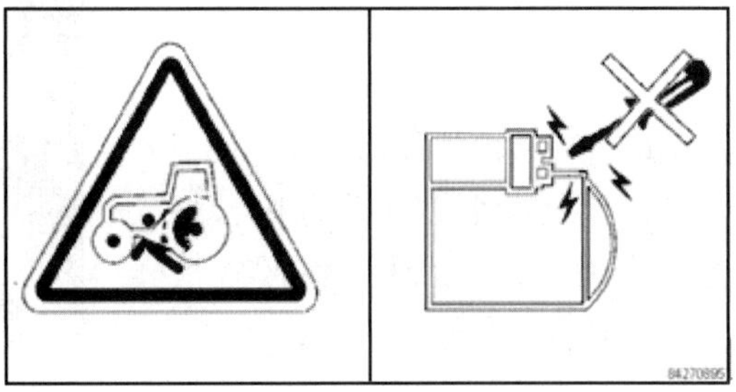

安全标示牌

位置：雷达传感器安装支架

存在危险：小心眼部受伤！雷达行走速度传感器会发射低强度的微波信号，这些信号不会对拖拉机的正常使用产生任何负面影响。尽管信号强度较低，传感器工作时请勿直视传感器正面。违规可能造成轻微伤或轻伤。

安全标示牌

位置：蓄电池顶部

存在危险：蓄电池中含有腐蚀性酸！电池气体可能会爆炸！请佩戴护目装置。避免产生火花。

安全标示牌

位置：驾驶室内“A”柱右侧

存在危险：驱动危险！停用 Fast Steer 系统后才能在公路上行驶。阅读《操作手册》。

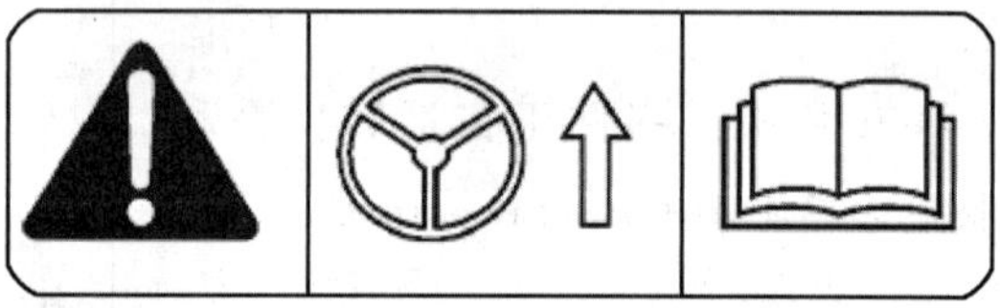

安全标示牌

位置：右侧控制台正面

存在危险：小心跌落危险！进入或离开平台/驾驶室时，务必使用扶手。违规可能会导致重伤或死亡。

安全标示牌

位置：液压蓄能器

存在危险：爆炸危险！高压液压/气体蓄能器，按照保养手册说明进行拆卸或修理，违规可能会导致重伤或死亡。

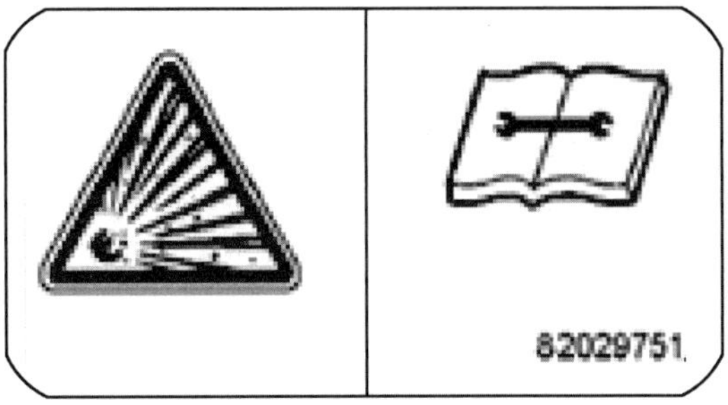

安全标示牌

位置：两个挡泥板后部

存在危险：谨防受伤！激活外部液压控制开关时，必须站在机器的侧面（轮胎外侧）。切勿站在机具上或机具附近，或机具与机器之间。

安全标示牌

二、评价与考核

（1）识图纽荷兰 T1254B/1404B 拖拉机安全标示牌并掌握农机营销学徒岗位需要告知客户的注意安全事项。

位置：____________________

存在危险：____________________

____

____

____

安全标示牌

位置：

存在危险：

安全标示牌

位置：

存在危险：

安全标示牌

位置：

存在危险：

安全标示牌

位置：

存在危险：

安全标示牌

位置：________________________

存在危险：______________________

____

____

____

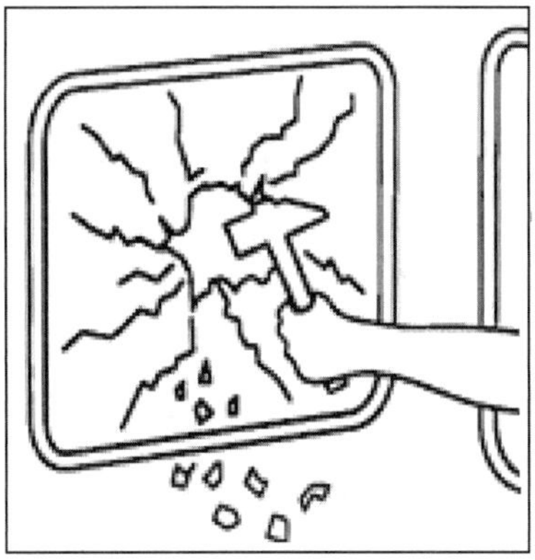

安全标示牌

位置：________________________

存在危险：______________________

____

____

____

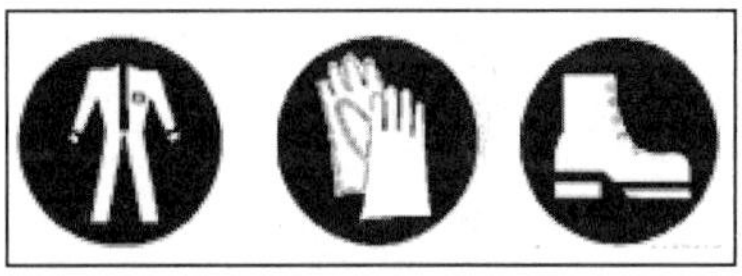

安全标示牌

位置：________________________

存在危险：______________________

____

____

____

安全标示牌

位置：________________________

存在危险：______________________

____

____

____

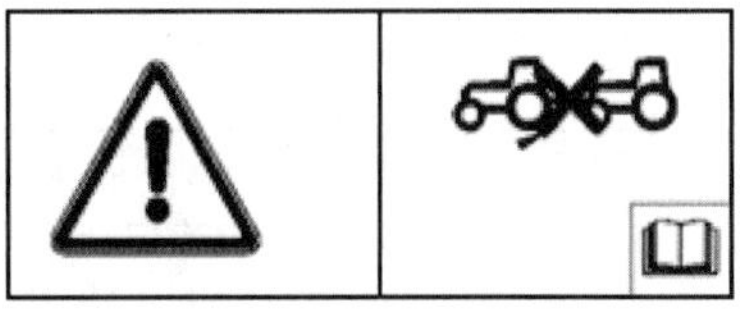

安全标示牌

位置：____
存在危险：____________________________________
____
____
____

安全标示牌

位置：____
存在危险：____________________________________
____
____
____

安全标示牌

位置：____
存在危险：____________________________________
____
____
____

安全标示牌

位置：____
存在危险：____________________________________
____
____
____

安全标示牌

位置：________________________________

存在危险：________________________________

____

____

____

安全标示牌

位置：________________________________

存在危险：________________________________

____

____

____

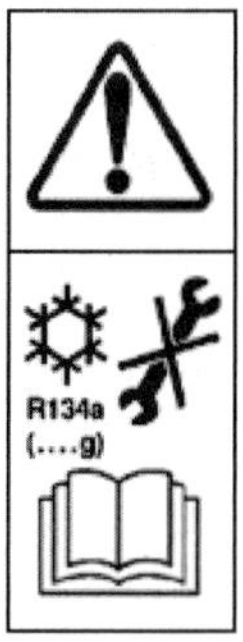

安全标示牌

位置：________________________________

存在危险：________________________________

____

____

____

安全标示牌

位置：________________________________

存在危险：________________________________

____

____

____

安全标示牌

位置：________________________________

存在危险：________________________________

____

____

____

安全标示牌

（2）学徒三级安全教育考核记录卡

学徒三级安全教育考核记录卡（公司级）

编号：　　　　　　　　　　　　建档日期：

姓　名		性　别		民　族	
年　龄		毕业院校			
文化程度		入职日期		所在部门	
身份证号码				岗位/工种	
家庭住址				联系电话	
公司级 安全教育内容					
培训日期	年　月　日—　　年　月　日				
培训课时					
教育者签名					
受教者签名					
考试方式					
考试成绩					
企业负责人意见： □培训合格，安排下一级安全教育培训。 □培训不合格，再培训。 □培训不合格，不予录用。 负责人（签字）： 年　月　日					

说明：1. 凡本公司学徒（新进厂人员、变换工种、复工人员）需填写此卡，经三级教育培训合格后方准进入岗位，未经教育者合格者，不准进入岗位；

2. 三级教育结束并签字后将本卡交到企业存档，合格后凭此卡领取防护用品进入工作岗位。

学徒三级安全教育考核记录卡（车间级）

编号：　　　　　　　　　　　　　建档日期：

姓　名		性　别		民　族	
年　龄		毕业院校			
文化程度		入职日期		所在部门	
身份证号码				岗位/工种	
家庭住址				联系电话	
车间级 安全教育内容					
培训日期	年　月　日—　年　月　日				
培训课时					
教育者签名					
受教者签名					
考试方式					
考试成绩					
企业负责人意见： □培训合格，安排下一级安全教育培训。 □培训不合格，再培训。 □培训不合格，不予录用。 负责人（签字）： 年　月　日					

说明：1. 凡本公司学徒（新进厂人员、变换工种、复工人员）需填写此卡，经三级教育培训合格后方准进入岗位，未经教育者合格者，不准进入岗位；

2. 三级教育结束并签字后将本卡交到企业存档，合格后凭此卡领取防护用品进入工作岗位。

学徒三级安全教育考核记录卡（班组级）

编号：　　　　　　　　　　　　　　建档日期：

姓　名		性　别		民　族	
年　龄		毕业院校			
文化程度		入职日期		所在部门	
身份证号码				岗位/工种	
家庭住址				联系电话	
班组级 安全教育内容					
培训日期	年　月　日—　　年　月　日				
培训课时					
教育者签名					
受教者签名					
考试方式					
考试成绩					

企业负责人意见：

□培训合格，安排下一级安全教育培训。

□培训不合格，再培训。

□培训不合格，不予录用。

负责人（签字）：

年　月　日

说明：1. 凡本公司学徒（新进厂人员、变换工种、复工人员）需填写此卡，经三级教育培训合格后方准进入岗位，未经教育者合格者，不准进入岗位；

2. 三级教育结束并签字后将本卡交到企业存档，合格后凭此卡领取防护用品进入工作岗位。

入职培训专题 7
岗位业务能力要求和培养目标

一、职业素质目标

1. 具有良好的市场营销岗位工作职业素养;
2. 爱岗敬业团队合作的职业素养;
3. 认真、踏实、进取的工作态度;
4. 具有健康的身心素质。

考核依据:

1. 客户、师傅和校内指导对学徒职业素养考核合格;
2. 团队成员相互评价考核合格。

二、专业知识目标

1. 制定农机市场营销策划的程序和目标;
2. 运用营销策略,进行农机产品市场细分、目标市场的选择及市场定位;
3. 理解产品整体概念、产品组合、产品生命周期的内涵,理解品牌策略的内涵;
4. 制定农机产品的定价目标,掌握定价方法、定价程序及价格;
5. 分析农机产品分销渠道的作用及类型,阐述分销渠道决策的基本内容及其影响因素;
6. 实际运用促销组合策略进行农机产品营销,使用广告、公共关系、营业推广、人员促销等策略。

考核依据:根据客户要求,运用专业知识选择适合于该用户的农机具,销售农机具 1 台。

三、职业能力目标

1. 制定农机市场营销策划的目标，按照营销策划的程序进行农机产品的策划；

2. 对某款农业机械产品进行目标市场营销策略分析，实施农机市场营销策略；

3. 进行某款农业机械产品的营销活动（产品、价格、渠道、促销）策划，并形成策划方案。

考核依据：根据企业要求策划某款农业机械产品的营销活动，制定策划方案，销售农机具2台。

入职培训专题 8
制订学徒培养计划

表 2-1 学徒培养计划示例

岗位工作学习任务	工作学习内容	工作学习组织	学习产出考核标准	工作学习时间
企业岗前培训	企业文化管理、企业财务管理、人力资源管理、技术业务培训、产品市场营销等。	1. 由企业各部门主管按照学徒进行轮训。 2. 在企业师傅指导下制订学徒期间的工作计划、学习计划和专题研修计划。	1. 了解企业管理结构、发展环境。 2. 了解企业对技术员的业务和行为规范要求，自身职业生涯发展。 3. 了解企业技术、产品市场、财务流程等。 4. 制订学徒制期间的工作计划、学习计划和专题研修计划。	5 天
农机营销岗位安全知识	1. 学徒岗位安全生产职责。 2. 掌握事故预防与控制理论。 3. 掌握事故预防与控制理论。 4. 了解我国安全生产方针、法规、管理体制。 5. 了解安全管理知识。	通过师傅的讲解、试验，学徒小组实操演练，师傅和客户评价。	1. 能够遵守岗位安全生产注意事项。 2. 工作中能够正确做好防护，识读相关安全标示。 3. 能够按照安全规程操作设备。 4. 能够按要求做好事故预防相关措施。	5 天

续表 2-1

岗位工作学习任务	工作学习内容	工作学习组织	学习产出考核标准	工作学习时间
农机市场营销认知	1. 熟悉农机市场的主要品牌与车型特点。 2. 了解国际、国内农机市场的基本情况。 3. 掌握市场营销与农机营销概念。 4. 了解农机市场营销工作岗位及其职能。	通过师傅的讲解、试验，学徒小组实操演练，师傅和客户评价。	1. 能够应顾客要求进行车系、品牌车型的特点介绍，为顾客购车提供必要的参考。 2. 能对优秀的营销案例进行分析，借鉴其成功的经验，服务于本职工作。 3. 能够把学到的农机市场营销管理知识运用到实际工作中。	15 天
农机市场营销策划分析	1. 掌握农机市场营销环境的概念和分类。 2. 掌握农机市场营销宏观和微观环境内容，能够对某某市场营销环境进行分析。 3. 熟悉市场调查与市场预测的方法与作用。 4. 理解市场细分的作用，熟悉市场细分标准，理解企业产品市场定位的作用。 5. 了解农机营销策划的流程和影响因素；熟悉市场营销策划包含的内容和程序。	通过师傅的讲解、试验，学徒小组实操演练，师傅和客户评价。	1. 能够对某个市场营销环境进行分析。 2. 能明确农机产品市场定位，完成市场细分的案例分析。 3. 能设计某个品牌农机产品市场调查（如客户满意度调查等）。 4. 能编制农机营销策划大纲。	20 天
农机消费者购买行为分析	1. 掌握农机个体消费者购买行为特征和行为过程。 2. 掌握影响农机个体消费者购买行为的因素。 3. 了解农机个体消费者购买行为的类型。 4. 了解集团消费者农机购买行为的含义、特征及类型。 5. 掌握影响集团消费者农机购买行为的因素。	通过师傅的讲解、试验，学徒小组实操演练，师傅和客户评价。	1. 掌握农机个体消费者购买行为特征和行为过程。 2. 掌握影响农机个体消费者购买行为的因素。 3. 了解农机个体消费者购买行为的类型。 4. 了解集团消费者农机购买行为的含义、特征及类型。 5. 掌握影响集团消费者农机购买行为的因素。	20 天

续表 2-1

岗位工作学习任务	工作学习内容	工作学习组织	学习产出考核标准	工作学习时间
实施农机市场营销策略	1. 了解营销理论组合营销的概念。 2. 学会以市场为导向，以产品销售为目的，会利用营销理论进行农机营销操作。	通过师傅的讲解、试验，学徒小组实操演练，师傅和客户评价。	运用营销策略实施某品牌农机产品的营销策划。	60 天
农机销售管理	1. 掌握农机产品销售的规范流程。 2. 掌握顾客接待的基本礼仪和行为规范。 3. 掌握产品介绍的基本方法和技巧。 4. 熟悉农机售后服务的管理程序。	通过师傅的讲解、试验，学徒小组实操演练，师傅和客户评价。	1. 能够借助产品资料进行整车介绍。 2. 能够把学到的商务礼仪和销售流程运用到农机介绍中来。 3. 态度目标：养成良好的职业素养和行为习惯，培养“顾客就是上帝”的服务理念。	10 天
学徒培养总结	企业师傅指导学徒系统总结学徒期间三项计划的完成情况，形成学徒总结。专题研修报告具有一定的技术含量。	总结、指导、审阅修改总结报告和研修报告。	1. 学徒培养总结报告。 2. 学徒岗位工作总结报告。 3. 学徒培养学习成果报告。 4. 专题研修技术报告或论文。	5 天
职业品质与工匠精神培养	学徒按照准学徒身份，在企业师傅言传身教，人格潜移默化影响下，在通过企业管理、农机具营销、绩效考核、调查研究、分析总结、农民组织与沟通等业务工作开展中，不断磨炼职业品质和素养，规范职业行为，逐步形成工匠精神，培养出良好的职业素养。			
工作学习资源	教材、各大农机品牌厂家资料、网络资源、企业内部资料和学校教学资源等。			

The third part

The third part

第三部分

学徒工作学习任务

The third part

The third part

学习项目一
农机市场营销基础知识

岗位工作任务一　国内外主要农机具品牌及主要产品认知

【任务描述】

顾客刘先生来农机展厅，希望购买大面积收获的玉米联合收获机械，作为农机营销顾问的你该给顾客介绍哪些内容呢？

【任务分析】

农机营销是农机专业知识与市场营销知识的有机结合。作为一名与农机营销相关的服务人员，必须熟悉国内外各大品牌农机具的特点，了解国内外农机销售市场，还要充分理解农机市场营销的含义，明确自己的工作任务，立足岗位职能，为顾客进行必要的指导。

【专业知识准备】

国内外知名品牌农机产品及配套机具主要有东方红、凯斯纽荷兰、约翰迪尔、克拉斯、久保田、爱科、雷沃、牧神等，由于世界各国的农作物种类、土地情况、地理环境、经济发展的不同，各品牌农机具也会存在着一定的差异，具有各自的特点。

一、东方红系列及主要产品

中国一拖集团有限公司（以下简称中国一拖）（图 3-1）前身为第一拖拉机制造厂，是国家“一五”时期 156 个重点建设项目之一，1955 年开工建设，1959 年建成投产，新中国第一台拖拉机、第一辆军用越野载重汽车在这里诞生。经过 60 余年发展，已经形成以农业机械为核心，同时经营动力机械、零部件等多元产品的大型装备制造企业集团，是中国农机工业的重点骨干企业。2008 年 2 月，国务院国资委批准了中国机械工业集团有限公司与中国一拖的重组方案，中国一拖正式进入中央企业序列。建厂以来，中国一拖已累计向社会提供了 340 余万台拖拉机和 260 余万台动力机械，为我国“三农”建设做出积极贡献。所属第一拖拉机股份有限公司在香港联交所和上海证交所上市，是中国唯一拥有“A+H”上市平台的农机企业。

东方红®

图 3-1　东方红品牌标志

主要产品：东方红系列拖拉机（图 3-2）。

图 3-2　东方红 LG 系列轮式拖拉机（LG1404）

二、凯斯和纽荷兰系列品牌简介及主要产品

凯斯纽荷兰工业集团是当今世界最大的农业机械制造公司之一，其拖拉机、联合收割机和牧草机械的销量名列世界前茅。凯斯纽荷兰工业集团在中国市场中推出的产品包括凯斯和纽荷兰农业设备、凯斯工程机械、依维柯商用车和 FPT 发动机等。集团目前在中国推广的农业机械品牌主要为凯斯（CASE IH）和纽荷兰（NEW

HOLLAND）两个品牌（图 3-3）。产品涵盖拖拉机、联合收割机、采棉机、甘蔗收割机及各种牧草机械等，充分满足不同农业生产需求，为用户提供全面完整的产品线。

图 3-3　凯斯和纽荷兰品牌标志

纽荷兰品牌（NEW HOLLAND）在中国的发展主要集中在最近 30 年，特别是过去的 10 年里获得了长足的发展。目前中国农业使用数量最多的 100～180 马力进口拖拉机均来自纽荷兰。纽荷兰成套牧草与秸秆收获机械，以作业效率高、运行成本低和可靠性高而得到专业用户的青睐。极具竞争优势的纽荷兰 BC5000 系列小方捆打捆机获得了越来越多理解打捆作业、讲究作业效率与效益的专业用户的喜爱。纽荷兰系列大方捆打捆机是目前国内大型生物质发电厂使用的主要秸秆收集设备。作为最早引进中国市场的大型自走式青贮收获机，纽荷兰 FR 系列青贮收获机以其高效率，高可靠性及广泛的适应性深得用户赞誉。

凯斯纽荷兰工业集团在中国建立了多个制造工厂，包括：哈尔滨制造基地：东北最大的农业机械基地，用于制造拖拉机、联合收割机以及其他农业机械；乌鲁木齐基地主要开展组装采棉机的工厂；佛山基地主要开展组装甘蔗收获机的工厂。

主要产品：拖拉机、联合收割机、采棉机、甘蔗收割机及各种牧草机械

二、约翰迪尔品牌简介及主要产品

约翰迪尔公司（John Deere）创立于 1837 年，总部在美国伊利诺依州莫林市。迪尔公司的创始人约翰·迪尔研制出一种不粘泥土的钢犁，并由此起家创立了迪尔公司。170 多年来，迪尔公司通过与世界各地农民携手合作，不断成长壮大。“John Deere”（约翰迪尔）已经成为驰名世界的品牌（图 3-4）。是全球领先的工程机械、农用机械和草坪机械设备的制造商。约翰迪尔在 11 个国家设有工业基地，全球雇员达 43 000 人，产品行销 160 多个国家和地区，是目前世界最大的农业机械制造商和世界第二大工程机械制造商，位居世界五百强前列。约翰迪尔（迪尔公司—纽约证券交易所代码：DE）是世界领先的农业和林业领域先进产品和服务供应商，是主要的建筑、草坪和场地养护、景观工程和灌溉领域先进产品和服务供应商。约翰迪尔也在全球提供金融服务，并制造、销售重型设备发动机。

图 3-4　约翰迪尔品牌标志

主要产品：拖拉机、采棉机、牧草收获机械

四、克拉斯品牌简介及主要产品

德国克拉斯公司（CLAAS KGaA mbH）（图 3-5）是世界著名的农牧业机械和农用车辆制造商，产品主要包括联合收割机（图 3-6）、自走式青贮收获机、甘蔗收获机、农用运输机械、拖拉机和割草机、搂草机、翻晒机、打捆机，此外克拉斯公司还生产发展农用牵引车辆，最新的农业信息科技和精准农业技术，汽车及航天工业机械制造系统的整部件等。

CLAAS

图 3-5　克拉斯品牌标志

图 3-6　TUCANO 系列联合收割机

克拉斯公司是由奥古斯特·克拉斯先生于 1913 年创建，坐落在德国哈斯文克市的克拉斯公司总部是全球的研发中心和生产网络基地。克拉斯公司拥有先进的厂房和制造设备，一流的制造工艺和独立的零配件供应系统，保证用户随时随地享受高质量的产品和优质、及时的售后服务，公司以严谨的管理理念，强大的科研开发体系使其在世界农机制造行业中独树一帜。克拉斯在德国有 5 个生产厂，在德国以外有 5 个生产基地，自公司创立起，为满足农艺要求及耕作制度的变化，不断推出与之相适应的性能好、质量高、可靠性强及维修保养简便的农业机械是克拉斯公司产品始终居于领先地位的原动力。

克拉斯公司的收获机械世界闻名，被用户称为“First CLAAS”，在行业中享有“收获专家”的美誉。1936 年克拉斯公司最先推出自己研制开发的联合收割机，1953 年推出第一台自走式联合收割机，卓越的联合收割机技术早在 20 世纪 60 年代就被我国引进并为中国联合收割制造业写下了辉煌的篇章。克拉斯联合收割机以可靠的性能，先进的技术，独特的脱粒分离系统使其在世界收获机械领域中遥遥领先，累计生产超过 40 万台，在欧洲每三台收获机中就有一台来源于克拉斯。

克拉斯公司的牧草收获机械在欧洲居领先地位，早在 1921 年克拉斯公司就发明了其专利产品——打结嘴，应用于不同型号的打捆机中；位于法国梅兹的克拉斯公司的打捆机生产厂是欧洲最大的打捆机生产基地。自走式青贮收获机占全球 50%以上的市场份额，其优质的机械性能和性价比已被中国市场认可，同时所有产品满足了牧草收割、摊晒、搂集、打捆、搬运、运输等作业的需求。

2003 年是克拉斯公司战略性调整的一年。通过收购法国著名的雷诺农机公司，从而成功进军拖拉机领域，推出了 50～524 马力全系列拖拉机，加强了克拉斯公司在法国、德国乃至整个世界农机市场的主导地位。

克拉斯公司正经历着飞速发展阶段，产值连年翻番，2010 年克拉斯净销售收入接近 25 亿欧元，全球共有九千多名学徒。克拉斯公司有志于加强与中国企业、用户的合作与交流，愿把近一个世纪积累的丰富经验和先进的技术引进中国，在农机市场领域共同成长。

主要产品：拖拉机、联合收割机、牧草收获机械

五、久保田品牌简介及主要产品

久保田农业机械（苏州）有限公司（图 3-7）是日本最大的农业机械制造商——株式会社久保田出资的日商独资企业。目前主要生产和销售半喂入联合收割机、履带全喂入联合收割机、轮式全喂入联合收割机、油菜收获机、玉米收获机、水稻插秧机、大中型轮式拖拉机、育秧播种机、蔬菜烟草移栽机等产品。是一家综合性农机制造企业。

Kubota®

图 3-7　久保田品牌标志

公司自 1998 年创业以来，以客户利益为最优先考虑来开展业务运营。以卓越的产品品质，领先的技术性能，健全的销售网络，完善的服务体系在中国市场取得了巨大的成就，实现了厂家、经销商和用户的“共赢”。在各级农机管理推广部门、经销商、用户和厂家的共同努力下，久保田农业机械得到了社会各界的广泛认可，受到了广大农民的信赖与青睐。久保田已成为国内水稻机械行业的领导品牌。

行业一流的工厂总投资额达 5 800 万美元，占地面积达 127 000 m^2，一期建筑面积 38 000 m^2。公司以“顾客第一、以人为本、贡献社会”为经营理念，以“一流的产品、一流的技术、一流的信誉”为依托，期望成为中国第一强的企业。同时，日本久保田将一如既往地将国际先进的经营理念、生产技术、管理经验和一整套技术解决方案引入中国农机市场，致力于在中国建设其亚洲制造和业务发展基地，希望通过与各级政府、行业协会、商业合作伙伴等单位的精诚合作，携手促进中国农机化事业取得新进展、新成就，与中国农业机械化共发展。

主要产品：插秧机、拖拉机、联合收获机

六、爱科品牌简介及主要产品

美国爱科集团（图 3-8）是世界第三大农机巨头，美国财富 500 强企业。爱科集团旗下的芬兰维美德拖拉机有限公司是西方第五大拖拉机生产商，产品为 60～280 马力的农用拖拉机。公司有 50 多年的历史，所有关键部件均由公司自行开发、设计、生产。位于芬兰斯沃拉赫底市的拖拉机生产厂是世界上第一家获得 ISO 质量认证的拖拉机生产厂。公司年产约 18 000 台大马力拖拉机和 27 000 台柴油发动机。产品遍及 100 多个国家和地区。公司独特的客户订购生产体系使得每一台拖拉机都是根据用户的具体需求而订购生产的。在北欧维美德拖拉机的市场占有率排名第一，在南美洲维美德是第二畅销的品牌，在欧洲和北美洲公司也有迅速的发展。从 2000 年起，维美德拖拉机的各种机型分别在新疆、黑龙江垦区、广西和湖北等地进行生产试验。经过几年的使用和有关部门的测试鉴定证明维美德拖拉机能够满足中国不同地区现代化农业种植耕作的要求。由于马力强劲、性能可靠、故障率低、油耗低、作业效率高和良好的售后服务及备件供应体系而受到广大农场职工和农民的青睐。维美德公司共向中国市场销售了 1 000 多台大马力拖拉机，是近 5 年内中国引进的国外品牌的大马力拖拉机最多的品牌。维美德在新疆乌鲁木齐、奎屯、伊犁、喀什，黑龙江哈尔滨、齐齐哈尔、北安及广西都设有备件库及维修人员和车辆。

AGCO
Your Agriculture Company

图 3-8 爱科品牌标志

主要产品：拖拉机、收获机械、牧草与秸秆收获设备

七、雷沃品牌简介及主要产品

雷沃重工股份有限公司（图 3-9）是目前国内知名的农业装备制造企业，成长迅速的工程机械制造企业。公司成立于 1998 年，现有学徒 1.5 万人，2015 年实现营业收入 220 亿元。2017 年雷沃品牌价值达到 506.68 亿元，位列中国五百最具价值品牌榜第 74 位。

LOVOL

图 3-9 雷沃品牌标志

雷沃重工业务范围涵盖农业装备、工程机械、车辆、金融＋互联网四大业务板块，拥有完善的核心零部件（发动机、变速箱、车桥）黄金产业链，在欧洲、日本等地设有子公司和海外研发中心，在山东、天津、黑龙江等省市拥有 7 大生产制造基地，是国内领先的大型产业装备制造企业之一。

作为国内机械装备制造业的龙头骨干企业，雷沃重工是国内唯一可提供现代农业全程机械化解决方案的企业。主导产品雷沃谷神联合收割机和雷沃欧豹大中型拖拉机连续多年市场占有率行业领先，以装载机、挖掘机为代表的雷沃工程机械市场竞争力稳步攀升。

雷沃重工拥有行业内唯一的现代农业装备重点实验室、公司被认定为“国家重点高新技术企业”，公司工程技术研究院被认定为“国家认定企业技术中心”。通过战略布局全球资源，整合国际高端人才、技术资源，在欧洲和日本建立海外研发中心，形成了同步世界的雷沃全球研发体系和行业领先的科技创新能力。

雷沃重工还是行业内全球化发展步伐最快的企业之一。在“欧洲研发、全球制造、全球分销”的特色发展模式下，通过构筑全球化研发体系，海外并购阿波斯、马特马克、高登尼等全球高端农业装备品牌，具备了完善的海外全价值链运营基础。目前，已在全球 120 多个国家和地区建成了由 380 多家销售服务商组成的，集“销售、服务、配件供应、用户培训与信息反馈”五位一体的全球营销服务网络体系，出口产品涵盖农业装备、工程机械、车辆三大产业。

面向未来，雷沃重工将保持中国市场领导者地位，持续加快全球化发展步伐，搭建“1＋5”全球化运营管控体系：“1”指以中国为中心，建立全球管理总部和产业化中心。“5”指五个海外区域运营管理中心，以意大利为中心，辐射欧洲和非洲市场；以俄罗斯为中心，辐射俄罗斯和中亚市场；以美国为中心，辐射北美市场；以巴西为中心，辐射南美市场；以泰国为中心，辐射东南亚和南亚市场。力争通过 10 年努力，把雷沃重工打造成世界非公路行走机械装备领先品牌。

图 3-10　M1654-G 拖拉机

主要产品：拖拉机（图 3-10）

【任务实施】

在上述情境中，销售顾问可以按照表 3-1 所列步骤进行解答。

表 3-1 任务实施表

环节	对应项目	具体程序
1	准备工作	通过交流了解到顾客意愿购买一款玉米联合收获机，意向价位在 10 万～15 万元之间，决定选择牧神系列玉米联合收获机加以介绍。
2	结合可能达成交易的车型展开介绍	请用户进入驾驶室试坐，介绍玉米收获机的主要参数和优势。
3	安排用户试驾	若顾客对牧神系列玉米联合收获机比较满意，有意进一步了解，可安排试驾。让顾客体会驾驶的舒适度、操纵的稳定性等。

按照上述步骤，销售顾问可以根据现场展示农机的实际情况，根据顾客的兴趣，结合品牌和农机的特点，有针对性地进行解答。

【工作任务实施记录与评价】

1. 制订工作计划

<table>
<tr><td>师傅指导记录</td><td>制订工作计划质量评价</td><td>评价成绩</td></tr>
<tr><td rowspan="3"></td><td rowspan="3"></td><td></td></tr>
<tr><td>日期</td></tr>
<tr><td></td></tr>
</table>

2. 学徒关键职业能力及职业品质、工匠精神评价

项目	A	B	C	D
工作态度				
吃苦耐劳				
团队协作				
沟通交流				
学习钻研				
认真负责				
诚实守信				

3. 学徒对工作过程的反思

岗位工作任务二　农机销售的4S模式认知

【任务描述】

顾客王先生拖拉机出现故障，来4S店需要农机具维修服务，身为服务顾问的你该为张先生做些什么呢？

【任务分析】

身为一名服务顾问，必须明确农机4S店的功能，熟悉4S店内各岗位的分工及维修保养的流程，引导和帮助顾客顺利、快捷地做好农机的维修保养。

【专业知识准备】

一、农机4S店的功能及主要工作岗位认知

农机4S店是一种源于欧洲的农机整体服务方式，1999年开始在我国国内出现。其核心是“农机终身服务解决方案”。4S店是由农机生产企业授权建立的“四位一体”的销售专卖店，是包括了整机销售（Sale）、零配件供应（Spare Part）、售后服务（Serice）、信息反馈（Survey）四项功能的销售服务店。

4S店模式其实是农机市场激烈竞争下的产物。随着市场逐渐成熟，顾客的消费心理也逐渐成熟，顾客需求多样化，对产品、服务的要求也越来越高，越来越严格。4S

店的出现，恰好能满足顾客的各种需求，现代化的设备和服务管理，高度职业化的气氛，保养良好的服务设施，充足的零配件供应，迅速及时地跟踪服务体系。4S 店在提升农机品牌、农机生产企业形象上的优势是显而易见的。通过 4S 店的服务，可以使顾客对品牌产生信赖感，从而扩大销售量，同时也是农机生产企业完善售后服务的重要手段，使顾客从购买农机具、使用农机具到维修农机具的全过程都能得到良好的服务保障。

（一） 农机 4S 店的功能

1. 整机销售

整机销售是农机营销活动的中心内容，是农机 4S 店的基本职责，是为零配件供应、维修、信息反馈等工作带来潜在顾客的关键环节。在销售工作中，要始终坚持“可持续发展”的营销理念，所有部门密切配合，共同关注顾客的“后续需要”，在兼顾社会利益的同时，为 4S 店的整体效益做出贡献。

整机销售包括进货、运输、验收、储存、销售等环节。在 4S 店销售的农机大多是农机生产企业直接发货的农机具，价格是由农机生产企业指定的统一售价。

2. 零配件供应

零配件供应是农机售后服务的基本保证。4S 店的零部件是农机生产企业提供的原厂件，所以质量有保证，价格自然要比普通维修店高。

3. 售后服务

售后服务是现代农机经销企业服务的基本组成部分。农机售后服务指 4S 店在车辆售出后为顾客提供的车辆保养、故障维修的服务。售后服务可以使企业与顾客建立长久的、良好的往来关系，为企业积累宝贵的顾客资源，以求生产和销售环节的利润最大化。随着农机市场的发展，农机 4S 店更应该致力于提高车辆的维修保养质量、规范服务程序和严格诚信服务，不断提高顾客满意度，巩固顾客资源，使企业获得更大的利润。

4. 信息反馈

信息反馈是农机 4S 店的一个重要功能。农机 4S 店直接接触顾客，有条件及时准确地了解当前的市场动态，将农机产品的使用性能、顾客满意度等情况反馈给农机生产企业。这对于企业提高产品质量、开发适销对路的新产品、调整市场营销战略、提高产品的市场占有率具有重要意义。

农机 4S 店就相当于农机生产企业的销售或者售后服务部门，由生产企业直接供货，接受生产企业指导经营管理，在经营服务理念上与厂家保持高度的一致。

农机 4S 店是一种个性突出的有形市场，具有渠道一致性和统一的文化理念。同一农机生产企业的 4S 店拥有统一的外观形象，统一的标识，统一的管理标准。

（二） 农机 4S 店的岗位职能

单店单品牌经营的农机 4S 店，普遍采取董事会领导下的总经理负责制。但每个 4S

店的岗位设置以及岗位职责各有差异，各店也会根据实际情况进行人力资源的调配。

各部门及主要岗位职能分工如下：

1. 总经理

总经理负责：组织，协调各部门的工作开展，并进行业务指导。

2. 销售部

销售部负责品牌车辆的展示厅接待销售工作，向顾客介绍车型、技术参数购买手续等问题，协助顾客购买称心的车辆。销售部由销售总监、销售经理和销售顾问组成。

（1）销售总监：制订并推进实施全面的销售战略、销售方案，有效地管理顾客。

（2）销售经理：管理公司的销售运作，带领销售队伍完成公司的销售计划和销售目标。

（3）销售顾问：开发新顾客，维系老顾客，建立个人顾客档案；顾客信息资源的统计，认真记录展厅顾客来电信息，及时跟进顾客信息，掌握顾客动向，促使成交，并详细记录回访情况，热情主动地接待展厅来访的每位顾客，并积极引导顾客试乘试驾；每天擦拭及清理展厅展示车辆，以保持展示车辆的清洁，树立整车品牌及本公司良好形象；为顾客提供周到的售前、售中、售后咨询，帮助顾客解决困难，指导顾客新车的正确使用及各项保养。

3. 服务部

服务部负责办理“一条龙”服务手续，为顾客提供售后验车等服务。负责对顾客合同、车辆档案等资料的管理，为顾客提供还款数据、资料查询等服务。服务部由服务总监、服务经理、备件经理、维修主管、服务顾问、索赔员组成。

（1）服务总监：负责服务部顾客接待工作，协调前台和车间工作关系，做好顾客的服务工作，确保公司考核要求达标。

（2）服务经理：根据公司计划制订服务部的经营目标和计划；负责服务部各项工作和流程有序开展和落实；负责服务部人员的初选、培训、管理、日常工作监督；协助公司制订服务部内部制度流程；协助服务部人员提升服务能力、服务质量，提升顾客满意度；负责解决顾客抱怨与投诉；负责完成上级企业所布置的各项工作和任务。

（3）备件经理：做好配件采购计划的审核、批准工作，检查配件采购计划的落实情况，及时解决配件采购中出现的特殊问题，确保农机维修需要；加强对库房人员管理，储存配件保管必须符合规定和标准，落实材料收发控制，不定期抽查配件、库存账、财务账是否相符，组织配合财务部做好月底、年终库房盘点工作；掌握配件市场信息，控制库存总量，科学安排好本站配件储备结构；负责配件销售过程价格的审核；负责制订培训计划并实施直接下属的培训教育；每月定期开展本部门例会，每月月初对上月运营情况进行总结检讨；每月月末，制订出下月的工作计划；负责对合格供方提供配件价格与质量控制；及时收集、汇总有关质量方面的信息，经主管领导审核后反馈回品牌公司。

（4）维修主管：组织维修设备维护及维修技术指导；合理安排维修人员的工作；负责重大质量事故的处理；保证维修的安全生产；负责维修专用工具的使用和保管；控制维修质量及生产成本。

（5）服务顾问：负责顾客购车后的跟踪维系；顾客来店车辆保养的接待、出单服务、协调好售后前台和车间的工作调配；及时热忱地接待来店顾客，并实行“一对一”的服务；关注顾客需求，并向上级主管提出合理化建议。

（6）索赔员：严格执行品牌公司索赔政策；热情接待用户，建立和检查核对索赔车辆档案，耐心介绍品牌公司索赔工作条例；及时处理用户投诉，竭力提高用户满意度，如有不能处理的投诉，及时告知上级主管领导；诊断故障、确保索赔一次递交合格率；准确填写“农机具故障报告”“索赔申请单”“索赔件清单”“索赔件标签”等相关单据并按时发送到品牌公司；负责索赔旧件的标识，存放；配合财务对品牌公司返回公司的索赔费用负责核对并与品牌公司保持密切联系；及时收集、汇总有关质量方面的信息，经主管领导审核后反馈回品牌公司。

4. 市场部

市场部主要负责品牌农机的市场调研、广告、促销活动策划、形象推广等营销工作；负责潜在顾客的市场开发与管理工作。市场部由市场部经理和市场部企划员组成。

（1）市场部经理：规划制订公司的市场战略与策略，并推进实施，实现市场发展目标。

（2）市场部企划员：负责组织执行市场调研计划的制订及实施；协助市场部经理制订各项市场营销计划；收集竞争厂家的市场情报和各级政府、业界团体、学会发布的行业政策和信息；负责产品全方位企划，包括价格企划、包装企划、通路企划延伸企划，为本部门和其他部门决策提供信息支持。

5. 客户关系部

客户关系部负责客户关系的维系与管理，客户关系部由客户关系管理总监和客户信息统计专员组成。

（1）客户关系管理总监：负责制订和完善本部门的年度工作目标和制度的考核方案，完成制订的各项目标工作，并对直接下级进行考核、指导、监督、检查、奖惩；负责并组织实施向本部门传达、贯彻公司的各项方针政策、规章制度、会议精神以及上级领导的命令和要求；协调本部门与上级领导及其他部门之间的关系；根据品牌公司的要求和本公司的要求，联系和确定对客户的服务事项。

（2）客户信息统计专员：负责联系以往的维修客户，并做好跟踪情况的记录，对不满意客户及时反馈给服务经理；负责制作客户投诉统计表及客户满意度调查统计；负责每月定期寄下月年检客户保养通知书并做记录；根据客户意见反馈，填写投诉跟踪表，汇集投诉案例并及时反馈给服务经理进行相关处理；及时向用户传达品牌公司的活动政策。

6. 综合管理部

综合管理部由行政总监、行政经理、人力资源部经理组成，主要负责行政、管理、人事等工作。

7. 财务部

财务部由财务总监、会计、出纳组成，负责财务管理工作。

二、我国农机4S店的发展策略

农机4S店在农机销售市场上扮演着重要的角色，同时也面临着激烈的竞争。经销商需要认清自身问题，查找原因，调研市场环境，转变经营思路，拓展业务渠道，设定清晰的发展策略。

1. 重视售后市场和服务领域，争取更大的利润

只有服务才是农机4S店真正的产品。在整个农机获利的过程中，维修服务获利是农机获利的主要部分。目前，农机售后服务市场上的竞争主要在4S店和维修厂之间展开，4S店的服务比较完善，而维修厂则方便省钱。随着农机销售市场的进步成熟、各个品牌产品差异化减少，经销商需要着眼于做好售后服务各项工作，向顾客展示优质的维修技术和服务水平，打消客户的顾虑，不断提高品牌客户满意度，培养客户忠诚度，提升企业的美誉度，促进店内维修量的稳步增长。

在国际农机市场上，农机后市场服务被誉为“黄金产业”，是产业链中最稳定的利润来源，占总利润的60%～70%。农机租赁和二手车交易又是我国的新兴行业和发展相当快的行业，市场潜力非常大，利润也相当高。而在国内的农机4S店营销业务中主要的利润还是来自整车销售和配件供应，对于像二手车交易和农机租赁等利润高、发展前景好的业务开拓存在不足。针对4S店营销业务单一的现状，4S店可以大力发展二手车交易和农机租赁等高利润、市场前景最好的业务，开辟新的农机业务，这样会大大改善目前农机4S店的经营困境，获得良好的发展。

2. 提高队伍素质，提升顾客满意度

农机4S店不是简单地向消费者销售一辆农机，与之相伴的还有销售服务和技术。农机4S店要适应农机行业的快速发展，培养一批既懂农机技术又懂营销的专业营销人员，建立一支既懂农机基本原理，又懂农机新结构、新技术，还能适应机电一体化的售后服务维修队伍，努力提高并将4S的服务理念深入人心，使客户能够充分体验企业的关怀，提高客户的忠诚度和满意度。还要从学徒的待遇、培训、晋升、激励制度等方面服务好学徒，打造一只稳定的服务团队。

3. 实现完善的网络化管理

从国际农机维修行业看，维修信息综合管理、专家集体会诊、网上查询资料、网上解答疑难杂症、网上开展技术培训、网上购买农机维修资料，已经成为维修行业全面普及的局面。同时，充分发挥电子计算机进行信息交流的互动功能和管理功能，重点应建立保养结算与客户故障反馈系统，农机销售与服务网点管理系统，24 小时客户呼叫中心，整车可追溯查询系统，备件售后技术资料使用查询管理系统及存储 ABC 重点管理系统，用户跟踪服务及车辆档案，以优化资源、密切跟踪客户需求，提高工作效率。

4. 充分发挥 4S 店的信息反馈功能

信息反馈其实是 4S 店最关键的一点，它紧密地联系着消费者、经销商、生产厂家三者。在国外，信息反馈是生产厂家掌握市场的第一手资料。4S 店每天都要接待用户，进行农机的检查、保养、维修、索赔等，在这些服务项目中碰到的相关信息对于改进产品、提升服务、了解客户需求具有很大的价值。4S 店应该组织专人负责整理相关信息，及时反馈给制造商，使厂商了解自己的产品，了解市场需求，以利于产品的改进、创新，实现消费者、经销商、生产厂家的共赢。

【任务实施】

在上述情境中，农机 4S 店可以按照表 3-2 所列步骤来为顾客提供及时、周到的服务。

表 3-2 任务实施表

环节	对应项目	具体程序
1	接到报修服务	1. 服务顾问按规范要求准备好必要的表单、工具、材料。 2. 联系客户，明确用户信息（用户姓名、地址、联系电话、产品型号、购买日期、故障现象、用户要求等）。 3. 了解顾客关心的问题，询问顾客的来意，仔细倾听顾客的要求及对车辆故障的描述，根据用户反映的故障现象分析可能故障原因、维修措施及所需配件，填写借件单进行借件。 4. 故障确认 （1）可以立即确定故障的，根据质量担保规定，向顾客说明车辆的维修项目和顾客的需求是否属于质量担保范围内。不能确定是否属于质量担保范围的应向顾客说明原因，待进一步进行诊断后做出结论。 （2）不能立即确定故障的，向顾客解释须经全面仔细检查后才能确定。 5. 向顾客取得行驶证及车辆保养手册。 6. 查询备品库存，确定是否有所需备品。 7. 估算备品/工时费用。 8. 根据对维修项目所需工时的估计及店内实际情况预估出完工时间。 9. 制作任务委托书。

续表 3-2

环节	对应项目	具体程序
2	农机具维修	1. 确认故障现象，必要时试车。 2. 根据“任务委托书”上的工作内容，进行维修或诊断。 3. 服务人员凭“任务委托书”领料，并在出库单上签字。 4. 非工作需要不得进入车内、不能开动顾客车上的电器设备。 5. 对于顾客留在车内的物品，服务人员应小心地加以保护，非工作需要严禁触动，因工作需要触动时要征得顾客的同意。 6. 作业过程中存在的问题： (1) 作业进度发生变化时，服务人员必须及时报告服务主管，以便服务顾问及时与顾客联系，取得顾客谅解或认可； (2) 作业项目发生变化时要增项处理。 7. 服务人员作业完成后，先进行自检，然后服务主管检验。检查合格后，服务主管在“任务委托书”上写下车辆维修建议、注意事项等，并签名，交质检员或技术总监质量检验： (1) 检查“任务委托书”以确保顾客委托的所有维修保养项目的书面记录都已完成，并由质检员签字； (2) 实车核对“任务委托书”，以确保顾客委托的所有维修保养项目在车辆上都已完成； (3) 确认故障已消除，必要时试车； (4) 确认从车辆上更换下来的旧件； (5) 确认车辆内外清洁度（包括无灰尘、油污、油脂）； (6) 其他检查：除车辆外观外，不遗留抹布、工具、螺母、螺栓等。 8. 车辆清洗。
3	交车服务	1. 与顾客取得联系，告知车已修好，与顾客约定交车时间，陪同顾客验车。 2. 服务顾问陪同顾客查看车辆的维修保养情况，依据“任务委托书”及“接车登记表”，实车向顾客说明。 3. 向顾客展示更换下来的旧件。 4. 说明车辆维修建议及车辆使用注意事项。 5. 提醒顾客下次保养的时间和里程。 6. 说明随车工具已检查及说明检查结果。 7. 向顾客说明、展示车辆内外已清洁干净。 8. 告知顾客 3 日内销售服务中心将对顾客进行服务质量跟踪电话回访，询问顾客方便接听电话的时间。 9. 制作结算单。

续表 3-2

环节	对应项目	具体程序
3	交车服务	10. 向顾客说明有关注意事项： (1) 根据任务委托书上的“建议维修项目”向顾客说明这些工作是被推荐的，并记录在车辆维修结算单上。特别是有关安全方面的建议维修项目，要向顾客说明必须维修的原因及不修复可能带来的严重后果，若顾客不同意修复，要请顾客注明并签字； (2) 对保养手册上的记录进行说明（如果有）； (3) 将下次保养的时间和里程记录在车辆维修结算单上，并提醒顾客留意； (4) 告知顾客会在下次保养到期前提醒，提前预约； (5) 与顾客确认方便接听服务质量跟踪电话的时间，并记录在车辆维修结算单上。 11. 解释费用 依据农机具维修结算单，向顾客解释收费情况，并请顾客在结算单上签字确认。 12. 服务顾问陪同顾客结账。 13. 服务顾问将资料交还顾客： (1) 服务顾问将车钥匙、保养手册等相关物品交还给顾客； (2) 将能够随时与服务顾问取得联系的方式（电话号码等）告诉顾客； (3) 询问顾客是否还需要其他服务。 14. 对顾客的惠顾表示感谢。
4	跟踪服务	在修理后 7 天内进行跟踪访问，查询农机具的状况。如无特别问题，将联系日期、跟踪服务时间、内容等情况记入交流沟通表。如顾客有不满的情况，应向相关部门汇报并尽快做出有诚意的答复。

【工作任务实施记录与评价】

1. 制订工作计划

师傅指导记录	制订工作计划质量评价	评价成绩
		日期

2. 学徒关键职业能力及职业品质、工匠精神评价

项目	A	B	C	D
工作态度				
吃苦耐劳				
团队协作				
沟通交流				
学习钻研				
认真负责				
诚实守信				

3. 学徒对工作过程的反思

学习项目二 农机市场调研与分析

××农机股份有限公司是一家专业从事研发、生产、销售通用机械、终端农用机械产品的股份制企业，其中微耕机出口量连续五年位居全国领先。目前，该公司准备进军××区域，计划在该区域增设一个服务网点。为此，公司委托××小组对公司产品现状、目标用户需求、市场竞争现状等市场环境以及该省自然环境、经济状况、法律监管等宏观环境进行调查分析，并做出可行性调研报告，提出应对措施，以便快速突破该省市场。

岗位工作任务一　分析影响农机企业的营销环境因素

【任务描述】

初入职××农机股份有限公司，作为一名农机营销顾问的你，是否知道有哪些因素影响着农机企业的销售呢?

【任务分析】

农机营销是农机专业知识与市场营销知识的有机结合。作为一名与农机营销相关的服务人员，必须熟悉影响农机销售的各种微观、宏观环境因素并加以应用，同时了解 SWOT 分析法分析企业的机会因素、威胁因素、优势因素及劣势因素，继而做出正确的营销方案决策。

【专业知识准备】

菲利普·科特勒认为，一个企业的营销环境由企业营销管理机能外部的行动者与力量所组成，这些行动者与力量冲击着企业管理当局发展和维持同目标顾客进行成功交易的能力。市场营销环境是指与企业有潜在关系的所有外部力量与机构的总和，是企业营销活动的约束条件和激励因素，并可划分为宏观环境和微观环境。微观环境是指那些直接影响企业为市场服务能力的行动者，如供应商、中介机构、竞争者、顾客以及公众等外部微观环境。宏观环境是指对那些影响企业微观环境中所有行动者的较大的社会力量，包括人口环境、自然环境、经济环境、政治法律环境、技术环境以及社会文化环境等。市场营销环境示意图如图 3-11 所示。

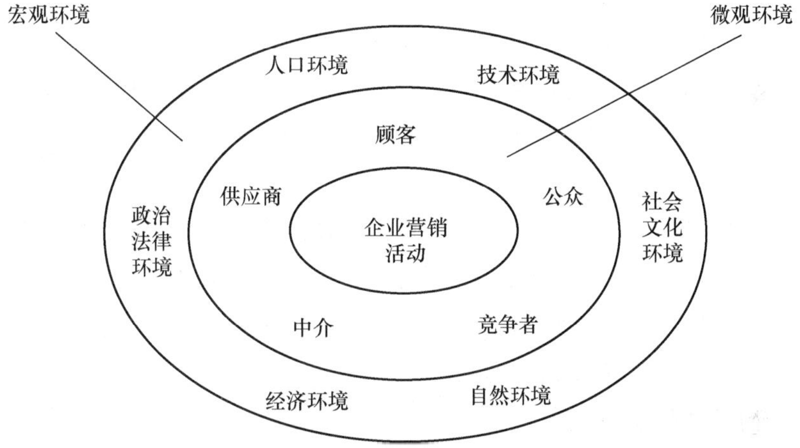

图 3-11 市场营销环境示意图

市场营销环境是不断变化的，这些变化会给企业的营销活动提供机会或者带来威胁，可以说，市场营销环境等于机会加威胁。农机企业必须重视对市场营销环境的分析和研究，并根据市场营销环境的变化制定有效的市场营销战略，扬长避短，趋利避害，适应变化，抓住机会，从而实现自己的市场营销目标。此外，营销管理者的任务不但在于合理安排营销组合，使之与外部不断变化的营销环境相适应，而且要积极创造性地改变环境，创造或改变目标顾客的需求。

一、调查与分析企业市场营销微观环境

市场营销微观环境包括企业内部微观环境和企业外部微观环境。企业内部微观环境由企业领导层、企业财务会计部门、生产制造部门以及采购部门等构成；企业外部微观环境由供应商、中介机构、顾客、竞争者和公众构成。市场营销微观环境对企业的营销活动影响最直接，作用也最大。

（一） 分析企业内部环境

这是微观环境中的首要因素。

1. 企业内部资源的支撑

企业内部资源对企业的发展有极其重要的影响，主要是指人力资源、资金资源、物质资源等。其中，人力资源是企业营销策略的确定者与执行者，是企业最重要的资源；资金资源、物质资源都是企业进行一切营销活动的基础，决定了企业营销活动的规模。目前，中国已经拥有一大批熟悉农机制造工艺和具有一定技术能力的科学家、工程师和工程技术人员，但与国外农机先进国家相比仍然存在很大差距，为了提高人员的科研实力，诸多农机集团公司也先后成立了自己的农机研究所。

2. 各职能部门科学分工、协作配合

每一个企业都有其营销目标，为了实现该目标，企业市场营销部负责制定现有各个产品、各个品牌及新产品、新品牌研究开发的营销计划，但是，这并不意味着企业市场营销的效果只是营销部门自身努力的结果。企业作为一个系统，营销活动不是某个部门的孤立行为，而是企业整体能力与实力的体现，是企业内部各部门科学分工与协作的结果。

为使企业的营销业务有效开展，营销部门在制定营销计划时，必须考虑到与公司其他部门的协调，如与高层管理部门、财务部门、研究开发部门、采购部门、生产技术部门和财会部门等协调一致，密切配合，共同完成企业的目标和任务。因此，搞好企业内部工作是搞好企业营销活动的关键。

（二） 分析供应商的影响

供应商是指向企业及其竞争者提供生产产品和服务所需的各种生产要素的企业和组织。供应商供货的保证是企业连续稳定生产的前提条件，其供货的数量和质量水平将直接影响企业向市场提供产品和服务的数量和质量，而价格变动也直接影响企业的产品成本、价格和利润。

1. 供应商的分类管理

农机是比较复杂的特殊机械，任何农机制造企业都不可能自行制造全部零部件，必须由为数众多的零部件生产企业提供配套。现在，我国的零部件企业已经围绕主机厂建立了较为完善的、有一定创新能力的外购、外协配套供应体系。我国农机零部件企业，多数是先从主机厂获得生产订单、协作生产，得以创业和起步；在企业产能扩大后，再向更多的主机厂转移技术和配套产品；进一步开始研发新的农机零部件，又反哺和助推主机厂的产品升级。所以，农机零部件企业既受益主机厂的快速发展，又为主机厂的发展做出了贡献。农机零部件企业都是农机制造商最重要的供应商。

每个农机企业都会有许多的供应商，在供应商管理中，必须将这些供应商关系分为不同的类别，根据各供应商对本公司企业经营影响的大小设定优先次序，区别对待，以利于集中精力重点改进并发展最重要的供应商。供应商关系的基础是供应商分类，最简单的方法是将它们分为普通供应商和重点供应商，通常可采用ABC分类法对供应商进行分类。其中：A类供应商占供应商总数量的10%左右，但其供应的物资价值占企业采购物资总价值的60%～70%，一般提供生产农机所需的关键零部件；B类供应商占供应商总数量的20%左右，其供应的物资价值占企业采购物资总价值的20%左右，一般提供生产农机产品所需的总零部件；C类供应商占供应商总数量的60%～70%，但其供应的物资价值仅占企业采购物资总价值的10%～20%，提供生产农机产品所需的标准件。

2. 加强与供应商的协作关系

在与供应商的合作中，要注意两点：①选择信得过的供应商，企业必须充分考虑供应商的资信状况，选择那些能够提供品质优良、价格合理的资源，交货及时，有良好信用，在质量和效率方面都信得过的供应商；②与主要供应商建立长期稳定的合作关系，能够保证企业生产资源供应的稳定性，提升整个农机供应链的竞争力。

（三） 分析中介机构的影响

中介机构是协助企业推广、销售和配销产品给最终消费者的企业和个人，包括中间商、实体分配企业、市场营销服务机构及金融机构等。

1. 中间商

中间商是协助企业寻找顾客或直接与顾客进行交易的商业企业，它帮助企业完成产品从生产者到顾客的转移。对企业产品从生产领域流向消费领域的运转起着极其重要的影响。中间商按照对商品有无所有权分为代理商和经销商。

代理商（代理人、经纪人、制造高级代表）：专门介绍客户或与客户磋商交易合同，但并不拥有商品的所有权，只是通过收取佣金赚取利润。

经销商（批发商、零售商和其他再售商）：从事商品购销活动，通过买卖商品的差价赚取利润。

我国大多数农机制造企业实行的是以经销商经销为主、代理商代理及厂内直接销售等多渠道并存的产品营销体制。在这种体制下，几乎每个企业都是由各个业务板块乃至所属专业分厂为主体，自建网络渠道，自设销售系统，销售终端数量从数十家到数百家甚至达上千家不等。经销商在农机产品流通中充当着重要的角色。

2. 实体分配企业

实体分配企业是指协助企业将储存产品或刚出厂的产品从原产地运往销售目的地的专业机构，也称为物流企业。在农机制造企业生产的农机下生产线后，与企业合作的物流企业则负责将新下线产品直接运送至各地区农机销售商。由于物流企业的出现，社会分工更趋专业化，促进了农机产品的流通。每个物流企业也需要在自建、租用、数量、地点库存控制等方面做出决策。

3. 市场营销服务机构

市场营销服务机构主要是指市场调研公司、广告公司、各种广告媒体及市场营销咨询公司，它们协助企业选择最恰当的市场，并帮助企业向选定的市场推销产品。许多大型农机企业有自己的广告代理人和市场调研部门，负责开展新产品上市、举行大型农机展、主题促销等诸多活动，而大多数农机企业是与专业公司签订合同委托其办理这些事务。

4. 金融机构

金融机构包括商业银行、信托公司、保险公司以及其他对货物购销提供融资或保险的各种公司，为企业营销提供资金融通。在现代经济生产中，企业与金融机构有着不可分割的联系。

近年来，随着我国农机化水平进一步提高，农机流通市场也得到了前所未有的发展。从目前的农机流通市场看，在农机连锁、4S 店等形式进一步完善、发展的同时，农机金融租赁市场也在悄然兴起。按照过去的习惯，从银行直接贷款、几家农机户合伙出资或者直接从亲戚朋友处筹款，是农机户购买大型农机筹款的主要渠道。尽管农机购置补贴政策在很大程度上缓解了农民购机资金的压力，但由于大型农机具单台价格高，银行因风险控制问题贷款门槛较高，筹资压力仍然对大农机走进寻常百姓家形成一定的限制。目前，已有部分农机公司与金融机构合作，开展了形式多样的农机金融租赁服务，帮助农机户解决了筹资难的问题。

（四） 分析竞争者的影响

竞争是商品经济的基本特征，只要存在着商品生产和商品交换，就必然存在着竞争。近些年来，中国经济的快速且稳定的发展，为中国的农业发展创造了条件，再加上国家的一系列惠农政策，造成了对农机的巨大需求，不仅国内的农机企业在快速发展，国际上的一些跨国公司也纷纷抢占中国的农机市场，这就使中国的农机市场竞争激烈。

一般来说，在任何行业，为某一顾客群服务的企业都不止一个，企业的营销系统总会受到一群竞争对手的包围和影响。企业要想在市场竞争中获得成功，就必须能比竞争者更有效地满足消费者的需要与欲望。因此，企业所要做的并非仅仅是迎合目标顾客的需要，而是要通过有效的产品定位，使企业的产品与竞争者的产品在顾客心目中形成明显差异，从而取得竞争优势。

企业在营销活动中，一般面临着四种不同类型的竞争力量：①愿望竞争者，是指提供不同产品以满足顾客不同需求的竞争者，竞争者的产品与企业产品是非相关品；②类别竞争者，是指能够提供满足同一种需求的不同种类产品的竞争者；③形式竞争者，是指生产同种产品，但规格、型号或款式不同的竞争者；④品牌竞争者，是指提供相同规格、型号、相近价格的产品，但品牌不同的竞争者。在四种不同类型的竞争力量中，品牌竞争者是最常见和最明显的，其他的则比较隐蔽。

（五） 分析顾客的影响

顾客是企业产品或服务的购买者，也称之为目标市场。美国营销学专家詹姆斯·穆尔（James Moore）说过："现代企业的命运掌握在顾客手中，顾客是企业利润的最终决定者。"因此企业的一切营销活动都是以满足顾客的需要为中心的。顾客组成的市场可分为四大类：消费者市场、生产者市场、转卖者市场和政府市场，企业的目标市场可以是上述其中一种或者几种，每一种类型的市场都有各自的特点。

随着我国农机产业的发展，市场规则不断完善，竞争不断加剧，加之农机购买者因为所处地域不同，必定导致对产品的需求不同，农机企业营销人员必须认真研究目标顾客的所处环境、购买能力、购买方式以及购买欲望，并对目标顾客进行细分，在细分的基础上制定企业的营销方式和策略。因此，对农机购买者的研究在农机营销管理中显得越来越重要。

（六） 分析公众的影响

公众是指对企业实现其市场营销目标的能力有着实际或潜在兴趣或影响的群体或团体。公众与企业的营销活动有直接或间接的关系，公众的态度会协助或妨碍企业实现营销目标。企业要高度重视公众的利益，了解公众的需求和意见，实施有效的措施满足公众的合理要求，开展一些力所能及的公益活动，努力塑造并保持企业良好的信誉和公众形象，为企业营销活动创造良好的环境。每个企业的周围都有七类公众：

1. 金融公众

金融公众对企业的融资能力有重要的影响。金融公众主要包括银行、投资公司、证券经纪行、股东等。

2. 媒体公众

媒体公众是指那些联系企业和公众的大众媒介，包括报纸、杂志、广播、电视、互联网等。

3. 政府公众

政府公众是指与企业营销活动有关的各级政府机构部门，他们所制定的方针、政策、措施对企业营销活动进行指导或制约。企业管理部门在制定营销计划时，必须认真研究考虑政府政策与措施的发展变化。

4. 公民行动团体

公民行动团体是指各种保护消费者权益组织、环境保护组织、少数民族团体等组织，这种团体可以通过宣传诉讼和联合抵制等手段来控制企业的营销活动。

5. 地方公众

地方公众是指企业所在地附近的居民和社区组织。企业在营销活动中要避免与周围公众发生利益冲突，要与地方公众维持良好的关系，使企业拥有良好的地方公众形象。

6. 一般公众

一般公众是指除公民行动团体和地方公众以外的居民，学徒或组织团体。企业需要关注一般公众对企业产品及经营活动的态度。虽然一般公众并不是有组织地对企业采取行动，然而一般公众对企业的印象却影响着消费者对该企业及其产品的看法。

7. 内部公众

企业内部的公众包括蓝领工人、白领工人、经理和董事会。大公司常采用业务通信和其他信息沟通方法，向企业内部公众通报信息，并建设具有特色的企业文化，激励企业学徒的积极性。当企业雇员对自己的企业感到满意的时候，他们的态度也会感染企业以外的公众。

二、调查与分析企业市场营销宏观环境

企业通过宏观环境分析，可以提高企业的适应性。外部环境是企业赖以生存和发展的空间，企业不能离开环境而独立生存。企业只有在充分认识和了解自己的存在环境后，才能变不适应为适应，变被动的适应为主动的适应，积极地利用环境甚至在某些程度上影响和引导环境，发挥出自身的能动作用。一个企业的成功与否，关键就在于它是否能够准确地认识、预测和把握外部环境的变化趋势，使自己适应这种复杂多变的环境。

同时，企业通过宏观环境分析，可以发现经营机会。由于科学技术成果的不断产生和应用，产品更新换代日益频繁，市场瞬息万变。企业要健康有力地发展，就要对环境进行周密的调查研究，及时了解各种信息，把握市场需求新动向，适时采取措施，调整生产经营活动，以求同社会发展和需要协调一致。

企业通过宏观环境分析，还可以了解国家的方针政策和法规的精神及内容，了解国内外政治、经济、科学技术的发展状况和趋势，从中发现并利用可能利用的机会，制订出明智的战略。宏观环境包括人口、经济、政治、法律、技术、自然等方面，任何一个企业及其微观环境，都在宏观环境力量的影响和控制之下。所以，企业要实现其目标，就必须分析宏观环境的变化趋势，及其可能给企业带来的机会和威胁。

（一） 人口环境分析

市场是由人组成的，人口环境应是市场营销人员研究的首要因素。人口的数量、地理分布、密度、流动趋势、年龄、出生率、结婚率、死亡率等都应是企业在做营销规划时必须考虑的问题。

人口密度低的地区，一般农场的规模大，机械化水平高。例如，美国农业75%的土地集中在少数大型农场和特大型农场主手中，大农场的经营规模一般在600 hm^2 以上，且人员较少，人均经营面积达110 hm^2。每个农场都配有各种型号的拖拉机及配套

农机具，且大功率的拖拉机占多数，农作物各个环节都实现了机械化。而人口数量多、人口密度大的中国部分农村地区，人均种植面积仅有1亩左右，纯手工劳动占比较大，对农机具需求不多。

人口年龄也是影响市场的一个重要因素，随着世界科学技术进步、生产力发展和人们生活条件改善，世界人口平均寿命延长，死亡率下降，不仅全球人口总数持续增长，与之而来的人口老龄化问题也越来越明显，尤其是在发达国家，我国也呈现出人口老龄化趋势。针对大量农村青壮年劳动力流入城镇，人口老龄化正成为农业发展的隐忧，许多地方尝试开展了“土地托管”服务。所谓“土地托管”，就是不改变土地承包经营权，农户只是把土地的管理权委托给合作社进行管理，合作社收取一定的管理费用。合作社对粮食作物推出了“全托”和“半托”两种服务模式，“全托”就是指农户将土地委托给合作社全权管理，由合作社统一种子、农药、肥料，统一耕地、播种、收割，统一田间管理的全过程委托管理服务；“半托”则是指农户根据自己的需要选择服务项目。农机合作社拥有丰富的作业机械，当出现劳动力老龄化问题的时候，很多家庭会考虑进行土地托管，这也为农机产品的推广提供了一个新的商机。

家庭人口结构对我国农机企业销售也会产生一定影响。20世纪80年代初期，我国的农村推行了家庭联产承包责任制，这是农村土地制度的重要转折，也是我国现行农村的一项基本经济制度。家庭联产承包责任制是指农户以家庭为单位向集体组织承包土地等生产资料和生产任务的农业生产责任制形式。而农机化事业在经历了改革初期的阵痛之后，也走上了一条适应家庭承包经营的发展道路。实行家庭承包经营和统分结合的双层经营体制，是我国农村的一项基本经济制度。实践证明，这一体制可以充分调动农民自己购买、自己经营农业机械的积极性，加速实现农业机械化的进程。在农业生产的各个环节采用机械操作，可以提高农田作业质量，提高劳动生产率，促使农业增效、农民增收和农村稳定。相关调查表明，家庭购买中，户主的年龄、性别、文化程度，家庭人口和劳动力数量等因素对农机的使用影响显著。

（二） 经济环境分析

市场不仅需要消费者，而且还需要购买力。人的需求只有在具备经济能力时才是现实的市场需求。经济环境是指企业营销活动所面临的社会经济状况和国家经济政策，其运行状况及发展趋势会直接或间接地对企业营销活动产生影响。在人口因素既定的情况下，市场需求规模与社会购买力水平呈正比关系，所以，企业必须密切注意其经济环境的动向，尤其要着重分析影响社会购买力及其支出结构变化的各种因素。

1. 经济全球化对农机企业的影响

21世纪，经济全球化格局使各国经济依存度不断提高，中国在涉及国家经济安全和国防安全的关键性、战略性工业领域，不能完全依赖国外，应将关键技术及关键领域的控制力掌握在自己手中。对于关键技术不要求一定是自力更生研究开发，可以通过引进国外先进技术经过消化吸收而掌握，构建开放式的现代农机工业。在“引进来”的同时要“走出去”，中国农机企业要打入国际市场，要走国际化与自主发展相结合的道路。

20世纪80—90年代期间，中国对外开放实际上走的是一条“引进来”的道路，今后要特别强调“走出去”，使“引进来”和“走出去”之间在数量上保持一个“适度”的比例关系。所谓国际化，就是指企业从事跨国经营，从间接出口到直接出口，再到在境外建立公司，直到完全跨国经营，既是企业国际化的四种典型方式，也是企业国际化经营的四个阶段。农机企业国际化也要经历这四个阶段。

农机企业的对外开放进程与中国对外开放的总体情况是一致的，“引进来”比较多，“走出去”很少。严格来说，农机业中还没有真正意义上实现国际化经营的企业。农机企业实现国际化的道路应在企业总体战略的指引下，通过出口产品的实践，逐渐熟悉国际商务活动的情况和规则，然后在目标国家中建立办事处，进一步加深对当地环境、文化及法律的了解，并建立起较好的公共关系；注意寻求投资设厂、建立联盟或并购的机会，以便为采取后续的行动做好准备；当情况已经熟悉且条件基本成熟时，就应果断地采取行动，真正实现“走出去”的战略目标。

2. 消费者购买力对农机企业的影响

市场的基本要素之一是购买力，而总的购买力是与收入水平、价格、储蓄和信贷等因素密切相关的。

（1）实际收入水平。随着经济的发展，工资指数逐年递增，但通货膨胀有时却会带来实际收入水平的下降，从而造成购买力的相对不足给企业的营销带来影响。

（2）储蓄状况。消费者的收入储蓄是一种潜在的购买力。储蓄的形式包括银行存款、购买公债、股票和不动产等，这些都可以随时转化为现实的购买力。消费者储蓄的最终目的还是为了消费，实际是一种推迟了的购买力，但在一定时期内消费者实际收入不变的情况下，如果储蓄增加，购买力和消费者支出便减少。

（3）消费者的支出模式。消费者的支出模式取决于收入水平。随着人们收入水平的提高，支出模式会相应地发生变化。这一理论对企业研究消费的需求结构并预测其变化趋势是非常有用的。

（4）消费者收入差距。消费者并非其全部收入都可用于购买商品和劳务。在分析消费者收入进而预测某商品的市场容量时，必须注意区分消费者的个人可支配收入和个人可任意支配收入。衣民收入差距过大，成为影响农民增收的主要因素。

另外，实证研究还发现，农机购置补贴将使持有农机的农民和雇用农机耕作的农民收入增加，单纯依靠农业劳动获得收入的农民收入下降。

3. 市场信贷政策对农机企业的影响

在现代市场经济发达的国家，消费者不仅以其货币收入购买他们所需要的商品而且可以用贷款来购买商品和服务，这就是消费者信贷，即消费者可以凭借信用预支未来的购买力，预先取得商品的使用权，然后按期归还贷款，这是一种超前的消费方式。我国主要的农机企业已经与金融界联手展开工作，部分企业还自行推广信贷业务，这种消费形式的规范化将大大加快农机消费的进程。

（三） 自然环境分析

自然环境是指影响企业营销的自然资源、气候、地理位置、交通条件、环境污染等情况。自然环境的发展变化也会给企业带来某些市场机会或环境威胁，所以企业还要分析、研究自然环境的发展变化趋势。目前，尽管现代化、大规模、集约式的农业生产在保障粮食数量安全方面做出了巨大贡献，但以高消耗、单品种为特征的现代农业也带来了自然资源短缺、环境污染严重、生态系统退化等一系列生态环境问题和粮食质量安全问题，生态承载能力显著下降。此时需要人们更加正视现代农业发展中的问题，全面认识传统农业的价值，不能遗忘中国传统农耕文化的精髓，而应在发展现代农业过程中加以继承、弘扬和创新。

1. 自然资源日趋短缺

由于人类生产的不断发展，一些有限的资源越来越短缺，如森林、矿产、石油等资源，这使得一些企业陷入困境。由于世界各主要大国经济的发展带动能源需求的迅速增长，作为主要能源之一的石油供不应求，导致国际市场石油价格也不断攀升，这也增加了航空业、公共交通业等产业的成本。但是自然资源的短缺也促使企业寻找替代品，降低原材料消耗。

中国是土地资源和水资源都严重缺乏的国家，也是农业自然灾害多发的国家，而中国传统农业之所以能够在自然资源禀赋很差的条件下实现几千年的持续发展，就是由于我们的祖先在农业生产实践中摆正了人与自然的关系、经济规律和生态规律的关系及发挥主观能动性和尊重自然规律的关系，强调在农业生产中做到“顺天时，量地利，用力少而成功多”，并一直秉承协调和谐的三才观、趋时避害的农时观、辨土肥田的地力观、种养三宜（物宜、时宜、地宜）的物性观、变废为宝的循环观和御欲尚俭的节用观，这其中的思想原则和技术取向，特别值得人们在现代农业建设中加以总结和借鉴。

2. 环境保护意识增强

在人类的现代化进程中，大量的经济建设活动造成了环境的污染和破坏，其后果不仅危害人类的身体健康，还使大量的动植物灭绝。为此，在社会营销观念的指导下，越来越多的国家和公众开始关注环保。一些国家也加强了环保方面的立法，强调经济发展和自然环境的和谐，强调可持续发展的观念。这些动向必然要求企业减少污染，提倡绿色营销观念，强调企业在生产销售过程中做到环保无公害。

环境的污染与保护，一方面限制了某些行业的发展，另一方面也为企业带来了新的营销机会：一是为治理污染的技术和设备提供了一个大市场，二是为不破坏生态环境的新的生产技术和包装方法创造了营销机会。因此，企业经营者要了解政府对资源使用的限制和对污染治理的措施，力争做到既能减少环境污染，又能保证企业发展，提高经济效益。

（四） 技术环境分析

科学技术是第一生产力，人类社会的进步，归根到底是技术的进步。科学技术一旦与生产结合起来就会对企业的经营活动产生巨大的影响，伴随而来的是新兴产业的出现、传统产业的被改造和落后产业的被淘汰。

1. 新技术引起企业营销策略的变化

作为营销环境的一部分，科技环境不仅直接影响企业内部的生产和经营，同时还与其他环境因素互相依赖、相互作用，特别是与经济环境、文化环境的关系更紧密。一方面，技术的发展不断提供满足人类社会需要的新的方法和手段，给企业市场营销带来了机会；另一方面，技术的发展也对那些不能适应新技术，仅依靠现存技术生存的企业造成根本性威胁。例如，晶体管和集成电路的出现打击了真空管工业，复印机的出现打击了复写纸工业，数码相机的出现打击了胶卷相机产业等。此外，新技术的出现使产品更新换代加速，分销方式更加丰富，产品生产成本得以降低，促销方式更加多样化。企业应及时了解技术环境的发展变化，并了解这种变化对企业市场营销的影响。

目前，信息技术已形成产业，渗透到各个行业中，并使应用信息技术的行业产品得到了高度的发展。在农机行业中，原材料采购、企业管理、产品开发、高技术配置、营销活动、成本控制、售后服务等都广泛应用了信息技术。

2. 新技术对零售业和消费者的购物习惯产生了重大影响

科学技术的创新和发展改变了人们的生活方式、消费需求和消费模式，同时也改变了人们的工作方式和生产方式。例如，由于条码和销售终端（POS）机的使用，超级市场成为零售业的主导形式，销售效率极高；由于电话、电视、计算机和互联网的普及，出现了电话购物、电视直销、网上购物等新的购物方式。农机企业可以利用这种系统来进行广告宣传、营销调研，甚至可以推销农机具。在如今新型的、开放的购买环境中，尤其是小型农机具，消费者能够接受网络购物。

（五） 政治法律环境分析

政治法律环境的改变会显著影响企业的营销活动和利益，企业的一切营销活动都应遵守国家的法律、政府的方针、政策和法令。

1. 政治环境的影响

政治环境是指企业市场营销活动的外部政治局势、国家方针政策的变化以及国际关系对市场营销活动带来的或可能带来的影响。一个国家的政局稳定与否会给企业营销活动带来重大的影响。如果政局稳定，就会为企业形成良好的营销环境。社会是否安定与企业的市场营销关系极大，特别是在对外营销活动中，一定要考虑东道主国家政局变动和社会稳定情况可能造成的影响。

各个国家在不同时期、根据不同需要所颁布的一些经济政策以及所制定的经济发展方针，不仅影响本国企业的营销活动，而且还影响外国企业在本国市场的营销活动。诸如人口政策、能源政策、物价政策、财政政策、金融与货币政策等，都给企业研究调整自身的营销目标和产品构成提供了依据。

为引导农机产业实现快速、协调发展，解决农机与能源、农机与环境等日益突出的矛盾，我国相继出台了农机补贴政策、农机免税政策等政策法规，以进一步推进农机行业的大力发展。

2. 法律环境的影响

法律环境是指国家或地方政府所颁布的各项法规、法令和条例等，它是企业营销活动的准则，企业只有依法进行各种营销活动，才能受到国家法律的有效保护。一般来说，经济立法的目的有三个方面：一是为了保护公平竞争，二是为了保护广大消费者的利益，三是为了防止环境污染，保护社会整体利益等。企业必须依法进行营销活动，才能受到国家法律的有效保护。因此，企业开展市场营销活动，必须了解并遵守国家或政府颁布的有关经营、贸易、投资等方面的法律、法规。如果从事国际营销活动，企业既要遵守本国的法律制度，还要了解和遵守市场国的法律制度和有关的国际法规、国际惯例和准则。在遵纪守法的基础上，企业可以充分利用法律、法令、规则中有利于企业发展的因素，规避或控制其不利因素，从而能在其保障下取得发展。

主要的农机法律法规有《中华人民共和国农民专业合作社法》《中华人民共和国道路交通安全法》《农业机械安全监督管理条例》《中华人民共和国农业机械化促进法》《农用拖拉机及驾驶员安全监理规定》《联合收割机及驾驶员安全监理规定》等，这些法规条例规定了一系列保障农机安全生产的政策措施，规定了对农机安全管理的政策。

（六） 社会文化环境分析

人类在某种社会环境中生活久了，就必然会形成某种特定的文化，包括一定的态度和看法、价值观念、道德规范以及世代相传的风俗习惯等，所有这一切就构成了所谓的社会文化环境。任何企业都处于一定的社会文化环境中，企业营销活动必然受到所在社会文化环境的影响和制约。为此，企业应了解和分析社会文化环境，针对不同的文化环境制定不同的营销策略，组织不同的营销活动。

1. 价值观念的影响

价值观念是指人们对社会生活中各种事物的态度和看法。不同文化背景下，人们的价值观念往往有着很大的差异，消费者对商品的色彩、标识、式样及促销方式都有自己褒贬不同的意见和态度。

2. 风俗习惯的影响

不同文化环境中的人们，自然环境和生活方式迥异，世代相传形成人们的行为和思维习惯的不成文规范，主要是在饮食、服饰、居住、婚丧、信仰等方面形成独特的心理特征、道德规范、行为方式和生活习惯。企业应充分了解目标市场上消费者的习俗、禁忌、避讳、喜好、礼仪。例如，美国通用汽车公司曾生产Nova这一命名的汽车，含义为“神枪手”，但在西班牙的语言里其意为“跑不动”，所以该车型无法在西班牙寻得销路。

三、SWOT分析法

企业内部环境和外部环境共同作用于企业发展，但内部环境是决定性的因素，因为企业可能无法掌控外部环境，但可以改变内部环境去适应外部环境，从而创造企业发展的良好条件。仅仅分析内部或外部环境是不够的，必须借助SWOT分析等一系列方法和工具，进行企业发展环境的综合分析。

SWOT分析法又称为态势分析法，它是由旧金山大学的管理学教授于20世纪80年代初提出的，是一种能够较客观而准确地分析和研究一个单位现实情况的方法。具体来讲，SWOT分析法就是对企业内外部条件及各方面内容进行综合和概括，进而分析组织的优势（Strength）、劣势（Weakness）、面临的机会（Opportunity）和威胁（Threat），据此对备选的战略方案做出系统评价，最终选择出最佳发展战略的一种方法。其中，优势劣势分析主要是着眼于企业自身的实力及其与竞争对手的比较，而机会和威胁分析将注意力放在外部环境的变化及其对企业的可能影响上。在进行SWOT分析的过程中，要首先列出公司的关键外部机会、威胁和内部优势、劣势，并将内部优势与外部机会、内部劣势与外部机会、内部优势与外部威胁、内部劣势与外部威胁相匹配，分别得出SO、WO、ST和WT战略。通过SWOT分析，决策者能够更明确地了解决策可能的结果。

SWOT分析法常常被用于制定集团发展战略和分析竞争对手情况，在战略分析中，它是最常用的方法之一。进行SWOT分析时，主要有以下几个方面的内容：

1. 分析环境因素

运用各种调查研究方法，分析出公司所处的各种环境因素，即外部环境因素和内部能力因素。外部环境因素包括机会因素和威胁因素，它们是外部环境对公司的发展直接有影响的有利和不利因素，属于客观因素；内部能力因素包括优势因素和劣势因素，它们是公司在其发展中自身存在的积极和消极因素，属于主观因素。在调查分析这些因素时，不仅要考虑到历史与现状，而且更要考虑未来发展问题。

优势是组织机构的内部因素，具体包括：有利的竞争态势；充足的财政来源；良好的企业形象；技术力量；规模经济；产品质量；市场份额；成本优势；广告攻势等。

劣势也是组织机构的内部因素，具体包括：设备老化；管理混乱；缺少关键技术；研究开发落后；资金短缺；经营不善；产品积压；竞争力差等。机会是组织机构的外部因素，具体包括：新产品；新市场；新需求；外国市场壁垒解除；竞争对手失误等。

威胁也是组织机构的外部因素，具体包括：新的竞争对手；替代产品增多；市场紧缩；行业政策变化；经济衰退；客户偏好改变；突发事件等。

SWOT 分析法的优点在于考虑问题全面，是一种系统思维，而且可以把对问题的“诊断”和“开处方”紧密结合在一起，条理清楚，便于检验。

2. 构造 SWOT 矩阵

将调查得出的各种因素根据轻重缓急或影响程度等排序方式，构造 SWOT 矩阵。在此过程中，将那些对公司发展有直接的、重要的、大量的、迫切的、久远的影响的因素优先排列出来，而将那些间接的、次要的、少许的、不急的、短暂的影响因素排列在后面。

3. 制订行动计划

在完成环境因素分析和 SWOT 矩阵的构造后，便可以制订出相应的行动计划。制订计划的基本思路是：发挥优势因素，克服劣势因素，利用机会因素，化解威胁因素；考虑过去，立足当前，着眼未来。运用系统分析的综合分析方法，将排列与考虑的各种环境因素相互匹配起来加以组合，得出一系列公司未来发展的可选择对策。

【任务实施】

在师傅指导带领下，查阅并整理企业资料，熟悉企业经营状况，初步调查企业微观环境和宏观环境，按照表 3-3 所列步骤做好市场营销环境分析总结。

表 3-3　任务实施表

环节	对应项目	具体程序
1	搜集信息	利用互联网、报纸杂志、实地考察等手段，搜集××农机股份有限公司及同行竞争者的信息（包括企业基本情况、财务、生产、技术、产品及营销情况等信息），并进行对比分析。
2	罗列分析营销因素	罗列并分析对××农机股份有限公司经营产生影响的微观环境和宏观环境因素。
3	构造 SWOT 矩阵	列出公司的关键外部机会、威胁和内部优势、劣势，并将内部优势与外部机会、内部劣势与外部机会、内部优势与外部威胁、内部劣势与外部威胁相匹配，分别得出 SO、WO、ST 和 WT 战略。

按照上述步骤，最终你将得出一份营销策略分析报告，阐述××农机股份有限公司本次营销行为的各种影响因素及相应的机会、威胁、优势、劣势，你可以将报告递给营销总监，以便公司进行实际决策。

【工作任务实施记录与评价】

1. 制订工作计划

师傅指导记录	制订工作计划质量评价	评价成绩
		日期

2. 学徒关键职业能力及职业品质、工匠精神评价

项目	A	B	C	D
工作态度				
吃苦耐劳				
团队协作				
沟通交流				
学习钻研				
认真负责				
诚实守信				

3. 学徒对工作过程的反思

岗位工作任务二　设计农机市场调查活动

【任务描述】

在了解了影响着农机企业的销售的内外部因素等知识后，应该进行一次实地调研，以确定到底哪些因素影响企业本次的营销行为。为了更好地开展实地调研考察，你首先应该设计一份市场调研方案。

【任务分析】

作为一名合格的市场营销人员就必须要掌握市场调查方法的内容，明确调查目的、对象、项目、具体内容和基本形式，有针对性地选择合适的调查方法。同时还必须理解不同市场调研方法的异同与适用场合，掌握调查问卷的设计，根据所调研内容选择合适的问卷问题形式。

【专业知识准备】

企业营销活动成败的关键就在于企业能否适应不断变化着的市场营销环境。这些营销环境对企业的营销管理来说是不可控制的变数，营销管理者的任务就在于适当安排营销组合，使之与不断变化着的营销环境相适应。许多企业的发展壮大，就是因为善于变化而适应市场；而在市场经济发展中，也有部分企业，往往对市场环境变化的预测不及时，或者预测到而没有对策，结果造成企业极大的被动，重者破产倒闭，轻者经济受损。那如何对企业所处的营销环境进行了解呢？需要借助的一项重要的活动就是市场调查。营销者必须及时和注意市场营销环境的调查、预测和分析，然后根据各数据确定营销组合和策略，相应调整企业的组织结构和管理体制，使之与变化的环境相适应。

市场调查就是指通过科学的方法，有目的、有计划地搜集、记录、整理和分析商品供求情况及与之相关的资料，为市场经营预测提供可靠的依据的一项工作。

任何正式的市场调查活动都是一项系统工程，为了在调查过程中统一认识、统一内容、统一方法、统一步调，圆满完成调查任务，在具体开展调查工作之前，应该根据调查研究的目的对调查活动进行合理、完整的设计，最主要的设计内容包括调查方案的制定和调查问卷的设计。

一、制定市场调查方案

市场调查方案是指在进行市场调研活动之前，对于市场调研的课题对象、内容、方法、要求、经费预算和组织结构等所做的统一安排和规划所形成的文字材料。调查工作的成败，在很大程度上取决于所制定调查方案的科学、系统、可行与否。调查方案的作用主要有两点：一方面能够提供给调查委托方审议之用，以作为双方的执行协议；另一方面，调查方案是市场调查者实施执行的纲领和依据，体现了对调查工作的管理和监督。

（一） 确定调查目的

明确调查目的是调查设计的首要问题，只有确定了调查目的，才能确定调查的范围、内容和方法，否则就会列入一些无关紧要的调查项目，而漏掉一些重要的调查项目，无法满足调查的要求。例如，1990 年我国第四次人口普查的目的就规定得十分明确，即“准确地查清第三次人口普查以来我国人口在数量、地区分布、结构和素质方面的变化，为科学地制定国民经济和社会发展战略与规划，统筹安排人民的物质和文化生活，检查人口政策执行情况提供可靠的依据”。可见，确定调查目的，就是明确在调查中要解决哪些问题，通过调查要取得什么样的资料，取得这些资料有什么用途等问题。衡量一个调查设计是否科学的标准，主要就是看方案的设计是否体现调查目的的要求，是否符合客观实际。

（二） 确定调查对象

明确了调查目的之后，就要确定调查对象，这主要是为了解决向谁调查和由谁来具体提供资料的问题。

调查对象就是根据调查目的、任务确定的调查范围以及所要调查的总体。根据调查的需要，调查对象有时候是人，有时候是物。

在确定调查对象时，应该注意以下 4 个问题：

1. 调查对象的复杂性

由于市场现象具有复杂多变的特点，因此，在许多情况下，调查对象也是比较复杂的，必须以科学的理论为指导，严格规定调查对象的含义，并指出它与其他有关现象的界限，以免造成调查登记时由于界限不清而发生的差错。例如，以农机购买者为调查对象，就应明确农机的范畴和如何找到农机购买者的相关问题。

2. 调查对象的确定取决于调查目的

调查目的变化了，调查对象也要随之改变。例如，要调查农机企业职工的基本情况，这时的调查单位就不再是每一户职工家庭，而是每一个职工了。

3. 调查单位与填报单位是有区别的

调查单位是调查项目的承担者，而填报单位是调查中填报调查资料的单位。例如，对某地区工业企业设备进行普查，调查单位为该地区工业企业的每台设备，而填报单位是该地区每个工业企业。但在有的情况下，两者又是一致的，例如，在进行职工基本情况调查时，调查单位和填报单位都是每一个职工。在调查方案设计中，当两者不一致时，应当明确从何处取得资料并防止调查单位重复和遗漏。

4. 不同的调查方式会产生不同的调查单位

如采取普查方式，调查总体内所包括的全部单位都是调查单位；如采取重点调查方式，只有选定的少数重点单位是调查单位；如果采取典型调查方式，只有选出的有代表性的单位是调查单位；如果采取抽样调查方式，则用各种抽样方法抽出的样本单位是调查单位。

（三） 确定调查项目和具体内容

调查项目是指对调查对象所要调查的主要内容，确定调查项目和具体内容就是要明确向被调查者了解些什么问题。

市场调查的主要项目和内容包括以下几个方面：①市场基本环境的调查，包括宏观环境和微观环境；②市场需求的调查，包括人口数量、购买力调查、消费者结构调查、购买动机与行为调查等；③市场供给调查，包括商品供给来源的调查、商品供应能力的调查、商品供应范围的调查等；④市场营销活动调查，包括产品调查、价格调查、分销调查和促销调查；⑤竞争对手调查，包括竞争对手经营状况调查、营销策略调查等。

在确定调查项目时，除要考虑调查目的和调查对象的特点外，还要注意以下几个问题：

（1）确定的调查项目应当既是调查任务所需，又是能够取得答案的。凡是调查目的需要又可以取得的调查项目要充分选取，否则不应列入。

（2）项目的表达必须明确，要使答案具有确定的表示形式，如数字式、是否式或文字式等。否则，会使被调查者产生不同理解而做出不同的答案，造成汇总时的困难。

（3）确定调查项目应尽可能做到项目之间相互关联，使取得的资料相互对照，以便了解现象发生变化的原因、条件和后果，便于检查答案的准确性。

（4）调查项目的含义要明确、肯定，必要时可附以调查项目解释。

（四） 确定调查方法

在调查方案中，还要规定采用什么组织方式和方法取得调查资料。

1. 确定调查基本方式

搜集调查资料的基本方式有普查、抽样调查、重点调查、典型调查等。其中，普查属于全面调查，其他三种同属于非全面调查。具体来说，普查是指对被调查对象中所有的单位进行调查；抽样调查是指随机从总体中抽选部分单位进行调查；重点调查是指只选择一部分重点单位而进行的非全面调查；典型调查是指有意识地选择少数具有典型性的单位进行深入调查研究。

相较而言，全面调查是对需要调查的总体进行逐个调查，虽然获得的资料较为全面、可靠，但调查花费的人力、财力、物力较多，因此，只在十分特殊的情况下使用。非全面调查是在需要调查的总体中，选择一部分进行调查，并根据样本的调查来推断总体特征的一种调查，所以，在商业活动中运用较普遍。

2. 选择具体调查方法

根据信息的来源不同，市场调查资料可以分为两大类。一是第一手资料，是指通过调查者本人直接实地调查所获得的原始资料，如通过实地采访、与客户交谈、参加交易会等活动，所获得的一系列情报资料。第一手资料具有很强的针对性、时效性，并且生动、可靠、直观。二是第二手资料，是指由他人搜集并整理的现场资料，一般是通过文献检索和委托咨询获取的。搜集第二手资料最主要的优点是能够节省时间，并且调查成本低，简便、快捷。但是，也存在一些缺点，如资料适用性不强，可能与调查目的有差距；资料的真实性和可靠性需进一步审查和评估，有错误的可能性。在搜集第二手资料时，尤其要注意资料的来源。

因此，市场调查的具体方法可以分为两种：一种是收集第一手资料的方法，称为实地调查法；另一种是收集第二手资料的方法，称为文献调查法。在调查时，采用何种方式、方法不是固定和统一的，而是取决于调查对象和调查任务。在市场经济条件下，为准确、及时、全面地取得市场信息，尤其应注意多种调查方式的结合运用。

（1）实地调查法

①询问调查法：又称为直接调查法，是调查人员以询问为手段，从调查对象的回答中获得信息资料的一种方法。它是市场调查中最常用的方法之一。询问调查法在实际应用中，按传递询问内容的方式以及调查者与被调查者接触的方式不同，可分为面谈调查、电话调查、邮寄调查、留置问卷调查等方法。

• 面谈调查法。面谈调查法是指派调查员当面访问被调查者，询问与营销活动有关问题的方法。它是访问法中的一种常用方法。面谈调查可分为个人面谈和小组面谈两种方式。个人面谈时调查员到消费者家中、办公室或在街头进行一对一面谈。小组面谈是邀请6～10名消费者，由有经验的调查者组织对方讨论某一产品、服务或营销措施，从中获得更有深度的市场信息。小组面谈是设计大规模市场调查前的一个重要步骤，它可以预知消费者的感觉、态度和行为，明确调查所要了解的资料和解决的问题。

面谈调查法的优点：能当面听取被调查者的意见，并观察其反应；回收率高，可以提高调查结果的代表性和准确度；可以从被调查者的个人条件推测其经济状况，进而判断对方回答问题的真实程度；对于被调查者不愿意回答或回答困难的问题，可以详细解释，启发和激励对方合作，以顺利完成调查任务。

面谈调查法的缺点：调查费用支出大，特别是对于复杂的、大规模的市场调查，人力、财力和物力消耗很大；很难对调查员的工作进行监督和控制，如有的调查员为尽早完成调查任务，不按照样本的随机原则抽样，有的调查员在调查了部分样本后即终止调查做出结论，有的调查员甚至不进行实地调查，随意编造调查结果；调查结果易受调查员的工作态度和技术熟练程度的影响。对于这些问题，调查组织者应采用必要的约束制度和相应的监控手段，加强对调查员的管理，提高调查员的素质。

面谈调查法的方式：根据市场调查的目的、调查的时间、调查的费用情况不同，可以采用个人面谈、也可以采用小组面谈和集体座谈的形式，可以安排一次面谈，也可以进行多次面谈。

• 电话调查法。电话调查法是指市场调查相关工作人员通过电话向被调查者进行问询，了解市场情况的一种调查方法。它是访问法中的一种调查方法。由于彼此不直接接触，而是借助于电话这一中介工具进行，因而是一种间接的调查方法。电话调查分为传统电话调查和计算机辅助电话调查。

电话调查法的优点：取得市场信息资料的速度最快；节省调查时间和经费；覆盖面广，可以对任何有电话的地区、单位和个人进行调查；被调查者没有调查者在场的心理压力，因而能畅所欲言，回答率高；对于那些不易见到面的被调查者，如某些名人，采用此方法有可能取得成功；采取计算机辅助电话调查系统，更有利于访问质量的监控；访问人员的管理更为系统规范，能收到管理集中、反馈及时之效。

电话调查法的缺点：由于电话调查的项目过于简单明确，而且受到通话时间的限制，调查内容的深度远不及其他调查方法；电话调查的结果只能推论到有电话的对象这一群体，因而存在着对象群体不完整的缺陷，不利于资料收集的全面性和完整性；电话调查是通过电话进行的，调查者不在现场，因而很难判断所获信息的准确性和有效性等。

②观察法：是指研究者根据一定的研究目的、研究提纲或观察表，用自己的感官和辅助工具去直接观察被研究对象，从而获得资料的一种方法。科学的观察具有目的性、计划性、系统性和可重复性。常见的观察方法有：核对清单法、级别量表法、记叙性描述。观察一般利用眼睛、耳朵等感觉器官去感知观察对象。由于人的感觉器官具有一定的局限性，观察者往往要借助各种现代化的仪器和手段，如照相机、录音机、显微录像机等来辅助观察。

③实验法：也称为试验调查法，就是实验者按照一定实验假设、通过改变某些实验环境的时间活动来认识实验对象的本质及其发展规律的调查。实验调查的一般程序是，以实验假设为起点设计实验方案—选择实验对象和实验环境—对实验对象前检测—通过实验激发改变实验对象所处的社会环境—对实验对象后检测—通过对前检测和后检测的对比对实验效果做出评价。

(2) 文献调查法：也称为历史文献法，是搜集和分析研究各种现存的有关文献资料，从中选取信息，以达到某种调查研究目的的方法。

文献资料即第二手资料，具体来说，包括企业内部资料和外部资料。内部资料是企业内部的各种记录、统计表、报告、用户来函、订货单等，包括产量、销量、利润、成本、库存、工资、运费、财务报告、广告、产品设计及技术资料等信息。这些资料可由企业内部各部门的人员提供，可能是书面的或口头的。

企业外部资料的来源主要有：

①政府部门的定期出版物，如各种统计年鉴、统计报告、调查报告等。

②各类报纸和专业刊物。

③各行业协会的报告和定期出版物。

④专业的市场咨询公司的研究报告。

⑤因特网也是个巨大的信息库。可以通过搜索引擎，也可直接登录政府机构的网站、专业网站等搜集相关资料。

文献调查法的具体方法有：检索、直接查阅、索取、交换、购买、咨询该领域的专家，以及通过情报网搜集和复制等。

(五) 确定调查时间和调查工作期限

调查时间是指调查资料所属的时间。如果所要调查的是时期现象，就要明确规定资料所反映的是调查对象从何时起到何时止的资料。如果所要调查的是时点现象，就要明确规定统一的调查时点。

调查期限是规定调查工作的开始时间和结束时间，包括从调查方案设计到提交调查报告的整个工作时间，也包括各个阶段的起始时间，其目的是使调查工作能及时开展、按时完成。为了提高信息资料的时效性，在可能的情况下，调查期限应适当缩短。

通常在安排各个阶段的工作时，还要具体、详细地安排需做哪些事项，由何人负责，并提出注意事项，所以，可以制作进度表来规划具体的工作时间，一般格式见表3-4。

表 3-4 市场调查进度表

工作内容	工作时间	负责人	备注
调研方案、问卷的设计			
调研方案、问卷的修改、确认			
项目准备阶段（人员选择、培训）			
实地访问阶段			
数据预处理阶段			
数据统计分析阶段			
调研报告撰写阶段			
论证阶段			

（六） 确定调查资料整理和分析方法

采用实地调查法搜集的原始资料大多是零散的、不系统的，只能反映事物的表象，无法深入研究事物的本质和规律性，这就要求对大量原始资料进行加工汇总，使之系统化、条理化。目前这种资料处理工作一般由计算机进行，这在设计中也应予以考虑，包括采用何种操作程序以保证必要的运算速度、计算精度及特殊目的。

具体来说，一般包括以下几个步骤：

（1）确认数据资料。登记问卷，审核问卷，对问卷进行分组。

（2）编码和录入资料。运用计算机进行数据处理，首先需要对资料进行编码，然后将数据录入计算机，选择计算机软件（SPSS、SAS等）或自编程序计算分析。

（3）列示市场调查资料。通过统计表和统计图显示资料数据。

（七） 说明经费预算开支情况

调查费用根据调查工作的种类、范围不同而不同，即使是同一种类，也会因质量要求差异而不同，不能一概而论。但经费预算基本上遵循一定的原则，费用项目具体如下：

（1）资料收集、复印费。

（2）问卷设计、印刷费。

（3）实地调查劳务费。

（4）数据输入、统计劳务费。

（5）计算机数据处理费。

（6）报告撰稿费。

（7）打印装订费。

（8）组织管理费。

（9）税收。

（10）利润。

一般的经费预算比例为：策划费（20%）、访问费（40%）、统计费（30%）、报告费（10%）。若委托代理公司进行市场调查，则需要在一般经费预算基础上再加20%～30%的服务费，作为税款、营业开支及代理公司应得的利润。

调查费用的估算对市场调查效果的影响很大，对市场调查部门或单独的市场调查机构而言，每次调查所估算的费用当然是越高越好，但是费用开支数目要实事求是，不能过高也不能过低。合理的支出是保证调查顺利进行的重要条件，在这个问题上应避免两种情况：一是调查时间的拖延，这样必然会造成费用开支的加大；二是缩减必要的调查费用。调查活动必须有一定的费用开支来维持，减少必要的开支只会导致调查的不彻底或无法进行。

（八） 确定市场调查结果的表达形式

确定市场调查结果的表达形式，即确定最终报告是书面报告还是口头报告，是否有阶段性报告等。例如，调查的成果形式为调查书面报告，其具体内容将包括：前言、摘要、研究目的、研究方法、调查结果、结论和建议及附录七个部分，上交两份书面材料。

（九） 整理附录部分

在此部分中，主要列出课题负责人及主要参加者的名单，可扼要介绍一下团队成员的专长和分工情况。此外，可说明调查问卷设计中有关的技术参数、数据处理方法及所采用的软件等。

二、设计市场调查问卷

市场调查问卷是指调查者事先根据调查的目的和要求所设计的，由一系列问题、说明及备选答案组成的调查项目表格，所以又称为调查表。问卷调查就是调查者依据心理学原理，将精心设计的各种问题全部以询问的形式在问卷中列出来，许多问题还给出了多种可能的答案，提供给被调查者进行选择。调查问卷是收集市场信息、进行数据分析处理的基本思路和重要载体，即使说调查问卷决定调查的一切也不过分。在实施问卷调查时，在问卷的设计、问题的提问等环节必须充分运用一定的技能。问卷是收集第一手资料最重要的工具。

（一） 设计问卷的问题与答案

根据调查活动的目的以及调查方案中的调查内容，调查活动的设计者需要对调查问卷的题目进行设计，包括设计具体的问题及备选答案。

1. 设计封闭式问题

封闭式问题是事先设计好问题的答案，被调查人只能从设计的答案中选择。这种问题便于统计，但答案的伸缩性较小。

封闭式问题的形式主要有下列几种：

(1) 是非题：是指对一个问题给出两个答案，由被调查者选择其中一个答案，如是与非，有与无，大与小等。

例如：您在填写志愿时是否填写了农业机械应用技术专业？

A. 是　　　　　　　　　　B. 否

再如：您近期有购买农机设备的打算吗？

A. 有　　　　　　　　　　B. 没有

这种提问方式简单明了，便于统计，但由于备选答案较极端，不能反映被调查者意见的程度，所获得的信息量较小。

(2) 单项选择题：是指一个问题中提供多个答案，请被调查者从中选择一个答案的提问形式。

单项选择题对于了解被调查者较关注的问题、调查产品属性权重问题等都有很好的效果，但要注意的是，首选答案不宜过多，应把回答概率比较高的答案尽可能地列于选项中，其余被选概率较低的则都放在“其他”中。

例如：贵单位是否考虑过建立高校订单班来培养并招收企业需要的高素质人才？（　　）

A. 暂未考虑　　　　　　　　B. 认为此方法较好，可以考虑

C. 曾经开设过，但效果不够理想　　D. 近几年均采取此种方式，效果较好

（3）多项选择题：是指一个问题可以选择两个或两个以上的答案，特别适用于对消费者购买动机的调查。

例如：本专业毕业生可在贵单位哪些工作岗位就职？（可多选）（　　）。

A. 产品售后服务　B. 产品营销　　C. 产品维修　　D. 产品装调（管理）

E. 产品检验　　F. 产品测试返修　G. 配件（仓储）管理　H. 其他______

（4）顺序题：是指由被调查者根据自己的观点和看法，对所列的事项定出先后顺序。

例如：您认为农机营销人员应具备的基本素质有（请按重要程度排序，您认为最重要的排在第 1 位，从 1 到 10，请在______处填写相应序号）：__________

A. 吃苦耐劳　B. 随机应变　C. 勇于创新　D. 团队精神　E. 忠诚度

F. 遵纪守法　G. 主动性　H. 责任心　I. 良好的职业操守　J. 其他____

（5）态度评比测量题　这类问题要求被调查者表明对某个问题的态度，一般应用于对同质问题的程度研究。

例如：贵单位对本专业毕业生的满意度如何？（请在对应的空格内打“√”，若某一项无要求，请在备注栏内打“×”）（表 3-5）

表 3-5　对本专业毕业生满意程度调查表

序号	评价内容	很满意	较满意	满意	较不满意	很不满意	备注
1	职业道德						
2	敬业精神						
3	专业理论知识						
4	专业实践技能						
5	英语能力						

2. 设计开放式问题

开放式提问是指在所提出的问题后并不列出可能的答案供被调查者选择，而是让被调查者用自己的话来回答问题。在一份调查表中，开放式问题不宜过多，因为开放式问题回答的难度大，也不易统计。

开放式问题的形式为完全自由的，由被调查者用不受任何限制的方法回答问题，因而易于获得可靠而有价值的信息。为了在调查时顺利获得想要搜集的信息，在用开

放式问题提问时，可适当提供小礼品，以激励被调查者积极提供信息。

例如：你对农机购置补贴和农机推广有何建议？

（二） 设计问卷的结构

一份正式的调查问卷一般包括以下三个组成部分：

（1）前言：主要说明调查的主题、调查的目的、调查的意义以及向被调查者表示感谢。

（2）正文：这是调查问卷的主体部分，一般设计若干问题要求被调查者回答。

（3）附录：这一部分可以将被调查者的有关情况加以登记，为进一步的统计分析收集资料。

（三） 对问卷进行整体组织与编排

问卷在数据收集方面有不可替代的作用，问卷的设计工作自然也非常重要，可以说，问卷设计与编排的好坏直接关系到调查结论的客观性与科学性。问卷的设计并不仅仅是设计几个问题和答案那么简单，为了实现调查的目标，在设计问卷时，需要对问卷进行整体性的组织与编排，可按照下述步骤进行，以保证问卷的系统性。

1. 透彻了解调查的主题

首先必须充分了解委托人的意图和要求，明确调研的主题，在问卷设计之前对这些问题必须准确把握。

另外，必须明确需要收集哪些方面的材料。在拟定问卷以前，调研人员往往首先着手于比较容易的第二手资料的收集，而第一手资料是用以弥补第二手资料的不足和检验其准确性的。

2. 根据调查内容，广泛命题

根据调查方案中调查内容的设置，对问卷中的问题进行广泛命题，并根据命题特点，决定提问的方式，即哪些题采用封闭式提问，哪些题采用开放式提问，哪些题需要做解释和说明。

3. 确定问题的排列次序

按照一般人的逻辑思维习惯，确定问题的排列次序。问题的排序可呈现漏斗型的思路，即由浅入深，由一般到专业。过滤性的问题放在前面，先提问一般的、易于回答的问题和有利于调动被调查者兴趣的问题，特殊问题、开放式问题放在最后。

4. 审查问题，规范排版

审查提出的各个问题，去掉含有肯定性、引导性、模糊性、敏感性语句的问题。

5. 小规模的预先试答

问卷设计好以后，还有必要将问卷进行小范围的试验。可以在同事中或经挑选的普通用户当中进行试答，或者请少数被调查者对调查表进行小规模的预先试答。

6. 修正并打印

根据试答中反映出的问题，对调查表进一步修正补充，重新设计出正式的调查表，并打印出来。

打印调查表前还要注意其外观造型和印刷质量。外观庄重而考究，这有助于引起被调查者的重视；纸张宜小不宜大，可有助于减轻被调查者的心理压力；调查表最好单面印刷，印刷字体要体现美感；还应留有足够的空白，让被调查者自由回答问题。

三、常见的市场调查机构分类

市场调查机构主要包括市场调查公司、咨询公司等，见表 3-6。

表 3-6　市场调查机构的分类与职能

专业公司	主要职能
综合性市场调查公司	这类公司专门搜集各种市场信息，当有关单位和企业需要时，只需交纳一定费用，就可随时获得所需资料。同时，它们也承接各种调查委托，涉及面广、综合性强。
咨询公司	这类公司一般由资深专家、学者和有丰富实践经验的人员组成，为企业和单位进行诊断，充当顾问。这类公司在为委托方进行咨询时，也要市场调查，对企业的咨询目标进行可行性分析。当然，它们也可接受企业或单位的委托，代理或参与调查设计和具体调查工作。
广告公司的调查部门	广告公司为了制作出打动人心的广告，收到良好的广告效果，就要对市场环境和消费者进行调查，因此广告公司大都设有调查部门。

知名的市场调查机构有 AC 尼尔森市场研究公司、央视调查咨询公司、盖洛普咨询公司、央视-索福瑞媒介公司和华南国际市场研究公司等。

【任务实施】

在师傅带领下，为××农机股份有限公司调研分析本省农机市场，设计市场调研方案，按照表 3-7 所列步骤制作调查问卷。

表 3-7　任务实施表

环节	对应项目	具体程序
1	调查内容确定	按照市场调查方案的制定流程拟定具有实际指导意义的调查方案，重点讨论调查内容的确定。
2	选择调查方法	根据所需要调查的内容，有针对性地选择合适的调查方法，准备调查问题。
3	编制调查问卷	按照市场调查问卷的制定流程设计市场调查问卷，访谈问题应与调查内容密切相关，调查表的设计应注重美观性。

按照上述步骤，最终你将制作出一份关于××农机股份有限公司本次营销行为的调查问卷，接下来就可以实施市场调查了。

【工作任务实施记录与评价】

1. 制订工作计划

师傅指导记录	制订工作计划质量评价	评价成绩
		日期

2. 学徒关键职业能力及职业品质、工匠精神评价

项目	A	B	C	D
工作态度				
吃苦耐劳				
团队协作				
沟通交流				
学习钻研				
认真负责				
诚实守信				

3. 学徒对工作过程的反思

岗位工作任务三　实施农机市场调查活动

【任务描述】

有了调查问卷，你需要以小组为单位，组建市场调查分队，按照调查方案的计划开展农机市场调研活动，但开展调研活动时，我们需要具备哪些能力呢？

【任务分析】

作为一名合格的市场营销人员，在调查开始之前，必须在组内选择合适的人员并对其进行相应的岗前培训，使市场调研人员具有一定的市场调查能力和技巧。调查时对整个调查过程有效管控，认真倾听调研对象对问卷各个问题的回答，准确记录答案，调查过程中掌握一定的访谈技巧，访谈时注重礼貌、言辞、举止。

【专业知识准备】

一、选择市场调查人员

（一）选择市场调查人员的基本条件

一个市场调研机构一般不可能拥有太多的专职调查人员，而兼职的调查人员队伍又不太稳定。因此，调查公司常常要进行招聘调查人员的工作。招聘市场调查人员，可以采取书面的形式，也可以采取面试形式。

在招聘过程中，对调查人员主要考虑的基本条件是：

1. 责任感

责任感在市场调查中显得尤其重要。缺乏责任感的人，即使工作能力很强，专业水平很高，也很难把事情做好。

2. 普通话

普通话一般人都听得懂，所以在一般情况下，尽量选择普通话标准的人作为市场调查人员，同时也要具体情况具体分析。例如，我国方言很多，许多地方平时习惯使用当地的方言，如果调查人员能够使用方言和被调查者交谈，则容易得到被调查者的认同，降低被调查者的心理防御，提高访问的成功率。

（二） 明确市场调查人员的素质要求

市场调查活动是一项科学细致的工作，作为一个优秀的调查人员，必须具有相应的知识和技能。

1. 思想品德素质要求

思想品德素质是决定调查人员成长方向的关键性因素，也是影响市场调查效果的一个重要因素。一个具有良好的思想品德素质的调查人员，应该能够做到以下几点：

（1）政治素质：熟悉国家现行有关的方针、政策、法规，具有强烈的社会责任感和事业心。

（2）道德修养：具有较高的职业道德修养，表现在调查工作中既能够实事求是、公正无私，决不能满足于完成任务而敷衍塞责，也不能迫于压力屈从或迎合委托单位和委托单位决策层的意志。

（3）敬业精神：要热爱市场调查工作，在调查工作中要认真、细致，要具有敏锐的观察力，不放过任何有价值的资料数据，也不错拿一些虚假的资料。凭自身业务素质，判断哪些资料存在问题，能够不怕辛苦，反复核实，做到万无一失。

（4）谦虚谨慎、平易近人。调查人员最主要的工作是与人打交道。谦逊平和、时刻为对方着想的调查人员，往往容易得到被调查者的配合，从而能够获得真实的信息；而脾气暴躁、盛气凌人、处处只想到自己的调查人员，容易遭到拒答或得到不真实的信息。

2. 业务素质要求

业务素质的高低是衡量市场调查人员的首要条件之一。市场调查工作不仅需要一定的理论基础，还需要具备较强的实际经验。

（1）具有市场调查的一些基础知识。由于调查人员不是专业的研究人员，所以不要求他们具有高深的专业知识，但至少他们应该做到：了解自己的作用及对整个市场调查工作成效的影响；在访问中要保持中立；了解调查计划的有关信息；掌握访谈过程中的技巧；熟知询问问题的正确顺序；熟悉记录答案的方法。

（2）具有一定的业务能力。调查人员的业务能力从以下方面体现：①阅读能力，理解问卷的意思，能够没有停顿地传达问卷中的提问项目和回答项目；②表达能力，要求调查人员在调查过程中能够将要询问的问题表达清楚；③观察能力，具有敏锐的观察能力，判断被调查者回答的真实性；④书写能力，能够准确、快速地将被调查者的回答原原本本地记录下来；⑤独立外出能力，调查人员能够独自到达指定地点，寻找指定的被调查者，并进行访问；⑥随机应变能力，在调查过程中遇到的是各种各样的人，所以调查人员要能够随机应变，适应不同类型的人的特点。

3. 身体素质要求

身体素质包括两个基本素质：体力和性格。市场调查是一项非常艰苦的工作，特别是入户访谈和拦截调查，对调查人员的体力要求较高。同时，市场调查人员的性格最好属于外向型，会交际、善谈吐、会倾听，善于提出问题、分析问题和解决问题，谨慎而又机敏。

在实际调查过程中，调查工作是通过一支良好的调查队伍来实现的。调查人员的思想道德素质是必需的，是前提条件。而调查人员的业务素质和身体素质则可以随着调查的方法不同而有所不同。

二、培训市场调查人员

（一） 组织培训工作

1. 进行理论与实践结合的培训

要想获得合格、称职的调查人员并非易事，因此对调查人员的培训是非常重要的，这种培训必须把理论和实践相结合，从而使调查人员在调查过程中用理论来指导实际，并在实践中积累经验，充实理论。

2. 进行有针对性的培训

培训工作应针对本次调查的某些特点，或者针对某些方面的弱点，进行强化训练。对于从事督导或负责工作的人员，应当要求其具有实际市场调查的经验，如参加过“工商普查”“人口普查”“民意普查”等调查工作，这对于市场调查工作的顺利展开同样是很重要的。

（二） 选择适当的培训方式

1. 书面训练

书面训练的基本要点在于要求调查人员牢记调查项目的重要性、目的、任务，并通过训练手册，熟悉各项任务要求，主要包括：

（1） 市场调查项目的内容和目的。

（2） 按计划选择被调查者。

（3） 选择恰当的时机、地点和访问对象的方法。

（4） 获得访问对象合作的有关访问技巧。

（5） 关于调查询问的技术。

（6） 关于如何鉴定调查形式、检查调查问卷的指示说明，以及如何处理访问中发生的特殊情况的说明。

2. 口头训练

口头训练的目的是消除被调查者的担心和疑虑，使调查人员灵活运用口头访问技巧。为此，调查人员需要经常进行练习，而且要参加多次访问的演练，从而能够具备下列素质：

（1） 访问态度和蔼、友好。

（2） 提出的问题能抓住重点，简单明了，并给被调查者充分的回答余地。

（3）善于选择访问时机。

（4）有较强的判断能力，善于明辨是非。

（5）善于完整、清楚地记录，忠实地反映被调查者的本意。

在人员培训教程中，应该注意的问题有两点：一是人与人之间成功的沟通技巧；二是可采用模拟训练方式，以增加调查人员的应对技巧，使被调查者愿意配合并表达真实想法。

（三）进行有效培训

根据项目需要，对调查人员的培训一般包括以下内容：

1. 市场调查人员的责任培训

责任的培训旨在让一个新招聘的调查人员明白一个合格的访问人员应具有哪些责任，使他们在今后的调查工作中能够更好地完成调查任务。

合格的市场调查人员应具备的基本责任包括：保密、按要求提问、记录准确、系统审查、及时发送礼品礼金等。

2. 项目操作培训

不同的市场调查项目，在访问方式、内容上都是不同的。所以，在调查实施前的培训阶段，调查公司要对调查人员进行项目操作的指导和培训。

主要培训的内容：向调查人员解释问卷问题，统一问卷填写方法，分派任务，访问准备，向调查人员说明会有一定的监督措施来检查调查人员的调查质量。

3. 访谈技巧培训

访谈技巧是指调查人员为了获得准确、可靠的调查资料，运用科学的访问方法，引导被调查者提供所需情况的各种方法和策略。根据调查方案的要求，调查人员可能是入户访问，也可能是街上拦截访问。为了保证调查过程的质量，提高调查人员的工作效率，对调查人员进行培训是非常必要的。例如，通常在入户访问调查中，训练有素的调查人员，其入户成功率可达到90%，没有技巧的调查人员则只能达到10%，而后者所完成的访问也很难促成有效的调查。

主要培训的内容：培训如何避免访谈开始就拒访，培训如何避免访谈中途拒访，培训如何合理控制环境，培训保持中立，培训如何提问与追问，培训如何结束访问。

三、管理与控制市场调查

市场调查活动的管理与控制包括市场调查项目控制和市场调查人员控制。

（一）控制市场调查项目

1. 监督调查计划的执行

调查计划是为确保调查的顺利实施而拟定的具体工作安排，包括调查人员安排和培训、调查经费预算、调查进度日程等。调查过程中，应有效监督调查人员按调查计划执行调查任务。

2. 审核调查问卷

在问卷的初稿完成后，调查者应该在小范围内进行试验性调查，了解问卷初稿中存在哪些问题，以便对问卷的内容、问题和答案、问题的次序进行检测和修正。

3. 审核抽样方法

抽样方法的选择取决于调查研究的目的、调查问题的性质及调研经费和允许花费的时间等客观条件。调查人员应该在掌握各种类型和各种具体抽样方法的基础上，对拟选择的抽样方法进行验证。只有这样才能在各种环境特征和具体条件下及时选择最为合适的抽样方法，以确定每一个具体的调查对象，从而保证数据采集的科学性。

（二） 控制市场调查人员

市场调查人员所收集的被调查者的问卷是研究者重要的信息来源。但是，在实际中，由于各种原因，调查人员的问卷来源不一定真实可靠，就必须对调查人员进行适当的监控，以保证调查问卷的质量。

一般利用下列四种手段来判断调查人员访问的真实性，然后再根据每个调查人员的任务完成质量，从经济上给予相应的奖励或惩罚。

1. 现场监督

在调查人员进行现场调查时，有督导跟随，以便随时进行监督并对不符合规定的行为进行指正。这种方法对于电话访谈、拦截访问、整群抽样调查比较适合。

2. 审查问卷

对调查人员收集来的问卷进行检查，看问卷是否有质量问题，是否有遗漏，答案之间是否前后矛盾，笔迹是否一样等。

3. 电话回访

根据调查人员提供的电话号码，由督导或专职访问员进行电话回访。

4. 实地复访

如果电话回访找不到有关的被调查者，根据调查人员提供的真实地址，由督导或专职访问员进行实地复访。这种方法比电话回访真实可靠，但需要花很多的时间和精力。

四、访谈阶段技巧的运用

访谈是调查人员与被调查者面对面交往的过程，双方的一言一行都可能会影响调查的结果。因此要想得到满意的结果，就要掌握访谈调查工作各阶段的一些注意事项和技巧。访谈工作的过程大体分为三个阶段，即开始阶段、主要访谈阶段和结束阶段。

（一） 访谈开始阶段的注意事项和技巧

（1）按约定的时间提前到达约定地点等候调查对象。如果去调查对象的家宅或工作地点，要准时到达。

（2）见面后，首先介绍自己的单位，并出示有关证明。然后告知此次调查的目的，最好能使被调查者对此感兴趣，可以向他解释是怎样选择他作为调查样本的，并赋予他代表意义和重要性。同时，要保证承担保密责任。接触被调查者时除了穿戴服饰要整齐干净，还要态度和蔼，说话亲切。一定要使用肯定句式，如，“先生，您好！我是××××的调查人员，到您家作有关教育大众化问题的调查，请您协助。”再如，“……，因此，希望与您谈谈这个问题，相信您一定会尽力帮助。”而不要使用疑问句，如“您有空吗？”或“耽误您一点时间可以吗？”“您愿意和我谈一下吗？”等。

（3）与被调查者建立良好的谈话氛围。从被调查者手中操办的事情或关注的利益谈起，逐渐引入正题。

（二） 主要访谈阶段的注意事项和技巧

（1）采用由浅入深的方式展开，从简单问题入手，逐步引导被调查者接受访谈调查，启发被调查者充分发表自己的真实看法。

（2）要尽量保持访谈的活跃气氛，并围绕调查的中心问题展开，努力控制话题，避免离题太远。当被调查者谈话跑题时，应该及时、善意、巧妙地扭转他的话题。

（3）要尽量排除周围无关人员的干扰，或请其暂时回避，避免环境因素对被调查者的影响，使其能独立地发表意见。

（4）调查人员对所调查的问题要持一种中立的态度，不要发表自己对调查问题的看法，尽量不使用引导性的提示，切忌用暗示答案的方式予以解释。如果被调查者答非所问，则应该继续追问；如果对方采取搪塞式的话语，也可以采用“激将法”鼓励被调查者正视问题。当被调查者回答不完整时，可以不再发问提新问题，用殷切的目光和期待的表情等着他完成回答，或者可以使用“除上述之外，你认为还有其他原因和理由吗？”等话语追问，不要以为某问题对方不会再回答，就不问了，这样无法保证调查问题的完整性。

（5）在整个访谈过程中，都要全神贯注地听对方讲话。注意使用合适的谈话方式，包括姿势、语气、表情，使对方觉得是在认真地听他讲。深入交谈时，要显示出非常感兴趣的样子。随时注意被调查者的情绪和态度的变化，要捕捉住这种变化的含义。

（6）当所提问题不能一下子理解或不好计时，要放慢语速，或者进行必要的复述。倾听回答时，可以用短暂的停留表示对某答案的重视。对重要问题可以重新提问，或重复对方关于此问题的回答，以示对某一问题的理解，看其是否肯定此说法。

（7）尽量当场进行记录。

（三） 访谈结束阶段的注意事项和技巧

在访谈结束阶段，要快速检查记录或问卷，看是否存在遗漏，要尽快追记上所遗漏的问题。一定要对被调查者的积极合作表示感谢，最好能够当场赠送纪念品。如果是连续的追踪调查，提醒被调查者下次来访的时间。

【任务实施】

根据岗位工作任务二的准备，以小组为单位，组建市场调查分队，按照调查方案的计划，以调查问卷为工具，按照表3-8所列步骤在×省×农机市场积极开展农机市场调研活动。

表3-8　任务实施表

环节	对应项目	具体程序
1	人员选择及培训	组内选择调查人员并对调查人员组织相应培训课程。
2	实地调研	以×省×农机市场作为主要调查地点开展实地调查访问，每组调查的农机商户样本数至少为30家。
3	记录信息	认真倾听并如实记录被访商户提供的信息资料。

按照上述步骤，你将在市场一线中获得你所关心的问题的第一手资料，全面认知×省×农机机电市场，接下来你还要讲所获得的信息进行有效整理，将杂乱的信息为你所用。

【工作任务实施记录与评价】

1. 制订工作计划

<table>
<tr><th>师傅指导记录</th><th>制订工作计划质量评价</th><th>评价成绩</th></tr>
<tr><td rowspan="3"></td><td rowspan="3"></td><td></td></tr>
<tr><td>日期</td></tr>
<tr><td></td></tr>
</table>

2. 学徒关键职业能力及职业品质、工匠精神评价

项目	A	B	C	D
工作态度				
吃苦耐劳				
团队协作				
沟通交流				
学习钻研				
认真负责				
诚实守信				

3. 学徒对工作过程的反思

岗位工作任务四 整理与分析市场调查资料

【任务描述】

市场调查所得到的调查问卷中记录的信息是杂乱无序的，甚至还有不符合实际情况的答案。这时你就要将调查资料进行审核、统计及分析，最终从杂乱无序的问卷中总结出你想要的信息，到这里才算完成了一次市场调研。

【任务分析】

作为一名合格的市场营销人员，你还必须掌握整理市场调查资料的基本方法和技巧，能够按照相应的程序和方法对搜集资料进行编辑、分组、汇总和制表制图等，最终转化为适用的信息材料，这就需要你有一定的数据处理和制图、指标能力，能够熟练区分各种统计图表的特点和优势并合理运用。

【专业知识准备】

市场调查资料整理与分析是指将收集到的各类信息资料，按照一定的程序和方法，进行分类计算、分析和选择等，使之成为适用的信息资料。通过加工，使收集的信息资料统一化、系统化、适用化；通过分析，去粗存精、去伪存真、由此及彼、由表及里、综合提高；使已有的信息发生交合作用，从而可能产生一些新的信息。

一、整理市场调查资料

文献调查和实地调查工作全部结束之后，无疑会搜集到大量的资料。这些资料如果未经整理，是不能用以说明任何问题的，因此，有必要对全部资料进行系统的整理，以便为下一步的资料分析工作做好准备。

市场调查资料的整理，一般包括下列工作程序：编辑、分组、汇总和制表制图。

（一） 编辑调查资料

编辑工作的任务，是将收集到的资料加以审核、选择、剔除和调整。

首先要对调查资料进行审核，以确保调查资料的合理和准确，如实反映客观情况。具体来说包括完整性审核、准确性审核、时效性审核和一致性审核。

然后要对调查资料进行选择、剔除和调整。首先是从市场调查资料中选取一切有关的、重要的参考资料，剔除无关紧要的、没有参考价值的资料。然后，将挑选出来的全部资料按照一定的逻辑顺序排列，使之前后连贯、一致，并且根据实际需要，将其中某些数据进行换算或调整，以便进行比较。

（二） 分组和汇总调查资料

对审核后的资料进行分组和汇总，才能为市场分析提供系统化和条理化的综合指标数据，这也是保证资料客观、准确的重要条件。

分组就是指根据事物内在的特点和调查研究的任务，按某种标志将所研究的现象的总体划分为若干组成部分或组别，使同一组内的各个主体单位保持同质性，而组与组之间具有差别性的一种分析整理方法。

汇总是分组之后的一个重要步骤。汇总就是根据研究目的，将分组后的各种数据汇集到有关的表格中，并进行计算和加总，以集中、系统地反映调查对象总体的数量情况。

一般来说，汇总主要有手工汇总和电子计算机汇总两种方法。手工汇总主要采取的方式是划记法，这是在没有计算机时使用的方法。即每找到一个数据分布在对应组的，就在该组的分布表栏内画一笔，每 5 笔一组，前面 4 笔是水平线段，第 5 笔的时候画一斜杠，垂直方向堆积，也可用画“正”字的方法汇总。用电子计算机汇总进行数据处理，首先需要对资料进行编码，然后将数据录入计算机，选择计算机软件（如 SPSS、SAS 等）或自编程序进行计算。电子计算机汇总大致分四个步骤：登录、编码、录入和程序编制。

（三） 制表制图列示统计数据

汇总的数据资料，一般都要通过表格或图形表现出来，为此，就要制作统计表或统计图。

统计表是指记载汇总结果和公布统计资料的表式。它具有系统、完整、简明、集中的特点，而且便于计算、查找和进行对比研究。从形式上看，由总标题、横行标题、纵栏标题、指标数值四部分构成。市场调查资料的指标列示方式主要有多栏统计表（表 3-9）和单栏统计表（表 3-10）。最简单的表就是对单一问题按回答项目制作的表格，叫作单栏统计表，也叫作单向频次（频率）表；对两种或两种以上的调查项目指标制作的表格，叫作多栏统计表，又称为交叉表。交叉制表的价值在于它提供了项目变量之间关系的内涵。其优点有四方面：

（1）使统计资料条理化、清晰化；

（2）简明易懂、节省篇幅；

（3）便于比较（项目、指标）、便于计算（直接通过表格计算）；

（4）方便检查、核对数字的完整性和准确性。

表 3-9　多栏统计表（不同年龄段儿童睡眠时间统计表）

年龄段	8 小时以下	8～10 小时	10～12 小时	12 小时以上
0～6 个月	2%	8%	10%	80%
6 个月～2 岁	5%	10%	25%	60%
2～6 岁	10%	20%	40%	30%
6～12 岁	15%	40%	40%	5%

表 3-10　单栏统计表（不同工段合格率统计表）

工段	生产总数	合格数	合格率/%
导体	135	134	99.3%
绝缘	135	132	97.8%
成缆	48	48	100.0%
铠装	30	30	100.0%
护套	48	46	95.8%
合计	396	390	98.5%

统计图是表现数字资料的一种重要形式，它具有形象生动、直观、概括、活泼、醒目等特点，它可以使读者一目了然，具有较大的吸引力和说服力。统计图可以揭示现象的内部结构和依存关系，显示现象的发展趋势和分布状况，有利于进行统计分析与研究，具体例子如图 3-12 至图 3-15 所示。

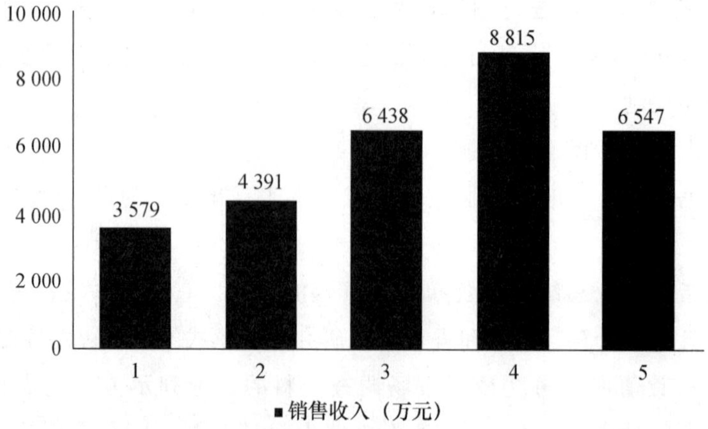

图 3-12　条形图（公司上市 5 年来各年销售收入情况）

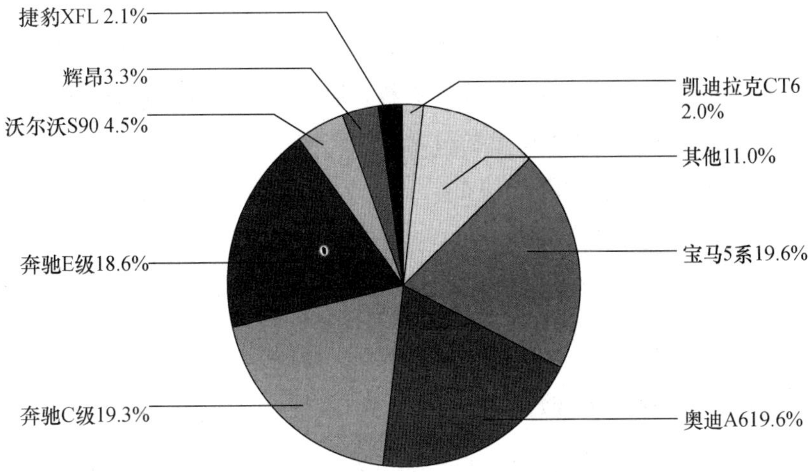

图 3-13　饼形图（××年高端轿车销量占比）

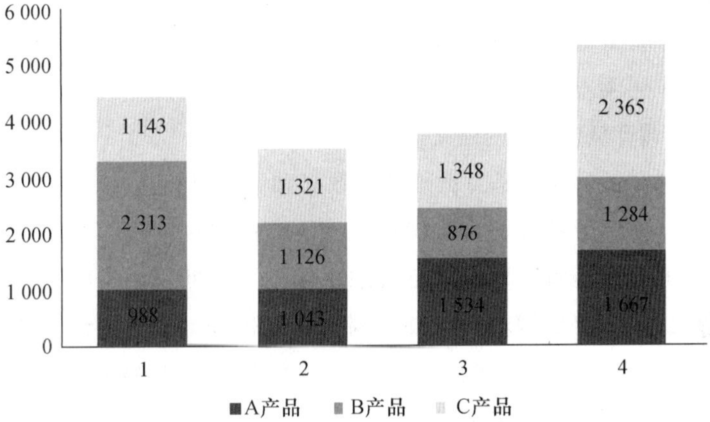

图 3-14　柱形图（公司上市 4 年来各产品年销量情况）

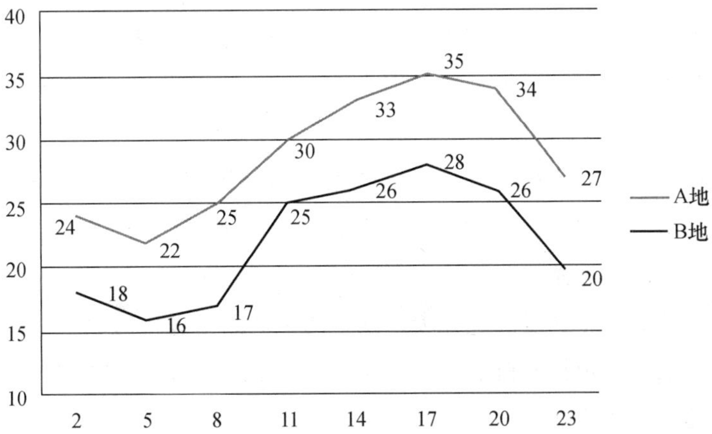

图 3-15　折线图（×月×日 A、B 两地气温变化情况）

绘制统计图，应注意从以下方面着手：

（1）明确制图目的；

（2）精选符合制图目的的准确的统计资料，以使图示内容正确而又简明扼要；

（3）选择合适的图式，力求图形的科学性和艺术性；

（4）认真设计和绘制，对图形的布局、形态、线条、字体和色彩都要认真选择和处理；

（5）标题明确而鲜明，能够清楚地知道图形所表示的信息；

（6）必要时可附加统计表和文字说明。

二、分析市场调查资料

市场调查所获的全部原始资料经过编辑、汇总和分类、制表制图等阶段后，就可以转入下一步的工作——资料分析。这是整个市场调查资料分析工作的最后阶段。资料分析的主要任务是利用经过调查得来的全部情况和数据，去验证各种因素的相互关系和变化趋势，即将全部的资料适当地组合为足以揭示其所包含着的某种意义的模式，以明确、具体地说明调查结果。

（一） 明确调查资料分析的意义

市场调查资料分析的本质是对已整理的数据和资料进行深加工，从数据导向结论，从结论导向对策，使调研者从定量认识过渡到更高的定性认识，从感性认识上升到理性认识，从而有效地回答和解释原来定义的市场调研的问题，实现市场调研的目的和要求，满足管理决策的信息需求。在市场调查的全过程中，市场调查资料分析是最关键的阶段。

（二） 按程序进行调查资料的分析

在分析市场调查资料之前需要明确分析的程序，以便更好地开展调查资料分析工作。

（1）明确调研问题。在对市场调查资料分析之前，调研者或分析员首先应回顾和明确市场调研的课题是什么，调研的目的和任务是什么，需要通过市场调研解决什么问题。

（2）界定分析内容。分析内容的界定应根据市场调研内容来。首先，应划分分析研究的构面，然后，再对每一个构面下应分析研究的子项目（小问题）进行区分，从而构成一个分析的内容体系。

（3）提取数据。将整理后的统计表、统计图中的数据进行提取。

（4）选定方法。即根据分析项目的性质、数列的类型、变量的多少和分析研究的要求，选择合适的分析方法。

（5）对比研究。即对数据资料进行分析处理。

（6）概括结论。即对事物的本质属性和规律性做出界定。

（7）综合集成。主要包括分析过程的质量评审、分析图表的编辑整理、各个子项目分析结论的评价、调研问题的总结论（总观点）的归纳、概括等。

（8）撰写报告。用书面报告的方式解释调研问题。

以上程序可整理成图 3-16。

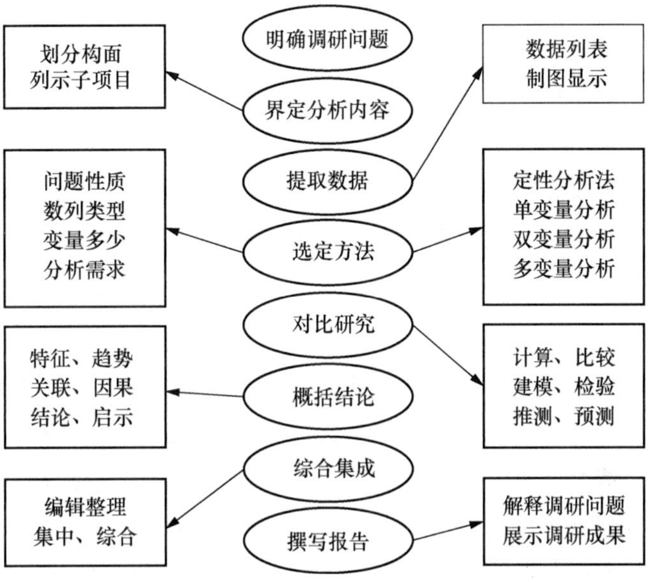

图 3-16　市场调查资料分析的程序

三、调查资料分析的方法和技巧

（一）百分比法

定量分析在很多时候只有在与其他资料进行对比时，才会显示出它的重要意义。这种比较，一般用百分比的形式来表示。其计算公式如下：

$$\frac{x}{y}\times 100\%$$

式中：x—总数中所占有的部分单位数目；

y—总数额。

百分比的主要用途是说明某部分在整体之中所占份额或比例，说明增减幅度。在具体工作中，百分比法主要用来比较不同的调查项目各自所占的份额或比例；推算潜在的统计数据；对比前后情况的变化及说明变化的速率。

使用百分比进行资料分析时，应避免发生常见的共通性错误，如基数太小，忽视绝对数，选用了错误的基数和直接平均不同基数的百分率等。

(二) 指数法

在需要比较过去某个时期内用数字资料表明的各种变化趋势时，常用指数法来进行对比说明。这些用数字资料表明的各种变化情况，总是离不开它的基础年份，即把基础年份的数据作为100，其他相继年份的数据则换算为它的百分比，其计算公式如下：

$$\frac{x}{y}\times 100\%$$

式中：x—需要换算成为指数的数据；

y—基础年份的数据。

指数法的特点在于可以使用经过适当分类组合的数字资料去说明各种变化情况，并权衡比较出其中各种有关因素的相对重要性；同时，可以使用较为实在的语言，具体说明各种变化。

(三) 对比价值

如果数量和价值两方面资料完备无缺，通常使用数量方面的资料去说明有关某个时期的变化情况，其主要原因是价值方面的资料容易受到价格变化的影响而不能准确地反映实际的变化情况，而价格的变化则是经常性的。但是，在实际工作中，往往不能搜集到或及时得到有关数量方面的资料，加上商品种类繁多，不同的品种和规格彼此在性能或价格等方面差别很大，因此，就有必要使用价值方面的资料进行对比说明，而且实际操作也较为方便。

此外，比较数据的方法还有很多，在此不再一一列举，读者可参阅有关专业统计书籍。

【任务实施】

在本次农机市场调查工作结束后，将调查资料进行审核并统计，按照表3-11所列步骤对农机市场现状进行分析。

表3-11 任务实施表

环节	对应项目	具体程序
1	审核调查表	对调查表的完整性、准确性、时效性、一致性进行审核。
2	调查表编码	对调查表格进行编号；设计编码表对访谈内容进行编码。
3	汇总调查数据	根据调查表中所列示的各项进行汇总，采取划记法进行汇总，统计出各商户的具体资料，以反映本地区农机市场的大致情况。
4	列示市场调查资料	合理选择统计表及统计图列示数据资料，注重数据展示的直观性、准确性，注重表和图的艺术性和美观性。

按照上述步骤，你能正确地对所有搜集回来的调查表进行分类、整理、分析，最终得出了你想要的数据。

【工作任务实施记录与评价】

1. 制订工作计划

师傅指导记录	制订工作计划质量评价	评价成绩
		日期

2. 学徒关键职业能力及职业品质、工匠精神评价

项目	A	B	C	D
工作态度				
吃苦耐劳				
团队协作				
沟通交流				
学习钻研				
认真负责				
诚实守信				

3. 学徒对工作过程的反思

岗位工作任务五　编写完成市场调查报告

【任务描述】

任务 4 所得出的各项数据仅仅停留在数据，说服能力不强，你还需要根据所得到的各项数据编写一份调查报告，最终将“××农机股份有限公司市场调研报告”提交给公司营销总监，供其做出正确的营销方案决策。

【任务分析】

本任务作为农机市场调研与分析项目的最后一步也是最重要的环节，要求一名合格的市场营销人员必须掌握一定的文字编写能力和 PPT 制作能力。对市场调研报告要求言之有理、持之有据、观点明确、表达准确、逻辑合理；对汇报答辩要求能够提炼出简短语句概括调查结果、结论和建议，以便企业做出合理预测。

【专业知识准备】

调查报告是整个调查任务活动的成果体现，是衡量调查任务活动质量水平的重要标志。实践证明，无论调研设计多么科学，调查问卷多么周密，样本多么具有代表性，数据收集、质量控制多么严格，数据整理和分析多么恰当，如果调研者不能把诸多的调研资料组织成一份清晰的、高质量的总结报告，就不能与决策者或客户进行有效的信息沟通，决策者或客户就不能有效地采取行动以进一步提高经营效益。

市场调查报告是通过文字、图表等形式将调查的结果表现出来，以便人们对所调查的市场现象或问题有一个全面、系统的了解和认识。

市场调查报告撰写的意义归纳起来有以下 3 点：

(1) 市场调查报告是调查与分析成果的有形产品，是将调查研究的成果以文字、图表等形式表达出来。因此调查报告是市场调查成果的集中体现，并可用作市场调查成果的历史记录。

(2) 通过市场调查分析，透过数据现象分析数据之间隐含的关系，使我们对事物的认识能从感性认识上升到理性认识，更好地指导实践活动。市场调查报告比起调查资料来，更便于阅读和理解，它能把死数字变成活情况，起到透过现象看本质的作用，使感性认识上升为理性认识，有利于商品生产者、经营者了解、掌握市场行情，为确定市场经营目标、工作计划奠定基础。

（3）市场调查报告是为社会、企业、各管理部门服务的一种重要形式。市场调查的最终目的是写成市场调查报告呈报给企业的有关决策者，以便他们在决策时做参考。一个好的调查报告能对企业的市场活动提供有效的导向作用。

一、准备市场调查报告

为了编写出一份高质量的能够反映调查实际情形的调查报告，在编写之前，做好充分的准备工作是非常必要的。市场调查报告的准备工作主要有以下几方面：

（一）明确调查主题

明确调查主题是撰写市场调查报告的基本准备工作。每一个市场调查报告都有明确的撰写目的和针对性，即反映情况、指出原因、提出建议，从而为社会或企业的决策部门制定或调整某项决策服务。

（二）确定报告类型

调查报告有多种类型，如一般性报告、专题报告、研究性报告、说明性报告等。一般性报告就是对一般调查所写的报告，它要求内容简单明了，对调查方法、资料分析整理过程、资料目录等作简单说明，结论和建议可适当多一些。专题性报告是为特定目的进行调查后写的报告，它要求报告详细明确，中心突出，对调查任务中所提出的问题做出回答。为企业所做的调查在一般情况下，用的是一般性报告和说明性报告。

（三）构思调查报告

撰写市场调查报告与其他报告或写作一样，在动笔前必须有一个构思过程，也就是凭借调查所收集的资料，初步认识调查对象，经过判断推理，提炼出报告主题。在此基础上，确立观点，列出论点和论据，考虑文章的内容与结构层次，拟定提纲。构思过程各个环节所要实现的基本目标分别如下：

1. 凭借调查所收集的资料，初步认识调查对象

通过调查所获得的来自客观的数据信息及其他相关材料，初步认识调查对象。在此基础上经过对调查对象多侧面、多层次的深入研究，把握调查对象的一般性规律。

2. 提炼报告主题

在认识调查对象的前提下，确立主题，即报告的主基调。主题的提炼是构思阶段异常重要的一环，其准确与否直接关系到最终报告的方向性。因此，主题的提炼应力求准确，在此基础上还应该深刻、富有创见性。

3. 确立观点，列出论点和论据

在主题确立后，对收集到的大量资料，经过分析研究，逐渐消化、吸收，形成概念，再通过判断、推理，把感性认识提高到理性认识，然后列出论点、论据，得出结论。

4. 考虑文章的内容与结构层次

在以上环节完成之后，构思基本上就有了框架。在此基础上，考虑报告正文的大致结构与内容，一般来说应考虑的基本内容包括：调查出的及所要解决的问题；调查采用的方法与技术；调查所获得的主要数据或信息及这些数据及信息说明什么问题，理由是什么；解决问题的建议及理由。与此相对应考虑文章的结构层次。通常而言，报告一般分为三个层次，即基本情况介绍、综合分析、结论与建议。

（四） 取舍数据材料

市场调查报告的材料，可分为两种：一种是从调查中得来但还未经整理、鉴别、筛选的材料，这是素材；另一种是通过整理、鉴别、筛选后写进文章的材料，这是题材。

应当指出的是，市场调查报告的材料同一般文章尤其是文学作品的材料不同。一是取得的方法不同，一般文章的材料，是作者本人从生活中积累和搜集的，而市场调查报告的材料，主要是调查人员通过调查得来的；二是由素材变成题材的方法不同，一般文章的题材是作者对素材进行选择、加工、提炼而成的，而市场调查报告的题材是对素材进行审核鉴定、整理统计、分析综合而成，绝不允许作“艺术加工”。市场调查报告材料的选择，应十分严格，特别要注意以下几点：

1. 材料的真实性

对写进文章的材料，必须进行去粗取精、去伪存真的选择。

2. 数据的准确性和精确性

市场调查报告往往是从数据中得出观点，由数据来证实观点，因此数据的差错或不精确，必然影响到观点的正确性。

3. 材料要有个性

写进调查报告的材料，应当是这一个项目在这一次调查中发现的有价值的材料。如果材料缺乏个性，那么调查报告的价值也将大打折扣。

二、撰写市场调查报告

（一） 确定市场调查报告的结构

市场调查报告是调查工作成果展示的重要材料，其质量直接反映了调查工作的效果。调查报告的形式没有统一规范，不同的人对此有不同的设计。但以下一些部分是调查报告不可缺少的组成部分，不管怎样设计都应当包括这些部分。

1. 介绍部分

介绍部分是向读者说明报告主要内容的部分，对于不需要深入阅读研究报告的人员来说看介绍部分即可了解到调查的概况。同时介绍的部分也提供了深入阅读全文的检索方法和主要提示。调查报告的介绍部分应至少包括三个部分：封面、目录、摘要。

2. 正文部分

正文是调查报告的核心部分，一般由开头、主体、结束语三部分组成。

3. 附件部分

附件是指调查报告正文包含不了或没有提及，但与正文有关必须附加说明的部分。它是对正文报告的补充或更详尽的说明。附件主要包括调研方案、抽样技术方案、调研问卷、数据整理表格、数据分析表格和其他支持型材料。

（二） 编写市场调查报告的内容

由于市场调查课题、调查人员的差异，市场调查报告的撰写也有所不同，但规范的市场调查报告，一般包括以下几个部分：

1. 界定报告标题

标题要简单明了，高度概括，具有强烈的吸引力。好的标题应该准确揭示报告的主体思想，做到题文相符，让报告的使用者通过题目就能对报告想要表达的内容一目了然。标题应与调查内容相关，不必生造一些标新立异的标题。一般有以下两种构成形式：

(1) 公文式标题：即由调查对象和内容、文种名称组成，例如《关于 2013 年全省农业机械销售情况调查报告》。这是一种直叙式的写法，简明扼要，比较直观，但略显呆板。值得注意的是，实践中将市场调查报告简化为“调查”，也是可以的。

(2) 文章式标题：即用概括的语言形式直接交代调查的内容或主题，例如《全省城镇居民潜在购买力动向》。实践中，这种类型市场调查报告的标题多采用双题（正副题）的结构形式，更为引人注目，富有吸引力，如“竞争在今天，希望在明天——全国洗衣机用户问卷调查分析报告”“市场在哪里——天津地区三峰轻型客车用户调查”等。此类标题有直接表明观点的，也有通过提出设问句或反问句来引出观点的，都具有较大的吸引力，但是要注意的是，通常要加副标题才能将调查对象和内容表达清楚。

2. 设计报告封面

封面包括报告的题目、报告的使用者、报告的编写者及提交报告的日期等内容。

作为一种习惯做法，调查分析报告题目的下方应注明报告人或单位（调查单位）、通信地址、电话、报告日期，然后另起一行注明报告呈交的对象，如图 3-17 所示。

3. 制作报告目录

如果调查报告的内容、页数较多，为了方便读者阅读，应当使用目录或索引形式列出报告的主要章节和附录，并注明标题、有关章节号码及页码。

2018年××省农机销售情况
调查报告

调查单位：__________
通信地址：__________
联系电话：__________
报告日期：__________
报告主联单位：________

图 3-17 调查报告封面示意图

一般来说，目录的篇幅不宜超过一页。目录是整个报告的检索部分，能够便于读者了解报告结构，有利于读者阅读某一部分的内容。

4. 撰写报告摘要

摘要又称为概要、内容提要。调查报告的摘要是指以提供报告内容梗概为目的，不加评论和补充解释，简明、确切地记述报告重要内容的短文：其基本要素包括研究目的、方法、结果和结论。具体地讲，就是研究工作的主要对象和范围，采用的手段和方法，得出的结果和重要的结论，有时也包括具有情报价值的其他重要的信息。

摘要应拥有与文献同等量的主要信息，即不阅读全文，就能获得必要的信息。摘要不容赘言，故需逐字推敲。内容必须完整、具体，使人一目了然。此外，摘要还要为那些没有大量时间阅读整个报告的使用者服务，为那些不具备太多的专业知识，只想尽快得到调查分析报告的主要结论以及进行怎样的市场操作的阅读者而准备。

报告的摘要具体应包括以下三方面的内容：

(1) 简要说明调查目的即简要地说明调查的由来和委托调查的原因。

(2) 简要介绍调查概况包括调查时间、方法、地点、对象、范围、调查要点及所要解答的问题。

(3) 简要介绍调查结论和建议即通过调查分析所得到的收获。

摘要是市场调查报告中相当重要的内容，但在有些调查报告中经常被忽略。无论什么原因，忽略摘要部分都有损调查报告的价值。

5. 撰写报告正文

正文是市场调查报告的主体部分，一般由开头、主体、结束语三部分组成。正文包括整个市场调查的详细内容，包含调查使用方法、调查程序、调查结果等所有内容。这部分必须准确阐明全部有关论据，包括问题的提出到引出的结论以及论证的全部过程，分析研究问题的方法，还应当有可供市场活动的决策者进行独立思考的全部调查结果和必要的市场信息，以及对这些情况和内容的分析评论。

(1) 开头部分：即调查报告的引言，好的开头既可使报告顺利展开，又能吸引读者。开头的形式有开门见山式，直接交代调查的目的或动机，揭示报告的主题；也有先将调查结论写出来，然后再逐步论证的；还有先介绍背景，交代调查时间、地点、对象、范围等情况，然后逐层分析的。在实际撰写过程中，可根据情况适当选择不同的方式，但是不管怎样，开头部分应围绕为什么进行调查、是怎样进行调查的、得出了哪些调查结论几个部分进行。其主要作用就是向报告阅读者提供进行市场研究的背景资料及其相关信息，使阅读者能够大致了解进行该项市场调查的原因和需要解决的问题，以及必要性和重要性。

(2) 主体部分：一般应包括对调查方法的说明、介绍调查结果、提出结论与建议三个部分。

• 调查方法。对调查方法的说明应该包括以下内容：①调查地区，说明调查是在哪个区域内进行的，以及选择该区域的理由；②调查对象，说明是从什么样的对象中抽取样本进行调查。通常是指产品的销售对象或潜在的目标市场；③样本容量，选取的样本总数，以及确定样本容量时考虑的因素；④样本的结构，即根据什么样的抽样方法抽取样本，抽取后样本结构如何，是否具有代表性；⑤资料收集的方法，是拦截访问还是电话访问，是观察法还是实验法等；⑥实施过程及问题处理，即调查如何实施，遇到什么问题，如何处理等；⑦调查人员介绍，对调查人员的资格、条件以及训练情况也须作简略的介绍；⑧资料处理方法及工具，即用什么样的工具、方法对资料进行分析和统计处理；⑨访问完成情况，介绍访问完成率，说明未完成部分及访问无效的原因。

• 调查结果。调查结果是将调查所得以及经过统计分析的数据报告出来。调查结果要与预定的调查目的相吻合。调查结果大致可分为基本情况和分析两部分内容。基本情况部分需要真实地反映客观事实，对调查资料和数据作客观的介绍说明及描述，调查结果的描述形式通常是表格或图形；分析部分是核心部分，需要调研人员对图表中的数据资料所隐含的趋势、关系或规律加以客观地分析，即在对调查所获基本情况进行分析的基础上对市场发展趋势做出预测。它直接影响到有关部门和企业领导的决策行为，因而必须着力写好。要采用议论的手法，对调查所获得的资料条分缕析，进行科学的研究和推断，并据以形成符合事物发展变化规律的结论性意见。用语要富于论断性和针对性，做到析理入微，言简意赅，切忌脱离调查所获资料随意发挥。

• 结论与建议。结论是用简洁明了的语言对研究前所提出的问题做明确的答复。建议则是针对调查获得的结论对该企业产品及其营销方式提出具体的要求以及应该采取的改进措施。另外，应提出多种方案，供有关人员选择。同时，最好说明可能需要支付的费用，并对未来市场的变化和该企业产品的销售做出合理的预测。

结论与建议部分有时可与调查结果合并为一个部分，这要视调查规模的大小而定。一般而言，如果调查规模小，内容也比较简单，就可以将结论和调查结果合并在一起。如果规模比较大，内容多，则应分开写。

建议最好是正面的、肯定的，即说明应采取哪些具体的措施以获得成功，或者要处理哪些已经存在的问题。

（3）结束语部分：是调查报告的结尾部分，从内容上看，结束语主要的写法有以下几种：

①概括全文，深化主题。即根据调查的情况，概括出主要观点，进一步深化主题，增强调查报告的说服力和感染力。

②说明危害，引起重视。即根据调查的情况，说明问题的严重性、危害性，以便引起有关方面的重视，有的还提出对策性的具体意见。

③展望未来，指明意义。即根据调查的情况，由点到面、由此及彼，开阔视野、展望未来，指出有关问题的重要意义。

调查报告的结束语，应根据写作目的、内容的需要采取灵活多样的写法，要简明扼要，意尽即止。

6. 完成报告附件

附件是指调查报告正文包含不了或没有提及，但与正文有关必须附加说明的部分。它是对正文报告的补充或更详尽说明。每一份附件都应该按顺序标上编号。附件中一般包括：

（1）调查计划/方案。

（2）抽样方案。

（3）问卷样卷。

（4）收集的原始资料。

（5）其他资料。

附件是与调查过程有关的各种资料的综合，在阅读正文时或者检验调查结果的有效性时需要参考这些资料。因此，与调查全过程相关的各种资料都不应随意舍弃，而应在调查结束后作合理的整理及取舍。

三、修改市场调查报告

在初稿完成后，调查小组人员可以针对初稿的内容、结构、用词等方面进行多次审核和修改，确认报告言之有理，持之有据，观点明确，表达准确，逻辑合理。在定稿前也可以以会议的形式，将整个报告或报告的若干部分拿出来与有关方面进行沟通，从中得到有用信息，提高报告的质量。

（一） 调整报告结构

主要是对报告中正文部分的相关内容进行结构上的调整。报告的顺序一般可采用以下两种形式：一个是纵式结构，即按照调查对象发生、发展的先后顺序或调查对象的演变过程安排材料；另一个是横式结构，即按照材料的性质和逻辑关系归类，从不同的侧面、不同的角度，并列地将材料组成几个问题或几个方面，还可以加上小标题，逐一地报告各方面的情况。具体采取哪种结构形式、是否需要对现有顺序进行修改，则应根据报告的实际情况来决定。报告结构的安排应该能够使重点突出，能够达到最初的调查目的。

（二） 修改报告语句

语言严谨体现在选词造句要精确，分寸感强，报告撰写者需要对报告进行反复阅读，修改报告中不恰当的语句。

在报告中不能使用如“可能”“也许”“大概”等含糊的词语，而且还要注意在选择使用表示强度的副词或形容词时，要把握词语的差异程度，例如“有所反应”与“有反应”“较大反响”与“反应强烈”“显著变化”与“很大变化”之间的差别。在叙述事实情况时，力争以较少的文字清楚地表达较多的内容，要毫不犹豫地删除一些不必要的词句。能用一句话说明的，不用两句话，能用一个字说明的，不用两个字。调查报告的行文要求自然流畅，尽量选用常见的词句，避免使用晦涩难懂的和专业技术性强的术语。

此外，还应注意的是，市场调查报告以陈述句为主，陈述调查的过程和市场情况，表示肯定或否定的判断，在建议部分可使用祈使句表示某种愿望。未能按要求撰写的语句，就需要进行合理的修改与完善。

（三） 编排报告格式

市场调查报告文稿一般用 Word 进行编辑排版，在对报告的结构及内容进行完善后，还需要对报告的格式进行修改及调整，包括字体、字号、颜色、字间距以及每一部分格式和版面安排等，都要求按次序编排。图、表、附注、参考文献、公式、算式等，一律用阿拉伯数字分别依序连续编排序号。报告段落清晰，层次分明，重点突出，文章的整体编排要求大方、美观、有助于阅读。

四、提交市场调查报告

（一） 撰写报告提交函

市场调查报告征得各方意见并进行修改后就可以定稿并提交。提交报告前，调查人员需将定稿后的调查报告打印为正式文稿，且应使用质地较好的纸张打印、装订，封面应选择专门的封面用纸，封面上的字体大小、空白位置应精心设计。粗糙的外观或一些小的失误和遗漏都会严重地影响阅读者的兴趣，甚至信任感。

如果市场调查项目是由客户委托的，则往往会在报告的目录前面附上提交函（即一封致客户的提交函）和委托书（即在项目正式开始之前客户写给调查者的委托函）。

提交函的内容主要是大概阐述一下调查者承担并实施的项目的大致过程和体会（但不提及调查的结果），也可确认委托方未来需要采用的行动（如需要注意的问题或需要进一步做的调查工作等）。有时候，提交函还会说明委托情况。

例：提交函的写法

尊敬的张总裁，您好：

按照您在 2013 年 6 月 8 日委托书中的要求，我已经完成了对 2013 年 12 月 A 型数码相机市场销售情况的调查分析。现提交标题为“中洲公司 A 型数码相机目标市场销售调查”的报告。该报告的基础是目标市场上 1 200 位已经成为中洲公司顾客或对数码相机感兴趣的人的现场访问、问卷调查，在报告中我们进行了详细的描述。本次调查采用了市场营销调查的惯例；相信该报告符合贵公司的限制条件，其结果是可靠且有效的。我希望您对本次调查的结果（结论和建议）感到满意，并且希望该结果能对贵公司A型数码相机在未来的销售情况有所帮助。如您有什么问题，请立即与我联系。

致礼！

××公司×××

（二） 制作报告幻灯片

近几年，为寻求沟通调研结果的更有效方式，市场调研人员纷纷使用演示软件来进行调查报告的提交和汇报。微软公司PowerPoint软件可方便地让分析人员进行下述工作：

（1）利用多种字体和字号创建项目图表，并且可以进行字体加粗、变斜体、添加下划线。

（2）可以创建出多种不同类型的、可用于展示特定调研发现的图形（饼状图、柱形图、折线图等），而且只需单击鼠标就可以对这些图形进行修改和测试。

（3）在演示及切换幻灯片时，有多种动画效果，还可以在幻灯片中插入声音、视频（项目组分析的现场录像）。

事实上，使用图表展示信息比用文字显得更有效、更具说服力，而且调研委托方一般都指明报告应以图表为基础，要求尽量少地使用文字。

因此，在调查报告定稿之后，调查小组成员应制作调查报告的汇报演示文稿，将调查活动实际开展的情况、调查结果的分析、提出的结论及建议等，通过合适的文字、图片、图形、表格等进行展示。

（三） 解释调查报告

解释调查报告即对调查报告进行口头报告，这是一种直接沟通方式，它更能突出强调市场调研的结论，使相关人员对市场调研的主题意义、论证过程有一个清晰的认识。口头报告的优点有三：一是时间短，见效快，节省决策者的时间与精力；二是听取者对报告的印象深刻；三是口头汇报后可以直接进行沟通和交流，提出疑问，并做出解答等。事实上，对于一项重要的市场调研报告，口头报告是必需的一种交流途径。

在进行调查报告解释之前，调查组成员还需要做一些准备工作：

1. 列出汇报提要

为每位听众提供一份关于汇报流程和主要结论的汇报提要。提要应留出足够的空白，以利于听众作临时记录或评述。但在汇报提要中注意最好不出现统计资料和图表。

2. 准备视觉辅助设备

使用手提电脑、投影设备，制作演示稿，内容包括摘要、调查方案、调查结果和建议的概要性内容。视觉辅助是指依靠现代化的手段，如投影仪、幻灯机等。调研人员能根据听众所提出的问题，展示出“如果……那么……”的假设情况。摘要、结论和建议也应制作成可视材料。

3. 打印好调查报告

报告是调查结果的一种实物凭证，鉴于调研人员在介绍中省略了报告中的许多细节，为委托者及感兴趣者准备报告复印件，使其在听取介绍前就能思考所要提出的问题，就感兴趣的环节仔细阅读等。

4. 把握介绍的技巧

（1）注意对介绍现场的选择、布置。

（2）语言要生动，注意语调、语速等。

（3）注意表情和形体语言的使用。

不管如何安排，有效的口头汇报均应以听众为中心，充分了解听众的身份、兴趣爱好、教育背景和时间等，精心安排口头陈述的内容，将其写成书面形式，也可以使用各种综合说明情况的图表协助表达，尽可能直观地向全体目标听众进行传达，以求收到良好的效果。

五、预测市场发展趋势

在市场调查工作的分析总结阶段中，还应根据市场调查所取得的有关资料，运用相应的统计方法，对市场供求变化及其他因素的发展变化趋势做出专业性的描述和推断。企业在经营管理活动中，通过科学的预测分析结论，了解各项市场环境的变化，探测消费者消费趋势的走向，判断未来市场的发展情况，甚至还可以了解竞争对手的状况。

所谓预测，就是根据过去和现在的实际资料，运用科学的理论和方法，探索人们所关心的事物在今后的可能发展趋势，并做出估计和评价，以调节自己的行动方向，减少对未来事件的不肯定性。预测就是根据过去和现在推断未来，根据已知推断未知。市场预测就是指运用科学的方法，对影响市场供求变化的诸因素进行调查研究，分析和预见其发展趋势，掌握市场供求变化的规律，为经营决策提供可靠的依据。市场预测是为了提高管理的科学水平，减少决策的盲目性，把握经济发展或者未来市场变化的有关动态，减少未来的不确定性，降低决策可能遇到的风险，使决策目标得以顺利实现。

市场预测的主要方法有定性预测和定量预测。

（一） 定性预测法

1. 购买者意向调查法

即在营销环境和条件既定的情况下，预测顾客可能购买些什么。在顾客购买意向非常明显时，此法特别有效。美国有几家调查公司曾做过主要耐用消费品的消费者购买意向调查。例如，向消费者提出：在未来 6 个月里你打算买汽车吗？答案有 6 种不同的选择，即肯定不买、不大可能、有点可能、很有可能、非常可能、肯定购买。有时还要补充调查消费者目前和将来的个人财务状况和对经济前景的预测。然后，耐用消费品制造商即可根据这些调查结果安排自己的生产。在产业市场上，各种调查公司也作这类调查。采用此法预测的结果，大多同实际情况的偏差率在10%以内。

2. 销售人员意见调查法

在无法对购买者进行询问的情况下，企业可要求它的销售人员对未来需求做出估计。例如，某公司每年8月份为其销售人员准备了一些表格和卡片，每张卡片用于一种产品的一家主要客户，记上前6个月该客户的购买量，每张卡片上还有一个空白处，留给销售人员填上自己对该客户下年需求的预测。对前6个月未曾购买但去年曾经买过该产品的客户，则备有另一种卡片供销售人员填写。另外，再备一些空白卡片供销售人员填写可能的新客户及对其购买量的预测。

当然，对销售人员的推算结果必须做一些必要的修正。他们可能有某种片面性。例如：天性乐观或悲观；由于近期的成功或挫折，使他们的推测可能走极端；由于所处地位的局限性，他们通常意识不到宏观经济的发展变化及其影响，以及企业整个营销计划对未来市场销售点的影响。如果企业熟知每个销售人员在预测时常有的片面性，那么修正后的结果将是相当可信的。因为销售人员毕竟较其他任何人更熟悉、更接近顾客，从而也更能把握未来销售的发展趋势。

3. 专家意见法

营销者有时可求助于企业外部的专家预测未来需求，专家包括分销商、供应商、营销咨询顾问及贸易协会成员等。例如，汽车制造公司可定期要求分销商们对汽车市场的短期需求做出预测。也有不少企业向一些著名的经济预测专业公司购买关于宏观经济趋势和行业发展的情报。专门从事市场调查预测的公司，较一般厂商掌握更多有价值的情报资料，雇用较多的预测专家，因此它们对市场需求的发展可能提供更全面的信息。

还有些企业组成特别专家小组对某项特殊问题进行预测，把专家们聚集在一起互相沟通，得出整个小组的结论，这称为“小组讨论法”。也可要求每位专家单独提出他的预测，然后由专项负责人员将各专家的意见综合起来得出一个结论，这称为“单独预测集中法”。或者由每位专家分别提出个人预测，然后由专项负责人员综合修正后发回各个专家再进行个人预测，专家再修正，如此循环往复，直到得出接近统一的结论为止，其特点是各个专家不见面、不知名，这称为“德尔菲（Delphi）”法。

4. 市场试销法

在购买者并无具体购买计划或其购买意向变化无常，或者专家也难以估计的情况下，可直接进行市场试销。在预测某种新产品的销售，或者预测某种老产品在某一新地区，或通过某一新渠道销售的前景时，市场试销法特别适用。

（二） 定量预测法

1. 时间序列预测法

许多企业是根据过去的销售实绩，预测未来销售发展趋势的。首先要通过统计分析方法，证明企业历年的销售数据确实具有连续性的因果关系，然后才可将其用作预测未来销售发展趋势的依据。

某种产品历年销售量（Y）的时间数列，可按趋势（Trend）、周期（Cycle）、季节（Season）和偶然事件（Erratic events）四个主要因素进行分析：

（1）趋势（T），即人口、资金构成和技术等要素发展变化的基本情况。这可从过去销售曲线的变化规律中推测出来，也可看作过去销售曲线的自然延伸。

（2）周期（C），即经济周期的波动影响，剔除周期性的影响，对中期预测相当重要。

（3）季节（S），指一年中销售变化的周期固有模式，如与日、周、月或季节相关的规律性变动。这种变动往往是与气候、假日、交易习惯，甚至顾客上下班时间相联系的。季节性模式常作为短期销售预测的一种依据。

（4）偶然事件（E），包括暴风雪、火灾及其他偶然性的灾害、动乱等。这些因素都是可能遇到而又无法预测的，根据历史资料进行销售预测时，应剔除这些偶然因素的影响，以求得较规范的销售行为模式。

总之，时间序列预测法就是根据上述四个要素（T，C，S，E）分析原始销售数列，再结合这些要素预测未来的销售。

例如，某农机企业今年售出 12 000 台新产品，现在预测明年 7 月份的销售量。已知长期趋势是每年销售递增 5%，因此，明年的总销售量估计为 12 600（=12 000×1.05）台。但由于经济环境的波动，预计明年的销售量只能达到正常情况下的 90%，因此明年的总销量为 11 340（=12 600×90%）台。如果每月的销售量相等，那么月平均销售量是 945（=11 340/12）台。然而，7 月份通常是销售量高于平均值的月份，季节指数为 1.3。因此，预计明年 7 月份的销售量可能达到 1 228.5（=945×1.3）台。此外，预期不会发生偶然事件，如颁布新法规、发生自然灾害等，所以对明年 7 月份销售量的最好预计是 1 229 台。

2. 因果分析预测法

它包括一元回归法、多元回归法和投入产出法。回归分析预测法是因果分析预测法中很重要的一种，它从一个指标与其他指标的历史和现实变化的相互关系中，探索它们之间的规律性联系，作为预测未来的依据。因此，建立变量之间有效的回归方程，是回归分析预测法的重要工作，主要对市场现象未来发展状况和水平进行预测，如果能将影响市场预测对象的主要因素找到，并能够取得其数据资料，就可以采用回归分析预测法进行预测。

利用回归分析预测法进行预测时，具体步骤如下：

（1）根据预测目标，确定自变量和因变量。明确预测的具体目标，也就确定了因变量。例如通常情况下，市场预测的目标必定是因变量，研究者可根据具体研究的目的来确定。确定自变量，预测者既要对历史资料和现实调查资料进行分析，又要根据自己的理论水平、专业知识和实践经验进行科学性分析，必要时还可以运用假设方程先进行假设再进行检验，以确定主要的影响因素。

（2）进行相关分析。回归分析是对具有因果关系的影响因素（自变量）和预测对象（因变量）所进行的数理统计分析处理。只有当自变量与因变量确实存在某种关系时，建立的回归方程才有意义。因此，作为自变量的因素与作为因变量的预测对象是否相关，相关程度如何，以及判断这种相关程度的把握性多大，就成为进行回归分析必须要解决的问题。进行相关分析，一般要求给出相关关系，以相关系数的大小来判断自变量和因变量的相关的程度。

（3）建立回归预测模型。建立回归预测模型就是建立回归方程，依据自变量和因变量的历史统计资料进行计算，在此基础上建立回归分析方程，即回归分析预测模型。

（4）检验回归分析预测模型，计算预测误差。回归分析预测模型是否可用于实际预测，取决于对回归分析预测模型的检验和对预测误差的计算。回归方程只有通过各种检验，且预测误差较小，才能将回归方程作为预测模型进行预测。

（5）计算并确定预测值。利用回归预测模型计算预测值，并对预测值进行综合分析，确定最后的预测值。

【任务实施】

各小组对市场调查数据进行整理、分析后，按照调查报告的要求，按照表3-12所列步骤完成并提交《××农机股份有限公司市场调研报告》。

表3-12　任务实施表

环节	对应项目	具体程序
1	撰写前准备	分析市场调查数据，得出结论，并提出建议。
2	确定报告结构	讨论调查报告的标题、结构、组成内容等。
3	各块内容编写	分工，并编写市场调查报告。
4	报告修改	适当修改报告结构、语句、格式，提高报告的质量。
5	准备汇报	撰写报告提交函并制作汇报幻灯片，准备向××农机股份有限公司市场总监汇报调研结果。

按照上述步骤，你们小组会撰写出一份优秀的市场调研报告，将汇报材料提交给公司营销总监，有助于公司做出正确的营销方案决策。

【工作任务实施记录与评价】

1. 制订工作计划

师傅指导记录	制订工作计划质量评价	评价成绩
		日期

2. 学徒关键职业能力及职业品质、工匠精神评价

项目	A	B	C	D
工作态度				
吃苦耐劳				
团队协作				
沟通交流				
学习钻研				
认真负责				
诚实守信				

3. 学徒对工作过程的反思

学习项目三
农机市场营销策划

岗位工作任务一　开展营销策划

【任务描述】

××农业机械有限公司根据前期企业经营战略于某时推出新产品，公司营销经理要求市场部人员分析该产品的营销战略规划，开展一个创意营销策划，在了解公司近期经营目标、营销目标的基础上，如何从现有的知识中构建合理的策划目标、策划流程，策划一场单项活动营销，使方案具体可行呢？

【任务分析】

营销策划目标的确定，营销现状的分析，是进行创意策划的依据。在创意策划的环节，如何激发创意成为关键，好的创意通常是由创意的灵感产生的。这种灵感人们通常称之为创意暗示或联想，或模糊印象，或灵机闪现等。丰富的创意灵感，还必须纳入实际策划方案中，灵感只有化为可能实现的创意时，才有实际意义。有能力的策划人才能够根据策划目标，适时激发出非常出色的创意。创意的灵感还必须逐渐成熟，并整理成可能实现的构想，然后组合进策划方案中，成为策划方案的灵魂。策划线索的寻找大致可从两方面进行：

1. 从现有的知识、情报中获得

报纸、杂志、书籍中的知识或信息能够启发策划人员，给他们以暗示或启迪。策划者运用智慧对这些信息进行选择、加工、整理和组合，可以获得策划线索。

2. 通过个人或集体的智慧产生

每个人的先天智商与后天积累合成一定的智能。思维火花的激发，凭借个人的智能，可能产生新奇的“点子”，或者依靠众人产生“真知灼见”，最后成为策划的线索。有了好的策划创意，还要将其具体化，把它展开成行动方案。其具体步骤主要是对以下各项内容加以明确：营销目标、实现营销目标所需要的条件、营销战略与战术、营销方案策划的步骤与时间、营销方案策划的人员与经费、营销策划方案的效果与评估、营销策划方案实施的附加条件。

【专业知识准备】

一、制定产品策略

在实践中，我们常常会看到一个好的策划可以使企业的营销活动事半功倍，营销策划是企业营销活动不可缺少的环节，具有无限的实践魅力。

营销策划是企业的策划人员根据企业现有的资源状况，在充分调查、分析市场营销环境的基础上，激发创意，制定目标的一套策略规划。农机企业营销策划的本质在于：经过对竞争对手营销策略的分析，做出有别于竞争对手的方案，出奇制胜，进而指导企业的农机销售活动，为企业创名牌、争效益。

营销策划的制定主要是针对现代产品。现代产品的整体概念：产品是指通过交换满足人们需要和欲望的因素和手段，它包括提供给市场、能满足消费者或用户某一需求和欲望的有形产品和无形产品。

传统观念认为，产品是生产者通过劳动制造出来的具有一定形状和用途的物质实体。这一概念强调产品是有形的物品，在生产观念盛行的时代极为流行。但随着生产力的发展，商品日益丰富，传统的产品概念已不能适应市场营销的需要，于是现代产品观念应运而生。也就是说，产品的形式并不重要，关键是它必须具备满足顾客需要的能力。

科特勒在其著作《市场营销管理》提出产品应包含五个基本层次，即核心产品、形式产品、期望产品、延伸产品和潜在产品。

第一个层次：核心产品（Core Product），即顾客真正需要的基本服务或利益。如旅馆的核心产品包括休息与睡眠。

第二个层次：形式产品（Basic Product），即实现产品功能或服务的基本形式。如旅馆的形式产品包括床、浴室、毛巾、衣柜、厕所等。

第三个层次：期望产品（Expected Product），即购买者在购买产品时通常期望或默认的一组属性和条件。如旅馆的期望产品包括干净的床、新的毛巾、清洁的厕所、相对安静的环境。顾客通过期望产品来获得满意。

第四个层次：延伸产品或附加产品（Augmented Product），即提供超过顾客期望的服务和利益，以便把公司的产品与竞争对手的产品区别开来。如旅馆的延伸产品包括平板电视机、网络接口、鲜花、结账快捷、美味晚餐、优良服务等。顾客通过延伸产品才能获得惊奇和高兴。

第五个层次：潜在产品（Potential Product），即该产品在将来最终可能会实现的全部附加部分和转换部分，即产品将来的发展方向。如旅馆的潜在产品包括全套家庭式旅馆的出现等。具体情况如图 3-18 所示。

作为现代的营销人员，应该明确产品整体概念是市场营销学中最基本的一个概念，是市场营销理论的重大发展。它强调企业在实现核心产品的同时，也要重视形式产品、期望产品、延伸产品和潜在产品的研究与开发，强化产品在竞争中的动态作用，以全方位地满足消费者需要。可见，市场营销学中的整体产品概念，是以满足消费者的需求为核心的，即衡量产品的价值是由消费者决定的，而不是由生产者来决定的。

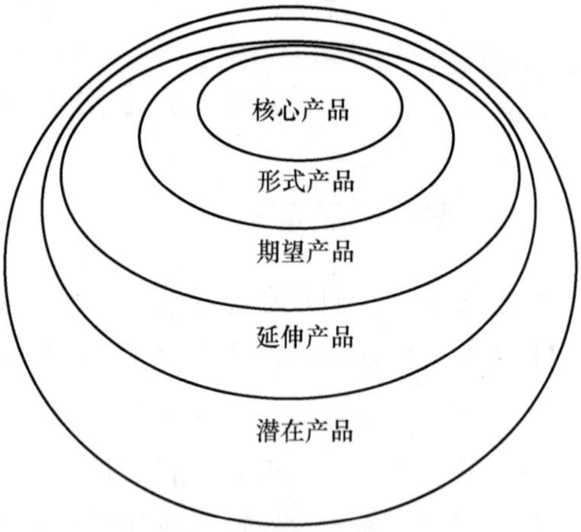

图 3-18　产品的整体性概念

对于农机企业来说，营销策划就是在市场营销中为企业自身或是为某一农机产品或某一次活动所做出的策略谋划和计划安排。在理解市场营销策划含义时应该注意：首先，营销策划的对象可以是一个企业整体也可以是一种产品或服务，还可以是一次活动；其次，营销策划需要设计和运用一系列策略，这是营销策划的核心和关键；最后，营销策划需要制定周密的计划和做出精心的安排，以保证一系列策略运用的成功。

二、明确营销策划的目标

确定目标是企业营销策划的首要步骤，是营销策划工作的起始点，其具体步骤如下。

（一） 提出问题

人们往往重视问题的解决，对问题的设定却掉以轻心，其实，只有能提出问题，才能切中要害，只要把握住设定的问题，把问题简单化、明确化和重要化，那么事情就解决了一半。在提出问题的过程中，要注意选择最重要的问题进行设定，如果觉得每件事情都重要，结果会是每件事都不重要。正如要在同一时间内实现多个目标，其结果往往是一事无成。

世界知名的管理学大师彼得·德鲁克在从事诊断顾问工作时，对问题的设定总是慎之又慎，当客户提出一大堆的难题向德鲁克请教时，德鲁克却避而不答，反而向客户说："你最想做的事是什么呢？""你为什么要去做呢？""你现在正要做什么呢？""你为什么这样做呢？"德鲁克不替客户"解决问题"，而是替客户"设定问题"。他从不同的角度改变客户所提的问题，而后提出一连串问题反问客户，其目的是要引导客户理清思路，找出问题，引导客户自己动手去解决那个最需要处理的问题。

（二） 确立目标

明确问题后，就要确立策划目标。目标有以下几种：

1. 维持生存

企业的生存危机表现为：资金无法周转，产品大量积压，职工情绪低落，此时与利润、市场占有率相比，生存是第一目标。只有渡过难关之后才能考虑其他问题。

2. 获取当前最高利润

许多企业都把获得当前最高利润作为第一目标。例如，如果某企业在推出某一产品时，就计划在将来另一时间推出另一种替代品，那么，这时该企业就应把获得当前最高利润作为第一目标。

3. 提高市场占有率

提高市场占有率是增加企业利润的重要方式，也是战胜竞争对手的重要标志。有的企业为提高市场占有率，甚至采用低价策略，待竞争对手节节败退之后，再提升价格，获取可观利润。

4. 获取优异的质量

质量是企业的生命。把生产最优质的产品作为主要目标是许多企业的常用策略，生产优质产品可以树立企业市场领导者的形象，保持长久的竞争实力。

（三） 量化目标

目标的量化处理，可以使策划方案的实施有数量标准衡量，为许多企业所采用。例如，把"尽可能大量地降低成本"作为策划目标，这里的所谓"尽可能"是降低10％的成本还是降低30％的成本？这种表述则有可能导致对策划内容的不同理解，难以达成共识。由于策划主题的不同，也有不少目标很难直接量化表示。但是，如果加以某种处理，往往还是可以达到量化目的的。例如，希望某产品获得30％的投资利润，那么，该产品的销售利润必须达到26％，市场占有率由13％提高到20％，扩大10％的销售网点，企业以及品牌的知名度由15％提高到30％等。

1. 明确营销策划的程序

营销策划具有一个通用的程序，大部分的营销策划都会遵循这一步骤，这也是营销策划科学性的体现。如图 3-19 所示。

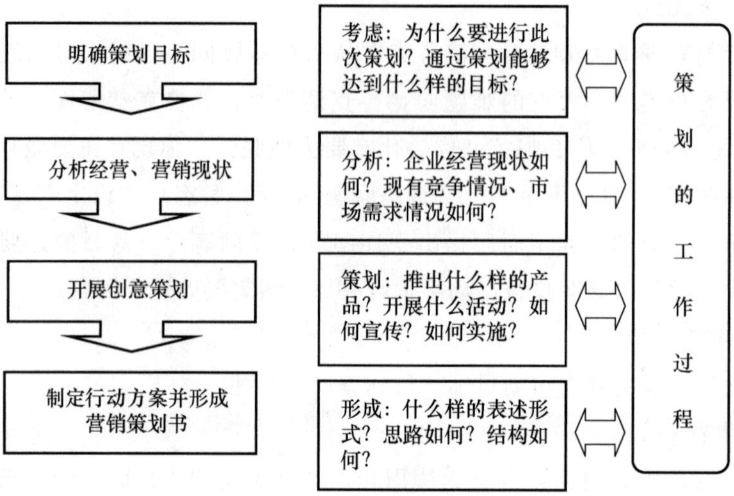

图 3-19　营销策划的程序

2. 分析营销现状

为了能做出符合实际的策划，在拟定策划方案之前，还应围绕目标有针对性地了解营销现状，这就要采用市场调查的方法。

3. 收集市场信息

收集间接资料，可以查阅以下资料：

（1）书籍与报纸杂志。查阅书籍与报纸杂志时，应特别注意刊物的出版日期和资质，以保证所收集信息的时效性和可信性。

（2）企业内部资料。例如，从企业各部门可查阅客户的名称、地址、订货日期、订货项目、订货数量、价格等客户资料；从生产部门可查阅各生产部门的作业流程、生产能力、产品检验、机器设备、使用率等资料；从其他部门如财务、人事、总务部门的资料，可以获得薪金、资产负债表、利润率、设备折旧率、客户状况等方面的信息。

（3）政府部门资料，例如政府统计年鉴、各部委的统计资料、各政策研究部门的报告、政府年度报告。

（4）登记资料，例如出生与死亡登记、新公司的工商登记、交通机动车登记、特种营业登记等。

4. 分析市场

要把直接或间接收集到的信息变成有用的情报，就需要对这些信息加以整理分析，将这些资料通过整理与分析变成活的有用的情报，从而使其成为拟定策划方案的重要参考依据。

5. 分析企业实力

企业的营销策划必须量力而行，只追求策划方案本身的"亮丽"而忽视企业的实力，将导致失败。因此，对企业实力进行分析是不可或缺的重要一环。企业实力可从以下诸方面进行考察：

（1）企业的技术力量。企业的技术力量即技术人员的多少与技术水平的高低以及技术开发和创新能力的强弱等。企业技术力量强可以提高生产效率，提高产品的性能、档次，降低成本，拥有品质优势，开发创新产品，获取独占利润，使企业处于领先地位。

（2）企业的资金。企业的财务状况和筹资能力反映了企业的经营状况和对环境的应变能力。资金雄厚，财务状况良好，有利于企业同各方的经济合作、新产品的开发以及改善经营。筹资能力强，使企业易于应付外部风险，抓住发展机遇。

（3）企业的设备条件。良好的设备条件是保证产品的高质量、适应新产品开发的必要条件，这对企业经营跃上新台阶作用重大。

（4）企业的管理能力。企业强而有力的管理能力，是产生好的经营方略，并顺利实施，以获取大量利润的根本保证。管理人员的高素质和管理的规范有序可以保证工作的高效率，可以提高对外界变化的应变能力和反应速度，捕捉到其他企业难以把握的机会。

（5）企业内外部支持能力。企业竞争能力来源于企业的生机与活力，而这种生机与活力则来源于企业精神，来源于企业内外部的各种支持。企业的内部支持主要是企业学徒的凝聚力和向心力；而企业的外部支持，是企业的外部环境，良好的外部环境使企业的经营更富活力，从而能大大增强企业的竞争能力。

【任务实施】

按照上述步骤，可以根据企业的实际情况，明确营销策划的程序和策略，有针对性地进行任务实施（表 3-13）。

表 3-13　任务实施表

环节	对应项目	具体程序
1	了解产品信息	利用报刊、图书、网络等工具搜集××农业机械有限公司该款新产品的信息。
2	对产品进行市场分析	对该款新产品的市场定位和产品策略、价格策略、分销渠道策略进行分析。
3	促销策划	对该款新产品的新品推介活动进行促销策划。
4	完成策划方案	完成并提交××农业机械有限公司××产品新品推介会策划方案。

【工作任务实施记录与评价】

1. 根据产品情况开展创意策划

师傅指导记录	制订工作计划质量评价	评价成绩
		日期

2. 学徒关键职业能力及职业品质、工匠精神评价

项目	A	B	C	D
工作态度				
吃苦耐劳				
团队协作				
沟通交流				
学习钻研				
认真负责				
诚实守信				

3. 学徒对工作过程的反思

岗位工作任务二　制定产品生命周期策略

【任务描述】

××农业机械有限公司为了使企业取得有利的市场地位，更好地了解本企业产品的发展趋势，希望市场部进行调研本公司主要产品的生命周期情况，如何才能最终能熟知本企业产品各个阶段的市场特点，并适时地调整营销策略和推出新产品？

【任务分析】

农机产品策略策划包括进行农机产品组合策略策划和进行农机产品生命周期策略策划。

企业经营的产品不是固定不变的，而是动态变化的。随着市场环境和企业自身经营条件的变化，企业要对产品组合进行调整。企业通过产品组合策略策划可以增加那些增长较快或利润较高的产品或产品线，缩减那些出现衰退或无利可图的产品或产品线等，使企业更快地发展。

随着农机市场的不断发展，农机新产品越来越多，各农机厂家之间的竞争也日趋激烈，农机企业和农机销售部门采取各种方式来扩大市场销售份额。在这种情况下，一家农机企业刚推出了一款新的农机产品，该如何制订合理的农机产品策略来迅速打开并扩大市场呢？

分析任何一款农机产品都需要合理的农机产品策略，又因其各自的特点以及所处的环境不同，采取措施就各不相同，对于一款新的农机产品，应仔细分析其产品独特之处，才能制订出合理的产品策略来扩大销售，从而为企业带来效益。

在产品组合的调整中，企业需要关注每种产品所处的生命周期。产品处在生命周期的不同阶段，其特点不同，应采取的策略也不同。企业通过产品生命周期策略策划适时地调整营销策略或推出新产品，能够在动态的市场环境中生存和发展，顺利取得有利的市场地位。

【专业知识准备】

一、分析产品生命周期策略

研究产品生命周期的理论，是为了使企业更好地了解本企业产品的发展趋势，熟知各个阶段的市场特点，并适时地调整营销策略和推出新产品，从而使企业能够在动态的市场环境中生存和发展，顺利取得有利的市场地位。产品市场生命周期阶段图见图 3-20。

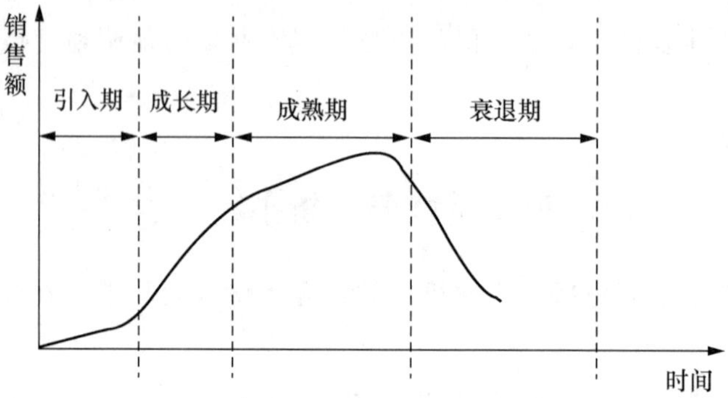

图 3-20　产品市场生命周期阶段图

（一） 投入期

投入期是指产品试制成功后刚投入市场销售的阶段。这一阶段的市场特点主要是：消费者对产品和工艺还不太了解和熟悉，大部分顾客不愿放弃或改变自己以往的消费行为；产品质量不稳定，销售渠道和服务不适应消费者的需求；生产批量少，成本高，销量少，促销费用高，企业处于微利或者是亏损的状态。

这个时期的营销突出一个“快”字，企业应充分注意收集消费者意见，不断改进产品性能，加强推销宣传，注意选择分销渠道，为产品打入市场、提高竞争力、缩短投入期创造条件。

（1）快速撇脂策略：采用高价格、高促销费用，以求迅速扩大销售量，取得较高的市场占有率。

适用条件：潜在市场中大多数消费者对该种新产品缺乏了解；了解了该产品后，消费者能够并且愿意出高价购买，企业面临潜在竞争者的威胁，急需大造声势，赢得消费者。

（2）缓慢撇脂策略：采用高价格、低促销费用的形式，以求得到更多的利润。

适用条件：市场容量相对有限，消费者相对稳定；产品知名度高，消费者愿意出高价购买；竞争威胁小。

（3）快速渗透策略：采用低价格、高促销费用，迅速打入市场，取得尽可能高的市场占有率。

适用条件：市场容量大；潜在消费者对该新产品不熟悉；消费者对新产品价格十分敏感；竞争威胁大；企业可以通过大批量销售降低单位产品成本。

（4）缓慢渗透策略：以低价格、低促销费用推出。

适用条件：市场容量大；产品知名度高，消费者熟悉该产品；多数消费者对价格十分敏感；竞争威胁大；企业可以通过该策略加速提高产品的市场占有率，也可以通过促销成本的降低相应提高企业的净利润回报。

（二） 成长期

成长期是指产品试销成功后批量生产、销售扩大、在市场上快速被消费者所接受的阶段。这一阶段市场的特点主要是：销售量激增，成本下降，企业利润迅速增长。

这个阶段的营销重点突出“好”字，企业应采取扩张性策略和渗透性策略，使产品迅速得到普及，扩大市场占有率，并持续保持销售量增长的好势头。适合采用的营销策略有：

（1）改善产品品质，提高产品的竞争能力，满足顾客更广泛的需求，吸引更多的顾客。

（2）寻找新的细分市场。

（3）改变广告宣传的重点：从介绍产品转到建立产品形象上来，树立产品名牌，维系老顾客，吸引新顾客，使产品形象深入顾客心中。

（4）在适当的时机，可以采取降价策略，以激发那些对价格比较敏感的消费者购买。

（三） 成熟期

成熟期是市场已进入一个相对成熟的阶段。这一阶段市场的特点主要是：产品的销售量增长缓慢，逐步达到最高峰，然后缓慢下降；销售利润也从成长期的最高点开始下降；市场竞争非常激烈，各种品牌、各种款式的同类产品不断出现。

成熟期营销的重点突出一个“长”字，企业应努力延长成熟期，在竞争中确保市场占有率，主要考虑的营销策略有：

（1）市场改进：发现产品的新用途或改变推销方式等，以使产品销售量得以扩大。

（2）产品改进：以产品自身的改变来满足顾客的不同需要，吸引有不同需求的顾客。

（3）市场营销组合改进：通过对四个市场营销组合因素加以综合改革，刺激销售量的回升。

在产品的成熟期，消费者对产品功能品牌价值已经完全认可，对产品的消费因素中的理性因素在减弱，感性因素在加强，消费者更加关注的是消费产品所带来的感受，如有没有更温馨的服务、能不能更显身份等。这个时候，企业广告或促销的目的是要加强消费者对产品的依赖和对品牌的忠诚度，这样既可以迅速扩大市场份额，又能树立品牌形象，为企业更多的产品上市打下坚实的基础。

（四） 衰退期

衰退期是指产品已老化、逐渐被市场淘汰的阶段。这一阶段市场的特点主要是：产品销售量急剧下降；利润很低甚至为零；大量的竞争者退出市场；消费者的消费习惯已发生转变等。

衰退期的营销重点突出一个“转”字，企业既不能简单地一弃了之，也不应恋恋不舍，一味维护原有的生产和销售规模。企业必须认真研究产品在市场的真实地位，然后决定是继续经营下去还是放弃经营。企业还应当有计划、稳步地撤退老产品，有目的地开发新产品。

产品生命周期四个阶段的特征如表 3-14 所示。农机产品组合延伸策略包括向上、向下和向上向下的双向延伸策略。向上延伸主要针对高档农机，是在一种农机产品线内增加价格较高的农机产品，以提高企业的声誉。向下延伸主要针对低档农机，是在高价农机产品线中增加较为低价的农机产品，旨在利用高档品牌农机产品的声誉吸引购买力较低的消费者进行购买。双向延伸策略扩大农机子市场的覆盖面，需要企业有较强的实力，同时拥有强大的市场运作能力和雄厚的资金支持。

表 3-14 产品生命周期四个阶段的特征

	投入期	成长期	成熟期	衰退期
产品状态	销量低、成本高、利润低	销售量急剧增加，成本下降，利润提高	销量稳定，利润最高	销售量急剧下降，成本增加，微利或亏损
竞争状态	竞争少	竞争白热化	竞争格局一定，非价格竞争	竞争对手转移
消费者行为	好奇者购买	购买者开始增加	消费者迅速增加	消费者开始转移
营销策略	宣传、促销“快”	改进、差别化、促销	非价格竞争，开发新用途	延长、更换、转移
销售增长率	有正有负	＞10％	0～10％	＜0
普及率	1％～15％	15％～50％	50％～80％	＞80％

主要考虑的营销策略有：

（1）继续策略：继续沿用过去的策略，直到这种产品完全退出市场为止。

（2）集中策略：把企业能力和资源集中在最有利的细分市场和销售渠道上，从中获取利润。

（3）收缩策略：大幅度降低促销费用，增加目前的利润。

（4）放弃策略：当机立断退出市场，把资源转向其他获利产品。

产品生命周期，是指从产品试制成功投入市场开始，到被市场淘汰为止所经历的全部时间过程。同样,农机产品生命周期是指一款农机车型从投放市场开始到该产品停产,退出市场所经历的时间。特别要注意的是,农机产品生命周期与农机使用生命的概念不同。农机使用生命是就一台农机而言,是指一台车辆从开始使用(登记上牌)直到主要机件达到技术极限状态而不能再修理时为止的总体使用时间,或能继续使用但成本明显增加、使用不经济的生命时刻,受农机产品的自然属性和使用频率等因素影响。

农机产品生命周期是指一种农机款型从进入市场到退出市场,即在市场上销售的时间,其长短受农机消费者的需求变化、农机产品更新换代速度等多种市场因素所影响。

随着农机新技术的不断发展和新车型开发周期的不断缩短，农机产品生命周期也在逐渐缩短。

那么，在其整个生命周期内，农机产品经历了怎样的过程呢？和其他消费品一样，一般来说，农机产品的生命周期可分为四个阶段，即导入期、成长期、成熟期和衰退期，农机产品生命周期的各个阶段在市场营销中所处的地位不同，特点也不同。

各种档次、各种类型的农机产品，其生命周期及其经历各阶段的时间长短也不同。有些农机产品生命周期可能只有两到三年，有些农机产品生命周期可以长达几十年。每种农机产品所经历的生命周期各阶段的时间也不同。有些农机产品经过短暂的市场导入期，很快就达到成长、成熟阶段；而有些农机产品的导入期经历了许多年，才逐步为广大农机消费者所接受。

二、产品生命周期各阶段的特点和营销策略

从企业的角度来看，通过对产品生命周期各阶段特性的研究，在产品生命周期各阶段运用一定的营销策略，以使企业能更大地获得利润。

（一） 导入期的市场特点与营销策略

导入期是指农机产品投入市场的初期阶段。在此阶段，产品刚刚下线，产量低，技术不完善；农机消费者对农机新产品不够了解，销售量低，销售增长率小；费用及成本高，利润低，有时甚至亏损。

由于导入期的特点，导入期的市场营销策略的目的应尽量将该阶段缩短，使其尽快进入成长期。

因此，企业要针对成长期的特点，制订和选择不同的营销策略。可供企业选择的营销策略，主要有四种类型。营销策略组合表如表 3-15 所示。

表 3-15 营销策略组合表

	高价格	低价格
高促销水平	快速掠取	快速渗透策略
低促销水平	缓慢掠取策略	缓慢渗透策略

快速掠取策略指以高价格和高促销水平推出新产品的策略。实行高价是为了在单位销售额中获得最大的利润，高促销是为了引起目标市场的注意，加快市场渗透。成功实施这一策略可尽快收回新产品开发的投资。常采用这一策略的有国内外农机公司在推出富有特色的中高级农机时。

缓慢掠取策略指以高价格低促销水平推出新产品的策略。高价格和低促销水平结合可以使企业获得更多利润。

快速渗透策略指以低价格和高水平促销费用推出新产品的策略。目的在于先发制人，以最快的速度打入市场，该策略可以给企业带来最快的市场渗透率和最高的市场占有率。

缓慢渗透策略指以低价格和低促销水平推出新产品的策略。低价是为促使市场迅速地接受新产品，低促销费用则可以实现更多的净利润。

（二） 成长期的市场特点与营销策略

成长期是指农机产品经过试销，农机消费者对农机新产品有所了解，农机产品销路打开，销售量迅速增长的阶段。在此阶段，农机产品已定型，大批量生产；销售增长率很高，分销途径已经疏通，市场份额增大；成本降低，价格下降，利润增长；同时，竞争者逐渐开始加入。

成长期销售增长率迅速提高，也就决定了该阶段营销策略的核心是“快”，应在尽量短的时间内提高市场占有率，在竞争者尚未进入之前，占有最大的市场份额，同时创造品牌影响力，先入为主，赢得购车者的认可。因此，突出一个“快”字是成长期营销策略的核心。为此，可以采取以下市场推广策略：

（1）迅速稳定产品技术，改进农机质量，赢得客户的信任，以适应市场的需要；

（2）进行新的市场细分，完善营销网络，开辟新的销售渠道，扩大市场覆盖面；

（3）加大广告宣传和促销的力度，扩大品牌的知名度和影响力；

（4）适当地降低价格，以提高竞争能力和吸引新的顾客。

（三） 成熟期的市场特点和营销策略

成熟期是指农机产品的市场销售量已达饱和状态的阶段。在这个阶段，销售量总额达到最大，但增长速度减慢，甚至开始呈下降趋势，产品成本下降，利润较丰厚，但因竞争激烈，利润可能开始下降。

成熟期的营销策略：这个阶段是企业获利的阶段，是产品项目的黄金时期，但也就开始走向衰退。因此，延长产品的成熟期，突出一个“长”字是营销策略的核心。同时要抑制竞争，开发新产品。可以采取以下策略：

（1）开辟新市场，提高产品的销售量和利润率。

（2）改良产品的特性、质量和形态，以满足日新月异的消费需求。主要包括两方面，一是提高产品质量。如提高农机的动力性、经济性、操纵稳定性、舒适性、制动性和可靠性等，创名牌、保名牌。此种策略适合于企业的产品质量有改善余地，而且多数买主期望提高质量的场合；二是增加产品的功能。如提高农机的观瞻性、舒适性、安全性和动力性等，使小型农机高级化等措施，都有利于增加产品品种，扩大用户选择余地，使用户得到更多的效用。

（3）营销组合改良，通过改变定价、销售渠道及促销方式来延长产品成熟期。

（四） 衰退期的市场特点与营销策略

衰退期是指农机产品已经陈旧老化被市场淘汰的阶段。在这个阶段，销售量下降很快，新产品已经出来；老产品逐渐退出市场。

衰退期的营销策略：在此阶段，营销策略应突出一个“转”字，即有计划、有步骤地转产新产品，这对企业来讲将是代价昂贵的。因此，对大多数企业来说，应当机立断，及时实现产品的更新换代。处于衰退期的产品常采取维持策略、缩减策略和撤退策略，有的企业也常常运用一些方法延长其衰退期。

如果企业决定停止经营衰退期的产品，还应当慎重决策；是彻底停产放弃还是把该品牌出售给其他企业；是快速舍弃还是渐进式淘汰。而且应注意处理好善后事宜，应继续安排好后期配件供应，维修技术支持，以保证老产品的使用需要。否则，将会影响到企业形象。

（五） 运用品牌策略

营销者常说：品牌工作是一门艺术和营销的奠基石。在产品趋于同质化的今天，如何使企业的产品区别于其他同类产品呢？产品的品牌化是一种行之有效的方法。但企业在品牌的营销和管理中，机会与风险共存，企业要想经营好品牌，就必须了解和掌握品牌的相关知识，才能使品牌的作用发挥出来，收到“四两拨千斤”的效果。

1. 塑造品牌理念

品牌一词来源于古挪威文字，意思是“烙印”，它非常形象地表达出了品牌的含义“如何在消费者心中刻下烙印？”品牌是制造商或经销商加在商品（或者组织）上的标志，是一种可以触发受众心理活动的商品（或者组织）的标识。具体来说，品牌是指一种名称、术语、标记、符号或图案，或由它们组合，用以识别某个销售者或某群销售者的产品或服务，并使之与竞争对手的产品或服务相区别。品牌是一个集合概念，它包括品牌名称和品牌标志两部分。

品牌名称是指品牌中用语言便可以完全和清楚地表达出来的部分，即名称或字词。例如“东风农机”（DFAM）、“常发集团”（CHANGFAGROUP）、“久保田”（KUBOTA）、“约翰迪尔”（JOHNDEERE）、“纽荷兰”（NEWHOL · LAND）、“洋马”（YANMAR）等的名称和字词可以通过口语明确地表达出来。品牌标志是品牌中不能用言语清楚和完整地传递的部分。它是一种标志、符号和图案，消费者只有通过视觉才能完整地了解它。

在现实经营活动中，品牌和商标既有密切联系，又有一定的区别，商标是专门的法律术语，品牌是一种商业称谓。品牌或品牌的一个部分经过政府有关部门（如我国的工商行政管理局）依法注册后，即成为企业所拥有的注册商标。注册企业享有使用该商标的专用权，具有独占的作用。

2. 品牌策略

企业制定产品的品牌策略，需要决定是否使用品牌、是否让产品使用中间商品牌、使用什么品牌、使用多少品牌、品牌之间有什么关系等问题。

（1）品牌建立策略：企业决定是否要使用品牌。企业营销人员在进行品牌化策略的时候，首先要决定是否使用品牌。一般企业都会倾向于使用品牌。但是，有些不会因为制造商不同而不同的、特殊的产品，如电、煤炭等，有些消费者不习惯凭商标购买的产品，如肉、小麦等，还有些质量水平不高的产品，为了节省广告、包装费用，降低成本和销售价格，增强产品的竞争力，往往会选择不使用品牌。

（2）家族品牌策略：当企业决定使用品牌后，必须考虑企业的大部分或全部产品是使用一个品牌还是使用多个品牌，各种产品应该分别使用怎样的品牌。

①统一品牌策略即企业将自己所生产的全部产品都使用同一个品牌。统一品牌适用于质量水平、价格和目标市场相似的产品。其优点是：能帮助企业尽快建立品牌信誉，有利于新产品开拓市场。其缺点是：当一种产品出现问题时，会影响消费者对其他产品的信心和偏好。大多数农机企业采取的都是统一品牌策略。

②个别品牌策略即一个企业的各种产品或产品线分别采用不同的品牌，从而将特定规格、品种或档次的商品与企业商品区分开来，多种品牌共存于一个企业。这种策略的优点是：企业的整体声誉不会受某种商品的影响，有利于满足不同细分市场的特定需求，提高市场占有率。其缺点是：广告宣传费用高，同时品牌过于繁多，不利于企业创立名牌，企业内部各种品牌之间也可能产生竞争。

③企业名称加个别名称策略即企业的名称和单个产品的名称相结合，在每一个品牌之前冠以企业的名称，以企业的名称表示产品的出处，以品牌名称表示产品的特点。

④分类品牌策略即对企业的各类产品分别命名，每一类产品使用一个品牌。企业生产和销售不同类型的产品时，如果统一使用一个品牌，这些不同类的产品就容易混淆；而使用分类策略，就可以对产品进行较好的区分，使消费者能容易识别产品。例如：奇瑞-谷王收割机，奇瑞-耕王收割机，奇瑞-迪凯挖掘机。

（3）品牌延伸策略：是指运用某一成功品牌名称的声誉以推出新产品，改良产品或新产品线，使成功品牌在整个产品线上扩展或延伸。品牌延伸的最大优点是可以节省介绍宣传新产品的费用，使新产品能迅速、顺利地打入市场。以美国市场而言，每年在超级市场新出现的产品有120～175种，其中40％为品牌延伸。使用品牌延伸策略应注意，好的品牌延伸会使人产生品牌联想、质量联想、品牌知觉，从而鼓励消费者尝试购买，强化了品牌的核心利益。但品牌延伸也会带来负面影响，如品牌名称无法提供附加值，使消费者产生负面联想，新旧产品间缺乏联想的一致性，品牌形象受到影响，放弃品牌建立的机会等。

【任务实施】

各小组对本公司的产品策略进行系统分析，具体工作见表 3-16。

表 3-16　任务实施表

环节	对应项目	具体程序
1	了解产品性质并制定组合表	能够分析产品的整体概念并整理本企业经销产品组合，制作合理的产品组合表学会根据农机农机产品生命周期各阶段的特点进行策划。
2	分析产品生命周期	分析本企业每款农机产品的生命周期，并能够灵活掌握生命周期四个阶段的特征。
3	了解产品生命周期图	画出产品生命周期图，标明各产品所处的阶段。
4	分析产品特性，并于营销策划融合。	根据各农机机型各自的特点及所处的环境不同，采取措施不同，分析产品的独特之处，制定合理的产品周期策划来扩大销售。

【工作任务实施记录与评价】

1. 制订产品生命周期策略

师傅指导记录	制订工作计划质量评价	评价成绩
		日期

2. 学徒关键职业能力及职业品质、工匠精神评价

项目	A	B	C	D
工作态度				
吃苦耐劳				
团队协作				
沟通交流				
学习钻研				
认真负责				
诚实守信				

3. 学徒对工作过程的反思

岗位工作任务三　制订产品分销渠道策略

【任务描述】

××农业机械有限公司为创造更大的利润，计划通过直接手段（提高销售量）和间接手段（提升渠道策略）来实现。分销渠道是农机企业了解和掌握市场需求的重要来源，是加速农机产品流转、节约销售费用、提高企业经济效益的重要手段。农机分销渠道选择得当与否，将直接影响企业营销目标的实现程度。如果农机分销渠道选择不当，甚至会造成资金周转不灵和农机产品的严重积压，导致农机企业经济效益下降。经理要求市场部进行一个详细的分销渠道策略，你认为该怎样实现？

【任务分析】

农机分销渠道策划是实现农机产品销售的重要途径，是农机企业了解和掌握市场需求的重要来源，是加速农机产品流转、节约销售费用、提高企业经济效益的重要手段。分销渠道选择得当与否将直接影响企业营销目标的实现程度。如果农机分销渠道选择不当，甚至会造成资金周转不灵和农机产品的严重积压，导致农机企业经济效益下降。

要求能分析农机生产企业的分销渠道建设模式，并为指定的农机生产企业进行产品分销渠道策划设计；分析农机生产企业是如何选择分销渠道模式的；分析农机生产企业现有分销渠道运行的状况及优缺点。

【专业知识准备】

一、农机分销渠道的含义

分销渠道，也称分配渠道或销售渠道，指的是产品从生产者转移到用户的过程中所经过的一切取得所有权的商业组织和个人。也就是产品由生产者流通到用户的过程中经过的所有环节连接起来形成的通道。

分销渠道包括中间商和代理中间商，其渠道起点是生产者，终点是消费者。在现在市场经济条件下，大多数产品都不是由生产者直接销售给最终消费者或用户的，而是要经过许多的中间环节，对于农机生产者来说，农机是否能及时销售出去，销售成本是否能够降低，企业是否能抓住机会占领市场，赢得消费者，在很大程度上都取决于销售渠道是否畅通和优化。农机销售渠道具有售卖、投放、实现储运、市场预测、结算与资金融通、服务、风险承担、自我管理等多项功能，此外，分销渠道还有促销、信息反馈为农机生产企业咨询服务等功能。

早在农机补贴政策实施之前，农机流通主流渠道就已经发生了很大变化。在国营农机公司逐渐衰落的同时，民营企业不断崛起。从2004年农机补贴政策正式实施起，农机补贴力度逐年加大，流通领域的市场格局更是发生了翻天覆地的变化。由国营农机公司改制成功的民营企业，由于拥有较好的基础，逐渐成为新形势下的主力之一。而由于补贴政策对市场形成了巨大的拉动力，吸引了更多的民间资本参与其中。于是，全国各地涌现出一大批民营流通企业，规模有大有小。“夫妻店”“兄弟店”等个体经营模式一时间也成为一条独特的风景线。

（一） 农机主流分销渠道

原来国营农机公司经过改制重组演变成主流农机分销渠道。称其为主流，是因为它具有很强的经营实力、专业能力；其经营范围覆盖本区域70%以上的市场；其经营品牌囊括了我国70%以上的农机品牌；具有较强的服务能力，如高素质的三包服务队伍和较为齐全的硬件设施。

（二） 农机个体经营模式

因农机流通渠道进入门槛低，表现为经销商数量众多，但经营规模小，实力弱。其业态形式表现为夫妻店、兄弟店等个体经营模式。其基本特点为：其一，代理小型企业的产品或成为主流渠道商的连锁店，或某些企业的专营店；其二，一般没有固定的客户资源，依靠零星散户生存；其三，无服务硬件投入，如三包车等，也无专职的服务队伍；其四，低价促销是其主要的竞争手段；其五，经营灵活。

（三） 农机补贴机具专营

随着农机补贴力度的逐年加大，农机补贴机具经营资格的竞争成为焦点。补贴机具的经营各个省、地区表现了较大的差距。主要有三种形式：一是农机补贴机具完全交给当地较有实力的农机经营主流渠道经营；二是联合农机经营主渠道，共同经营；三是农机补贴管理部门自行成立专门公司，与农机管理部门的关系表现为或独立或分离的形式，这种模式对我国的农机流通渠道影响最为强烈。

（四） 农机连锁经营

连锁经营是指经营同类商品、使用统一商号的若干门店，在同一总部的管理下，采取统一采购和授予经营权等方式，实行规模经营效益的一种现代商品流通方式与组织形式。

1. 农机连锁经营的利

（1）功能优势：农机连锁运作模式主要体现在以农机流通企业为“龙头”，产、供、销一体化。随着连锁流通企业规模和实力的增强，它在商品和生产流通中的地位和功能将发生重大变化。即由以往为生产企业被动推销商品的功能延伸到引导、组织生产，引导直至创造消费需求的主要功能，加速农机流通业与工业、农业等一体化趋势。

（2）机制优势：现代农机连锁要求建立产权明晰、运作规范的现代流通企业制度，要求从经营机制、用人机制、用工机制、管理机制到分配机制乃至破产机制都非常清晰明确，而且可操作性强，这些优势是传统的流通企业难以超越的。

（3）规模优势：农机连锁可以较快地整合农机流通领域分散凌乱的资源，打造农机流通“航母”，有效解决农机流通行业长期存在的“小、弱、散、乱”的问题。大型农机流通连锁企业的出现将以其雄厚的实力、先进的流通设施和强大的组织能力，在连接产需、稳定市场、搞活流通和促进经济发展中，发挥重大的作用。

（4）资金优势：中国目前的农机流通企业大多数负债经营，而且由于各种原因，负债率居高不下，融资困难，规模也非常有限，相比之下如果农机连锁＋股市，就可以克服资金短缺的困难，如吉峰农机连锁巧妙地化解了困扰我国农机流通企业发展的资金“瓶颈”，借助股市所提供的发展资金，形成资本的快速积聚，为其持续的扩张奠定了资金基础。

2. 农机连锁经营的弊

农机流通是个大市场，农机连锁经营的模式有可能形成垄断性的流通态势。连锁零售业的盈利模式称为类金融生存。随着零售业增速加快，对上下游强大的控制力也增强。由于拥有强大的分销渠道网络，农机连锁巨头能够如同银行吸收存款一样来占用供应商资金，将获得的周期性无成本短期融资，投入企业的日常经营，或通过一定手段转作他用。然而，占用供应商资金虽然见效甚快，却并不能造就企业的核心竞争力。现在补贴政策所产生的资金占压成本高的问题也很明显。购买享受补贴的农机产品，农民只需交70％的货款。目前普遍的操作模式是经销商代收货款后，要把货款打到农机局，农机局要根据购买合同查验补贴政策的执行情况。因此，70%的货款平均会在农机局占压几个星期或一个月以上。至于国家补贴的30%，以前是到了年底甚至第二年年初才会结算。国家要求省级财政部门对企业按季度结算，如果合同尚没有执行完，企业拿不到合同，结算也就无法进行，时间就会拖得更长。这对于农机企业来说，也是一个不小的弊端。

成功的农机连锁企业打通了政府与资本市场的双通道。一方面加强连锁区域内的政府合作，加快农机补贴工作的集中办理。另一方面从资本市场中募集资金：从目前的模式看，农机连锁企业用资金回笼速度快的优势吸引了一大批农机供应商加盟。而这笔越来越大的资金需要量只能从资本市场中募集解决，这种看似成功的模式有先天条件的限制。

（五） 农机4S店

农机4S店是包含农机整机销售（Sale）、售后服务（Service）、零配件供应（Sparepart）、信息反馈（Survey）四位一体的农业机械综合服务店。

农机4S店是农机经营企业服务方式、服务水平、服务质量的集中体现。建设农机4S店，能够密切生产者、销售者和使用者的关系；能够保障农机产品及维修和零配件质量有保障；能够促进经营者提高服务质量和服务能力；能够树立生产者、销售者良好服务形象，规范市场行为；能够为生产、销售、维修产业发展壮大提供有力的支持；有利于加强对农机生产、销售、维修、使用各环节的管理。

建设农机4S店，以深入落实新“三包”规定为重点，引导农机生产、销售和维修企业改变经营模式，规范经营行为，提高服务水平，增强经营能力，树立行业品牌，正确处理好与农民消费者之间的关系，切实解决农机“三包”服务不到位及大型高新农机具“三包”期过后维修难的问题，杜绝假冒伪劣农机及零配件，推动农机销售行业持续健康发展，提高农机社会化服务能力，增强农机化发展后劲，保障农业机械化事业又好又快发展。农机4S店具体优势如下：

(1) 能够促进行业的重新洗牌，极大增强经销商的竞争能力，有利于实施相关品牌集群化战略。农机4S店的经销商可以集中相对有限的资源，在重点品牌上进行重点投入，迅速形成该品牌的网络集群，通过集群化的经营优势，产生协同效应，获得经济效益。

(2) 能够改善行业环境，推动企业营销升级。随着农机4S店逐步实现农机销售、售后、信息和配件的分离或重组。在渠道上，形成农机销售店和售后服务中心对于未来发展或许更具实际可行意义，农机4S店或许在未来将成为真正的农机销售中心。

(3) 农机4S店使异地售农机成为可能。农机厂家划定的区域销售是另外一种垄断手段，旨在进一步加强对经销商的控制，避免经销商做大做强，农机4S店能够打破这一规定，让有实力的4S店真正走出区域市场的限制。

（4）农机4S店的优胜劣汰将有助于大型农机经销商集团的出现。在北美，某一个品牌经销商的销售大鳄随处可见，可是在中国，还没有出现某个农机销售集团拥有两家同品牌农机4S店，这主要是厂家在审核过程中不允许这种情况出现，厂家也在利用自己手中的权力来阻碍有实力经销商的成长。但是随着《中华人民共和国反垄断法》的实施，农机营销最终会在全国范围内出现大规模经营某品牌的局面，最终成为国内某品牌的销售大鳄，具备和厂家抗衡的实力。

面对薄利时代，对于农机渠道尤其是刚刚起步的农机4S店模式，有些问题值得深入思考。多数专家和农机企业、经销商高管都对农机4S店模式变革持肯定态度，受农机渠道变革的鼓舞，人们将对农机4S店模式进行研究、创新、调整和转变，农机超级经销商和大经销商集团时代即将来临。从农机行业整个销售模式的演变，以及销售竞争的充分程度上来讲，农机4S店及其连锁经营模式的变革将是大势所趋。

二、销售渠道的模式

销售渠道按其有无中间环节和中间环节的多少，按照渠道长度的不同，可分为四种基本类型：

直接渠道：生产者→用户（零级渠道）

生产者→零售商→用户（一级渠道）

间接渠道：生产者→批发商→零售商→用户（二级渠道）

生产者→代理商→批发商→零售商→用户（三级渠道）

1. 直接渠道

直接渠道即生产企业不通过任何中间环节直接把产品卖给用户，也称为“零层渠道”这是最简单、最直接的销售渠道。直接渠道的具体形式有通过企业与用户直接签约供货等形式。直接销售由于面对面的销售，用户可以更好地掌握农机的性能特点和使用方法，因为没有中间环节流通费用节省了许多，农机的流转加快也降低了农机在流通中的损耗。但由于商品生产者直接销售商品，受到人财物等资源限制，无法使产品在短期内广泛销售，而且需要较多的投资，一般只有在以下情况下采取直接销售策略：单量不大，但档次较高或者订单量很大的团体自有运输设备。而且需要储存设施，加重了生产者的工作负荷和经济负荷。

2. 间接渠道

间接渠道是存在中间环节的渠道，生产企业通过中间环节把产品卖给用户。中间环节越多，则渠道越长；反之，则越短。在长销售渠道里，批发商承担流通领域的主要职能，并且承担商品运输、储存中变质、损失等风险，减轻了生产者实现商品价值的负担，可以使生产者集中精力搞好生产；但是渠道长，产品需要耗时很久才能进入市场，不能够及时占领市场，取得竞争主动权。短渠道销售一方面渠道短、环节少、商品转移迅速、再生产周期短，商品在流通领域停留时间短，可以减少商品损失程度，另一方面有利于增强商业部门的职责感，更好开展售后服务，但与此同时，市场覆盖面往往较小，而且商品生产者承担的商业职能多，不利于集中精力搞好生产。

渠道类型除了可以按渠道长度划分外，还可以按宽度划分。同一层次中间商的多少是渠道宽度的问题，中间商越多，则渠道越宽；反之，则越窄。宽渠道销售可以在生产者大批量生产某种产品的情况下使产品迅速转入流通领域，促进再生产的进行，并且可以通过多数中间商迅速地将商品转到消费者手中，满足广大消费者的需求；窄渠道的范围比较狭窄，只在一些技术强，生产批量小的商品上适用。企业所采用的分销渠道的长短、宽度是相对的，没有固定绝对的模式，企业应依据具体情况决策渠道的长度和宽度。

三、常用的农机销售渠道模式

（一） 农机销售渠道模式

随着时代的发展，又出现了许多新的模式，参考国内外许多厂家的做法，可以分为以下几种：

1. “金字塔”模式

这是一种以生产厂家的需要为中心的渠道模式，在这种模式中，在对农机销售渠道的管理上，无论是对销售渠道类型的决策，还是对中间商的选择利用，都是以农机生产企业的营销需要为中心，代理商、经销商和零售商的功能及其经营活动，都置于生产企业的监督指导之中，为维护生产企业的声誉和扩大销售规模而工作，此种模式曾经在相当长的时期内成为我国的农机销售道，至今仍然有部分商品采用此种模式（图 3-21）。

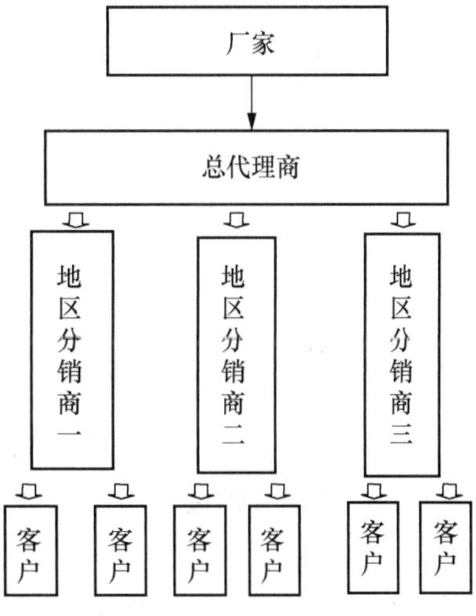

图 3-21 “金字塔”模式

2. “扁平化”分销模式

这种扁平化模式的销售渠道一般不超过两个环节，生产企业到独立经销商为一个环节，经销商到零售商构成第二个环节。这种渠道一级网点数量少，二级网点较多，渠道短而宽（图 3-22）。

这种渠道首先出现在美国。美国农机销售体制的改革，是从减少销售层次开始的。它取消了各级代理商，改由地区办事处负责协调区域销售事务，贯彻品牌的经营理念。由厂家直接向专卖店供货，从而减少了中间环节，降低了营销成本。目前我国许多农机品牌采用此种模式。

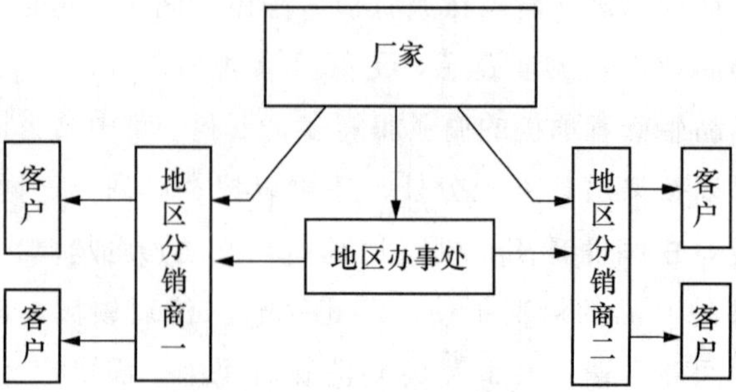

图 3-22 “扁平化”分销模式

3. 直销模式

这种直销模式不是完全意义上的直销，它打破了渠道的束缚，广泛采用区域代理和品牌代理形式，实行市场责任区域分工制，将所有销售管理部门都作为销售终端。一级网点负责批发业务，二级网点负责零售业务。其优点在于直接面对消费者，有利于品牌经营理念的贯彻，信息反馈及时迅速（图 3-23）。

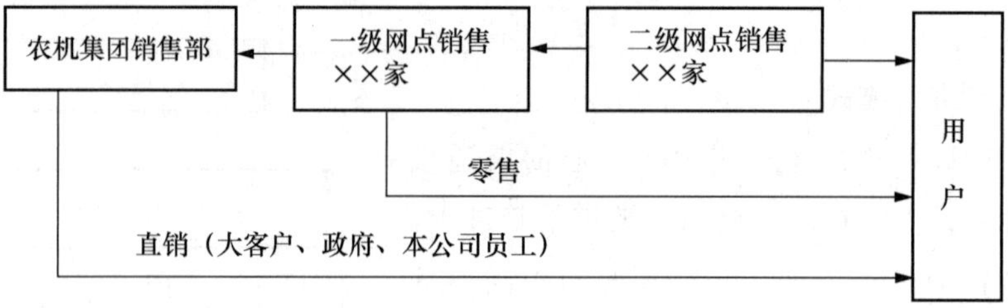

图 3-23 直销模式

（二） 农机分销渠道中的中间商

生产企业在各大市场上设立地区协调机构，可以维护各级经销商的利益和长期的合作关系。农机分销渠道中的中间商是指介于农机生产者与消费者之间，参与农机交易业务，促使农机交易实现的具有法人资格的经济组织和个人。中间商是农机生产者向消费者销售农机分销渠道的主体，完成农机从生产企业向最终用户的转移。

农机销售渠道中的中间商是指介于农机生产企业与消费者之间，参与农机流通、交易业务，促使农机买卖行为发生和实现的经济组织和个人。农机中间商是农机生产企业向消费者销售农机时的中间环节，它一头连着农机生产企业，另一头连着农机的最终消费者，具有平衡市场需求、集中和扩散农机产品的功能，在农机销售渠道中起着十分重要的作用。

1. 总经销商

总经销商指的是受农机生产企业的委托，从事农机总经销的业务，并且拥有农机所有权的中间商。它的特点是：拥有产品的所有权和经营权，能够独立自主地开展产品购销活动，独立核算、自负盈亏；一般都有一定的营业场所和经营设施；有独立地购买产品的流动资金；承担产品的经营风险的能力。

2. 批发商（或地区分销商）

按其实现农机批量转销的特征，可分为独立批发商、委托代理商和地区分销商。

（1）独立批发商：指自己独立的、大批量地购进农机，再将其批发出售给其他经销商的商业企业，它对其经营的农机产品拥有所有权，以获取批发利润为目的。

（2）地区分销商：指的是在某一区域为生产企业（或总经销商）批发转销农机产品的机构，是由农机生产企业（或总经销商）为了减少层层批发和跨地区销售的问题而设立的。

（3）委托代理商：委托代理商区别于独立批发商的特点是，他们对于经营的农机没有所有权，只是替委托人（农机生产企业或农机总经销商）组织推销农机产品，取得佣金，促进买卖的实现。

3. 经销商（或特许经销商）

（1）农机特许经销商的条件：农机特许经销商指的是由农机总经销商或者农机生产企业作为特许授予人（简称特许人），按照农机特许经营合同的要求以及约束条件授予经营销售某种特定品牌农机产品的农机经销商，农机特许经销商应具备以下条件：

①独立的企业法人，能够自负盈亏进行农机营销活动，有一定的农机营销经验以及良好的农机营销业绩。

②能够拿出足够的资金来开设统一标识的特许经营店面，并且具备农机市场营销所需的周转资金。

③能够达到特许人所要求的特许经销商硬件及软件标准。

（2）农机特许经销商的权利

①特许经营权：有权利使用特许人统一制作的标记、商标、司标和标牌；有权利在特许经营系统的统一招牌下经营；有权利获得特许人的经营秘诀，以加入包括统一进货、统一促销、统一的市场营销策略的统一运作；有权利依照特许人的统一运作系统分享利益；有权利按特许人的规定取得优惠政策，对特许人经销的新产品享有优先权。

②地区专营权：有权利要求特许人在一定特许区域内给予专营权，避免在同一地区内各加盟店相互竞争。

③取得特许人帮助的权利：有权得到特许人的技术指导援助、经营指导援助及其他相关服务。

四、销售渠道设计

销售渠道设计要围绕销售目标而进行，要有利于企业的产品不断提高市场占有率、地区覆盖率和各地用户满足率，要有利于企业抵御市场风险。在此基础上形成能够充分履行渠道功能，长期稳固而又能适应市场变化的渠道，将不断为企业开辟稳定的用户群或区域市场。

企业在进行渠道设计前，必须首先分析其销售渠道的设计将会受到哪些因素的影响。

（一） 农机销售渠道设计的影响因素

（1）企业特性：因为农机企业在规模、声誉、产品特点、经济实力等方面不尽相同，即企业特性不一样，这对中间商有着不同的凝聚力和吸引力，因此企业在设计销售渠道时，应该结合企业特性选择中间商的类型和数量，来决策企业销售渠道模式。

（2）产品特性：农机产品由于重量、价值、运输、储运费用、技术服务专业性等原因，对中间商的设施条件、技术服务能力和管理水平要求不同。

（3）市场特性：市场因素主要考虑目标市场的大小以及目标顾客的集中程度，如果目标市场范围大，渠道则较长，反之，渠道则短些，如果顾客分散，宜采用长而宽的渠道，反之宜用短而窄的渠道。

（4）生产特性：农机生产在时间或地理上比较集中，但是使用分散，其销售渠道一般应有中间环节，不宜采用直接环节。

（5）营销目标特性：各企业的目标市场，决定了其销售渠道的具体特点。

（6）环境特性：各地方的政策特性，是欢迎还是排斥企业在当地设立分销商，是否还有其他重要的环境因素需要考虑，这些都是企业必须认真研究的。比如政府有关立法及政策规定的专卖制度、反垄断法、进出口规定、税法、税收政策、价格策略等，都影响企业对分销渠道的选择，企业在分析了以上因素的影响后，就可以进行销售渠道的设计了。

（二） 销售渠道设计的内容

有力的市场加上有力的渠道，才能使企业获利。所以有效的渠道设计，应该以确定企业所要达到的目标市场为起点，研究产品到达市场的最佳途径。销售渠道设计的内容包括确定渠道的长度（中间环节）、宽度（中间商数目）和规定渠道成员彼此之间的权利、责任和义务。

（1）确定渠道的长度。企业销售渠道设计首先要决定应该采取何种类型的销售渠道，即采取自销还是通过中间环节分销。如果决定采用中间商分销，还需要进一步决定运用何种类型和规模的中间商。

（2）确定渠道的宽度。确定渠道宽度即确定中间商的数目。通常包括开放性策略、密封性策略、选择性分销策略这三种策略。

（3）明确渠道成员的权利和义务。这包括对不同类型的中间商给予不同的价格，还要规定交货和结算条件，以及规定彼此为对方提供的义务性。

（三） 销售渠道的管理

销售渠道的管理包括对各类中间商的激励考核调整、互相协调等内容。

（1）激励渠道成员。生产者不仅通过中间商销售产品，而且把产品销售给中间商。因此生产者需要激励中间商，并不断监督、指导与鼓励，使其表现良好。

（2）制造商对中间商的主要激励措施。中间商是独立实体，在处理供应商和顾客的关系时，往往偏向于自己和顾客一方，认为自己是顾客的采购代表，讨价还价，其次才考虑供应商的期望，所以预使中间商的销售工作达到最佳状态，制造商应对其进行不断激励。激励中间商通常可采取三种方式，合作、合伙和经销规划。

（四）销售渠道方案的评估

每一个渠道都是企业产品送达最终用户的一条线路，起作用都是重要的。方案评估一般从三方面进行考虑。

（1）经济效益：这是最重要的评估标准，因为企业追求的是利润。这种评估主要是考虑每一渠道的销售额与成本的关系。企业一方面要考虑自销和利用中间商哪种方式销售量大；另一方面还要比较二者的成本。

（2）企业对渠道的控制力：一般来说，自销渠道比利用中间商更有利于企业对于渠道系统的控制。因为中间商是能独立经营的商业组织，他们必须关心自己的经济效益，而不仅是生产企业的利益，只有那些能够为中间商带来持久利润的产品和营销政策才使他们感兴趣。

（3）渠道对市场的适应性：企业与中间商在签订长期合约时要慎重，因为在签约期间，企业如果不能根据需要随时调整渠道成员，就会使企业的渠道失去灵活性和适应性。

五、调整销售渠道

由于农机购买方式的变化，市场扩大或缩小，新的渠道出现，现有渠道结构不能带来最高效的服务产出，在这种情况下，为了适应市场环境，现有销售渠道经过一段时间运作后，往往需要加以修改和调整。

（一）调整销售渠道的方式

（1）增减某一渠道成员。做这种调整，需要进行经济增量的分析。分析增加或减少某个中间商，将会对企业利润带来何种影响，影响程度如何，以及对其他经销商的需求、成本和情绪会有什么影响等问题，经过对渠道成员的考核，对推销不积极或者经营管理不善而难以与之合作的经销商和给企业经营造成困难的经销商，企业可以与其中断合作关系。

（2）增减某一种销售渠道。如果某一销售渠道的销售额一直不够理想，企业可以考虑在目标市场和某一区域内撤销这种渠道，而另外增设一种其他的渠道类型。

（3）调整改进整个渠道。这是对企业现有系数体系做通盘调整。这种调整难度非常大，不是修修补补，而是要全面改变企业的渠道决策。改变大多数市场营销组合策略，会产生深远影响，通常更需要企业最高管理层做出。

（二） 销售体制的选择

农机的销售体制有产销合一、产销分离和产销结合三种体制，这三种体制各有优势，生产厂家的实际情况和所处的发展阶段不同。其所选择的体制也有所不同。

（1）产销结合体制：是农机公司的营销部门和各地的销售办事处只是销售管理部门，不直接从事产品销售，其主要职能是为公司制订生产计划提供市场依据，制订公司的销售计划，管理和指导经销商的销售活动，进行商务培训、广告促销、市场调研、市场预测和市场开发等。直接从事农机销售的是大量的经销商。

（2）产销合一体制：是生产商全权控制的直销系统，直接控制本国及他国市场的销售组织工作。

（3）产销分离体制：是生产商仅负责生产，厂商委托销售的分工体制，制定产品促销策略。

六、促销

作为新推出的机型，既要打开销路赢得顾客，又要为企业带来收益，只有制订出合理的促销策略，适时进行调整，才能吸引顾客的注意力，确保良好的销路。

（一） 促销的含义

促销是指企业通过人员推销和非人员推销的方式，将有关企业和产品的信息传递给消费者，促使消费者了解、偏爱和购买本企业的产品，从而达到扩大销售目的的一种活动。

1. 促销的主要任务

促销的主要任务是沟通和传递信息。通过这种沟通，企业把有关自身及所生产的产品、劳务的信息传达给消费者，使其充分了解企业及其产品、劳务的性质、特征、价格等，帮助其进行与消费有关的判断和选择，这是企业向消费者的信息传递。同时在促销过程中，作为买方的消费者，又把对企业及产品、劳务的认识和需求动向反馈到企业，引导企业根据市场需求进行生产，这是消费者向企业的信息传递。可见，促销的实质是生产者或经营者与消费者之间互相沟通信息的过程，这种沟通是卖方与买方之间的双向沟通。

2. 促销的最终目的

促销的最终目的是诱发购买行为。要达到这一目的，企业必须通过运用各种促销手段，吸引消费者对企业的形象或产品产生注意和兴趣，激发其购买欲望，促使其采取购买行为，实现产品和劳务的转移。

3. 促销方式

促销的方式分为人员促销和非人员促销。人员促销是指推销人员通过与消费者面对面的口头洽谈，帮助、说服消费者产生购买的促销活动。非人员促销是指企业借助广告、公共关系和营业推广等媒介，传递企业或产品信息，促使消费者产生购买欲望和购买行为的一系列活动。企业在促销活动过程中，通常将人员促销和非人员促销两种方式结合使用。

（二） 促销的作用

（1）传递信息。这是促销最基本的作用。

（2）诱导需求。消费需求具有可诱导性。企业通过人员促销、广告、公共关系和营业推广等促销活动，宣传本企业产品区别于其他竞争者产品的特点，就能使消费者认识到本企业产品给消费者带来的特殊利益，从而激发消费者产生购买本企业产品的欲望。

（3）稳定销售。在同类产品竞争激烈的情况下，企业的市场份额往往呈现不稳定状态。通过促销活动，能够突出宣传企业的优势和产品特点，强调其带给购买者的独特利益，使消费者对产品产生偏爱，增加购买企业商品的信心。

（三） 促销组合

通常我们将人员推销、广告、公关、销售促进等四类称为促销组合（图 3-24）。

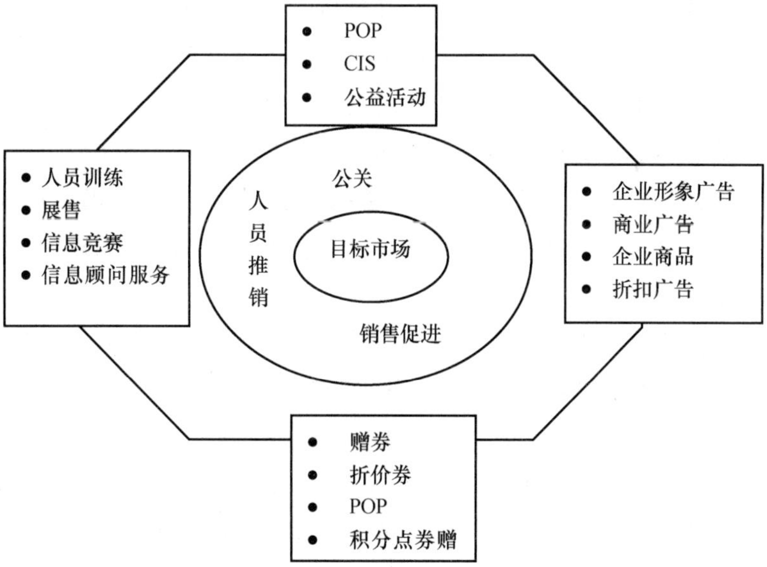

图 3-24 促销组合图

促销组合是指企业根据产品特点和经营目标的要求，对各种促销方式进行适当选择和综合运用。由于各种促销方式都有其优点和缺点，在选择采取哪一种促销方式时，要确定合理的促销策略，即决定如何科学地组合运用 4 种促销手段，取长补短、相互协调，以较低的费用达到较好的效果，从而实现企业的促销目标。企业在制订促销组合时应该充分考虑以下因素。

1. 促销目标

促销目标是企业进行促销活动所要达到的目的。它是根据企业的整体营销目标制订的，企业在不同时期、不同市场环境下所执行的特定促销活动，都有其特定的促销目标。

2. 产品类型

不同类型产品的消费者在信息、购买方式等方面是不相同的，需要采用不同的促销方式和组合策略。

一般情况下，从事价格昂贵、购买风险较大的耐用消费品，如农机、房子，具有较集中的消费者、产品价值较大且技术含量较高，消费者除了一般广告所提供的信息，还希望能得到更为直接可靠的信息来源，企业更多采用的是人员促销。从事消费品经营的企业，如经营服装、化妆品等时尚性产品，以及消费者购买频繁的一般日用消费品的企业，广告的比重往往要大一些。随着竞争的加剧，公共关系和营业推广都将逐步成为重要的促销方式。

3. 产品生命周期

在产品生命周期的各个阶段，消费者对产品的了解和熟悉程度不同，因此企业的促销目标和重点也不一样，企业要适当地选择相应的促销方式和促销组合策略。在投入期，该阶段促销的重点目标是尽快地让消费者了解、认识新产品的性能和质量，其促销策略应采用各类形式的广告；在成长期，消费者已对产品有了较全面的认识，促销的重点目标应是想方设法激发消费者的购买兴趣，其促销策略仍可以从广告入手，重点在于宣传企业及产品品牌，树立产品特色；在成熟期，已有大量的竞争者占据市场，广告的内容应多侧重于强调产品的价值和给消费者带来的利益，甚至使他们成为产品的忠实客户。为提高市场占有率，应尽量使用营业推广等方式来促进购买；在衰退期．企业要做的是尽快抛售库存，利用削价的方法进行促销。

4. 市场状况

制订促销组合要考虑目标市场的性质，不同的市场应该采取不同的促销组合。通常，在地理范围狭小、买主比较集中且交易额大的目标市场上，可以考虑以人员推销为主，配合以广告策略进行组合，这样既能发挥人员推销的优势，又能节约广告费用；市场规模比较大、产品销售范围比较广泛的市场，适用电视、电台和报刊等媒体的广告宣传为主，并辅以其他促销方式。

5. 促销预算

企业在选择促销方式时，要根据企业的资金状况并结合其他因素，选择适宜的促销方式，因为每一种促销方法所需费用是不同的。一般来说，广告宣传的费用较高，人员推销次之，营业推广花费较小，公共关系的费用最少，但它们在不同时期的促销效果是不同的。

（四） 人员推销

1. 人员推销的含义

人员推销是企业的推销人员直接向消费者进行介绍、说服工作，促使消费者了解、偏爱本企业的产品，进而采取购买行为的一种促销手段。在这一活动中，推销人员要确认、激活和满足消费者的需求和欲望，并达到双方互惠互利的目标。社会发展的不同阶段，人们会对推销有着不同的理解和认识。

2. 人员推销的特点

同非人员推销相比，人员推销的最大特点就是具有直接性，它作为不可取代的销售手段，具有独特的特点。

（1）机动灵活。推销人员在推销访问过程中可以直接展示商品，如农机这样技术含量大的商品，进行操作表演，帮助安装调试，亲眼观察到消费者的反应，并揣摩其购买心理变化，因而能立即根据消费者情绪及心理变化，有针对性地改进推销方式，提供售前和售后的服务，以适应各个消费者的行为和需要，最终促使交易达成。

（2）针对性强。人员推销在每次推销之前，可以选择潜在消费者，有针对性地进行推销，目标明确，可以提高推销的成功率。

（3）亲和力强。作为人际沟通工具，推销人员通过与消费者面对面交流，消除疑惑，加强沟通。同对，双方在交流过程中可以建立起信任和友谊关系，这为长期交易打下了坚实的基础。

（4）反馈及时。推销人员在与消费者的直接接触中，能及时带回消费者的意见和建议，并迅速反馈给企业，以指导企业经营，促使企业随时调整营销策略，使产品更符合消费者的需要。

（5）竞争性强。推销人员在一定利益机制的驱动下很容易产生竞争，从而能促使销售业绩不断上升。

（6）推销费用高。推销人员耗费时间多，支出费用大，管理也较难。

3. 人员推销的任务

（1）传递信息。与现实的和潜在的消费者保持联系，及时把企业有关产品及其他相关信息传递给消费者，以促进产品销售，并了解他们的需求，成为企业与消费者联系的桥梁，同时，收集和反馈有关竞争产品的信息。

（2）开拓市场。推销人员不仅要了解和熟悉现有消费者的需求动向，而且要尽力寻找新的目标市场，发现潜在消费者，从事市场开拓工作。

（3）销售产品。推销人员通过与消费者的直接接触，运用推销技巧，如农机销售环节，分析解答消费者的疑虑，说服消费者购买，从而达成交易。

（4）提供服务。推销人员不仅要把产品销售给消费者，还需代表公司提供其他服务，如业务咨询、技术维修和贷款服务等，满足消费者实际需要。

（5）搜集信息。推销人员可利用直接接触市场和消费者的便利，进行市场调查和情报的搜集工作，并且形成调查报告，为企业开拓市场和制订营销决策提供可靠依据。

4. 人员推销的基本形式

随着商品经济的发展，市场营销活动的广泛进行，人员推销的形式日益丰富，大多数企业经常采用如下几种形式：

（1）上门推销：由推销员携带样品、说明书和订货单等，上门走访消费者，推销商品，这是最古老的推销形式，被大多数企业和公众广泛认可和接受。

（2）柜台推销：企业在一定地点开设营业场所，由营业人员接待进入商店的消费者，销售商品。农机销售顾问在销售大厅对顾客采取的顾问式销售，就属于这种推销方式。

（3）会议推销：企业利用各种形式的会议，介绍和宣传商品，开展推销活动的一种形式。洽谈会、订货会、展销会、供货会等都属于会议推销的一种形式。这种推销形式具有接触面广、推销集中且成交额大的特点。

5. 人员推销的过程

不同的推销方式可能会有不同的推销工作程序。通常情况下，人员推销包括以下7个相互关联又具有一定独立性的工作程序。

（1）寻找潜在购车客户。推销工作的第一步，也是最基础性和关键性的一步，就是找出产品的潜在消费者，哪些消费者能够成为自己的目标消费者？这取决于推销人员的识别能力。推销人员要善于挖掘与识别不同的潜在消费者，并采取相应的应对措施，所以寻找并识别目标消费者应当是推销人员的基本功。

（2）建立客户资料卡。收集客户信息；建立客户资料卡；存档；与客户建立关系。

（3）接近消费者。接近消费者是指推销人员直接与目标消费者发生接触，以便成功地转入推销面谈。在农机销售中，推销人员在接近消费者的过程中，应注重礼仪，稳重自信，把握消费心理，引导、启发消费者的注意和兴趣。

（4）介绍和示范。在对目标消费者已有充分了解的基础上，推销人员应当根据所掌握的情况，有针对性地介绍目标消费者可能感兴趣的方面。这个阶段是整个推销活动的关键环节，必要时，应主动地进行一些产品的使用示范，全面地向客户介绍车辆、车辆特点及车辆优势以增强目标消费者对产品的信心，提高销售的成功概率。

（5）排除异议。推销不可能是一帆风顺的，在大多数情况下，消费者对推销人员的销售都会提出一些质疑，甚至给予拒绝。排除障碍的有效办法是把握产生异议的原因，对症下药。

（6）达成交易。达成交易是消费者接受推销人员的建议并做出购买决定和行动的过程。此时，推销人员应当注意不要疏漏各种交易所必需的程序，应使交易双方的利益得到保护。

（7）跟踪服务。达成交易并不意味着整个推销活动的结束，推销人员还必须为消费者提供各种售后服务，如加装、维修、退换货和定期访问等，从而消除消费者的后顾之忧，树立信誉，使消费者产生对企业有利的后续购买行为。因此，跟踪服务既是人员销售的最后一个环节，也是新一轮工作的起点。

【任务实施】

各组分析所选企业分销渠道策划，并制订新产品的分销策略。具体工作见表 3-17。

表 3-17　任务实施表

环节	对应项目	具体程序
1	分析分销渠道网络	分析所选企业的分销渠道网络，确定所选企业在我国农机市场的渠道模式，会分析国内外分销渠道运行的现状，掌握农机企业分销渠道的类型。
2	画出结构图	画出所选企业分销渠道结构图。
3	制定分销渠道策略	确定新产品的目标区域市场，提出新产品分销渠道策略，并给出新产品推广建议及所选企业招商建议。

【工作任务实施记录与评价】

1. 制订企业分销渠道策划

<table>
<tr><th>师傅指导记录</th><th>制订工作计划质量评价</th><th>评价成绩</th></tr>
<tr><td rowspan="3"></td><td rowspan="3"></td><td></td></tr>
<tr><td>日期</td></tr>
<tr><td></td></tr>
</table>

2. 学徒关键职业能力及职业品质、工匠精神评价

项目	A	B	C	D
工作态度				
吃苦耐劳				
团队协作				
沟通交流				
学习钻研				
认真负责				
诚实守信				

3. 学徒对工作过程的反思

岗位工作任务四　制订新产品开发与定价策略

【任务描述】

××农业机械有限公司要使新产品上市成功，企业需要进行新产品上市策划，需要在上市时机、上市地点和上市目标方面做精心的营销策划，能否适时开发并推出适销对路的新产品，关系到企业的生死存亡，在此基础上，总经理希望产品研发人员和市场部人员协调进行新产品的开发与定价，获得更大的市场占有率，那样如何才能更好地提升企业经济效益呢？

【任务分析】

企业根据产品整体的概念及消费者的需求，在市场调研的基础上进行新产品开发。新产品开发的流程分为八个阶段，新产品经过鉴定、试销后就可以被投放到市场中正式上市销售。

农机企业在进行了农机产品策划后，还要进行农机产品的定价策划。例如，如何制定价格，定价受哪些因素的影响，如何通过农机产品定价策划制定出科学合理的农机产品价格，企业的竞争力和赢利能力才能得以有效提升。

1. 能够分析农机产品价格构成，明确影响农机价格的环节；

2. 作为新推出的农机机型，既要打开销路赢得顾客，又要为企业带来收益，如何制定出合理的价格，适时进行调整后，如何确保良好的销路？

通过对农机新产品上市策划的学习，提高自身分析问题、解决问题的能力。具体内容与要求：掌握新产品上市的步骤；掌握新产品的卖点；选择新产品的上市时机；确定新产品的上市地点；撰写新产品上市策划的方案。

【专业知识准备】

市场营销意义上的新产品含义很广，认为凡是同原有产品相比具有新功能、新特色、新结构或新用途，能满足顾客某种新需求的产品都属于新产品。

企业进行新产品开发时，必须明确采取什么方式进行开发。一般来说，采用独立开发可使企业依靠自己的力量研究开发新产品，这种方式可以紧密结合企业的特点，并使企业在某一方面具有领先地位，但独立开发需要较多的开发费用。

采用引进开发即利用已经成熟的制造技术，借鉴别人已经成功的经验来开发新产品。采用这种方式不仅可以缩短开发新产品的时间，节约开发费用，而且可以促进技术水平和生产效率的提高，但要注意引进技术与企业自身条件之间的适应性。采用开发与引进相结合的方法就是在新产品开发的方式上采取两条腿走路，既重视独立开发又重视技术引进，二者相互结合，互为补充会产生更好的效果；采用联合开发方式，联合开发除了企业与科研机构、大专院校的联合外，更多的是企业之间的“强强联合”。这种方式，有利于充分利用社会力量，弥补企业开发能力的不足。

一、新产品开发的必要性

（1）产品生命周期理论要求企业不断开发新产品。企业同产品一样，也存在着生命周期。如果企业不开发新产品，则当产品走向衰退时，企业也同样走到了生命周期的终点。相反，企业如能不断开发新产品，就可以在原有产品退出市场舞台时利用新产品占领市场。一般而言，当一种产品投放市场时，企业就应当着手设计新产品，使企业在任何时期都有不同的产品处在周期的各个阶段，从而保证企业盈利和稳定增长。

（2）消费需求的变化需要不断开发新产品。随着生产的发展和人们生活水平的提高，消费需求也发生了很大变化，方便、健康、轻巧、快捷的产品越来越受到消费者的欢迎。消费结构的变化加快，消费选择更加多样化，产品生命周期日益缩短。这一方面给企业带来了威胁，企业不得不淘汰难以适应消费需求的老产品，另一方面也给企业提供了开发新产品适应市场变化的机会。

（3）科学技术的发展推动着企业不断开发新产品。科学技术的迅速发展导致许多高科技新型产品的出现，并加快了产品更新换代的速度。企业只有不断运用新的科学技术改造自己的产品，开发新产品，才不至于被挤出市场的大门。

(4) 市场竞争的加剧迫使企业不断开发新产品。现代市场上企业间的竞争日趋激烈，企业要想在市场上保持竞争优势，只有不断创新，开发新产品，才能在市场占据领先地位，增强企业的活力。另外，企业定期推出新产品，可以提高企业在市场上的信誉和地位，并促进新产品的市场销售。

由于发达国家的农机厂家产品开发经验十分丰富，并且更适用于市场经济条件，因此，这里主要介绍国外农机公司新产品开发的成熟做法。

农机新产品开发和投放市场能否获得成功，为市场所接受，为企业带来效益，关键在于新产品开发是否准确。为此，新产品开发必须按科学程序进行，在每个环节上充分尊重科学性，切勿主观臆断。除了各个过程包括的技术因素外，从市场营销角度看，各环节包括调查与预测、制订产品发展规划与计划、新产品构思、概念设计和工业化设计。

企业新产品开发的前期工作首先是要做好调查与预测，这项工作做的是否细致和充分，对新产品开发的准确性有直接的影响。就企业新产品开发和制订产品规划而言，调查应包括的内容有：市场调查，具体包括用户需求和市场容量及构成调查。调查途径大体有用户例会、特约经销商例会、改装厂例会以及对外调查部门等几种。宏观环境调查，其中包括有关农机产品的技术法规以及社会运输状况的调查。竞争者调查，主要包括各公司商品及其市场评价、商品价格以及他们的动向调查，农机产品技术发展调查，本企业的技术实力及经营状况评价。

制订产品发展规划与计划是企业新产品开发的重要依据，一般是在调查与预测的基础上，再结合本企业技术实力等内部条件，科学地加以制订。同时，产品发展规划也是企业经营战略规划的重要内容之一。

国外农机公司一般都要做出今后5～10年的产品发展规划。该规划包括两种情况：一是在一定的时间在企业当前的产品线中增加一种新的品种（开发新产品）；二是对现有某种产品在一定的时候进行换代。企业根据产品发展规划再确定某一项新产品的具体开发计划。新产品开发计划一般包括产品特点、竞争情况、目标市场、价格、预计销售量、研制时间及费用、制造成本以及投资收益率等内容。在制订计划时应考虑到包括开发目的、使用对象、产品概要、销售目标、质量目标、外购件的安排、法规认证、生产准备、设备和投资、效益等多个方面，制订企业的产品发展规划和新产品开发计划，经企业商品规划委员会确定后，董事会做出最后决策。对拟开发的新产品，商品规划主管部门应同设计开发部门一起，提出新产品的构思。

新产品构思包括该产品的目标，确立设计原则；计算销售目标价格生产成本和销售量；确定生产方式（如何组织生产）和投产日期；车型的系列化：排量范围、车身形式等）、驱动方式、装备分级，等等；设计车型的技术参数、系统结构和总成；结构及参数；质量目标：保修里程、寿命周期、维修费用目标等。概念设计工作就是要把构思变成实物，从造型和整车设计到结构设计和试制出样车。这样，可使消费者形成一种产品印象，如认为有必要时，企业可以将样车拿到一组目标顾客中测试，企业营销人员应研究和设计好问题。这样的测试可以帮助企业更好地修改概念设计，开发出一种适销对路的新产品，同时，有利于企业了解预计的销售量。工业化设计工作就是要把构思变成能大量生产的图纸和技术文件。设计过程中要把设计原则，成本控制和满足用户要求协调地应用于设计思想中。农机产品的设计是不可能面面俱佳的。高性能和豪华与经济实惠是相矛盾的，高自动化与高成本也是直接联系在一起的。协调好这些矛盾才能设计出为市场接受的产品。

因此，在科学技术飞速发展的今天，在瞬息万变的国内国际市场中，在竞争越来越激烈的环境下，开发新产品对企业而言，是应付各种突发事件、维护企业生存与长期发展的重要保证。

二、新产品的分类

按新产品创新程度分类，可以将新产品分为以下几种：

（1）全新新产品：这是指应用新原理、新技术、新材料制造出前所未有的、能满足消费者一种新需求的产品。

（2）改进新产品：这是指在原有产品的基础上，部分采用新技术、新材料制成的、性能显著提高的新产品。

（3）换代新产品：这是指在原有产品的基础上进行改进，使产品在结构、品质、功能、款式、花色及包装上具有新的特点和新的突破的产品。

（4）模仿新产品：这是指企业对国内外市场上已有的产品进行模仿生产，形成本企业的新产品。

三、新产品开发的过程

新产品开发过程由八个阶段构成，即寻求创意、甄别创意、形成产品概念、制定市场营销战略、营业分析、产品开发、市场试销、批量上市（图 3-25）。

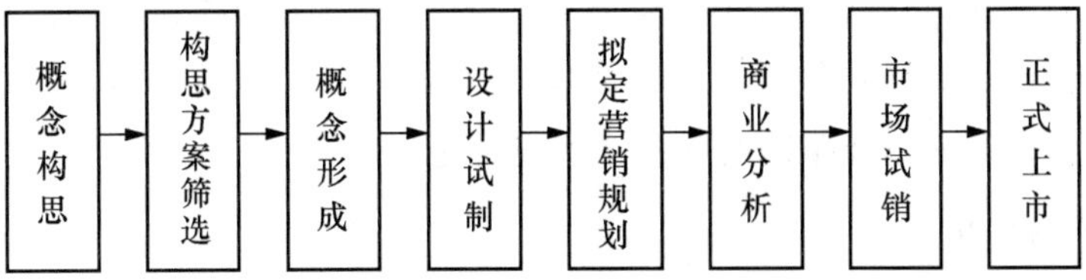

图 3-25　新产品开发的流程

（一） 寻求创意

新产品开发过程是从寻求创意开始的。所谓创意，就是开发新产品的设想。虽然并不是所有的设想或创意都可变成产品，寻求尽可能多的创意却可为开发新产品提供较多的机会。

所以，现代企业都非常重视创意的开发。新产品创意的主要来源有：顾客、科学家、竞争对手、企业推销人员和经销商、企业高层管理人员、市场研究公司、广告代理商等。除了以上几种来源外，企业还可以从大学、咨询公司、同行业的团体协会、有关的创业媒介那里寻求有用的新产品创意。一般说来，企业应当主要靠激发内部人员的热情来寻求创意。这就要建立各种激励性制度，对提出创意的职工给予奖励，而且高层主管人员应当对这种活动表现出充分的重视和关心。

（二） 甄别创意

取得创意之后，要对这些创意加以评估，研究其可行性，并挑选出可行性较高的创意，这就是创意甄别。创意甄别的目的就是淘汰那些不可行或可行性较低的创意，使公司有限的资源集中于成功机会较大的创意上。甄别创意时，一般要考虑两个因素：一是该创意是否与企业的战略目标相适应，表现为利润目标、销售目标、销售增长目标、形象目标等几个方面；二是企业有无足够的能力开发这种创意，这些能力表现为资金能力、技术能力、人力资源、销售能力等。

（三） 形成产品概念

经过甄别后保留下来的产品创意还要进一步发展成为产品概念。在这里，首先应当明确产品创意、产品概念和产品形象之间的区别。所谓产品创意，是指企业从自己角度考虑的它能够向市场提供的可能产品的构想；所谓产品概念，是指企业从消费者的角度对这种创意所做的详尽描述；而产品形象，则是消费者对某种现实产品或潜在产品所形成的特定形象。

（四） 制订市场营销战略

形成产品概念之后，需要制订市场营销战略，企业的有关人员要拟定一个将新产品投放市场的初步的市场营销战略报告书。它由三个部分组成：①描述目标市场的规模、结构、行为、新产品在目标市场上定位、头几年的销售额、市场占有率、利润目标等；②略述新产品的计划价格、分销战略以及第一年的市场营销预算；③阐述计划长期销售额和目标利润以及不同时间的市场营销组合。

（五） 营业分析

新产品开发过程的第五个阶段是进行营业分析。在这一阶段，企业市场营销管理者要复查新产品将来的销售额、成本和利润的估计，看看它们是否符合企业的目标。如果符合，就可以进行新产品开发。

（六） 产品开发

如果产品概念通过了营业分析，研究与开发部门及工程技术部门就可以把这种产品概念转变成为产品，进入试制阶段。只有在这一阶段，文字、图表及模型等描述的产品设计才变为确实的物质产品。这一阶段应当搞清楚的问题是，产品概念能否变为技术上和商业上可行的产品。如果不能，除在全过程中取得一些有用副产品及信息情报外，所耗费的资金则全部付诸东流。

（七） 市场试销

如果企业的高层管理对某种新产品开发试验结果感到满意，就着手用品牌名称、包装和初步市场营销方案把这种新产品装扮起来，把产品推上真正的消费者舞台进行试验。这是新产品开发的第七个阶段。其目的在于了解消费者和经销商对于经营、使用和再购买这种新产品的实际情况以及市场大小，然后再酌情采取适当对策。市场试验的规模取决于两个方面：一是投资费用和风险大小；二是市场试验费用和时间。投资费用和风险越高的新产品，试验的规模应越大一些；反之，投资费用和风险较低的新产品，试验规模就可小一些。从市场试验费用和时间来讲，所需市场试验费用越多、时间越长的新产品，市场试验规模应越小一些；反之，则可大一些。不过，总的来说，市场试验费用不宜在新产品开发投资总额中占太大比例。

新产品开发成功或老产品改进并完成了商品化过程后，企业才能大量生产和销售。所谓商品化过程系指企业为了产品的大批上市而进行的市场试验，农机新产品的商品化一般包括试用、试销、测算有关项目和确立未来的市场营销组合策略等方面。

试用是企业从目标市场中选定一些有代表性的客户，如客户类型、使用条件、产品用途等方面比较符合新产品目标市场特征的客户，请他们在规定的时间内实地使用新产品，并对使用状况及发现的现象做出记录。然后了解客户对产品的意见和对技术咨询及服务方面的需要。试用客户一般不宜过于分散，试用车辆一般应具有一定数量（如几十辆），但也不能太多，对使用中出现的故障一般应请试用客户对外保密，不宜扩散，以免给将来的客户留下不良印象，试用过程本身就是企业发现问题的过程。

经试用初步成功的新产品便可进行试销，这是比试用范围更大且直接面向市场的一种有控制的营销活动，一般应由农机企业亲自进行，以便直接了解市场。试销活动一般可以吸引大量的购买者参观选购，企业既可以从中了解他们对新产品的反映和购买意向，同时又可以借以提高新产品的知名度。企业的试销活动要对试销的市场范围、试销时间、试销的费用、试销后的营销策略等做出安排，在试销活动中还要做好有关数据的记录和资料的整理完善。

尽管企业在市场调研和概念设计时对有关项目进行了调查和测算，如目标市场规模、销售量、投资收益率、市场占有率、促销预算等，在新产品开发计划中也对这些项目订立了计划。但在商品化之前，上述项目都只是一种估计，而在商品化过程中对这些项目再进行测算，则大体反映了未来的实际情况。企业也可由此对新产品开发予以验证，并找出差距，分析原因，及时采取相关补救措施。

企业通过商品化过程后，基本可以对新产品的市场结构、购买行为及特点，未来市场发展趋势及企业收益等做到心中有数，从而制订出正确的导入期营销策略，乃至其他各生命周期阶段的营销策略。

（八） 批量上市

经过市场试验，企业高层管理者已经占有了足够多的信息资料来决定是否将这种新产品投放市场。如果决定向市场推出，企业就须再次付出巨额资金：一是建设或租用全面投产所需要的设备，这里工厂规模大小是至关重要的决策因素，很多公司为了慎重起见都把生产能力限制在所预测的销售额内，以免新产品的盈利收不回成本；二是花费大量市场营销费用。

新产品开发对于农机企业的发展有极其重要的意义，但在实际中，农机新产品的开发却并不容易。不少农机新产品开发速度较慢，往往是由于存在以下一些障碍：

（1）缺乏大量有效的农机新产品构思。

（2）资金短缺。

（3）细分市场难以达到必要的市场规模。

（4）激烈的市场竞争使农机新产品开发的风险增大。

（5）仿制和假冒产品的迅速出现。

农机新产品的开发对于农机企业来说至关重要，但又充满风险。所以，农机企业在开发农机新产品方面必须积极谨慎，既要不断开发农机新产品，又要对所准备开发的农机新产品进行认真研究、反复论证，不能知难而不为，更不能盲目投资、草率行事，应严格按照科学的方法进行农机新产品的开发。

四、农机价格的构成

农机价格的构成主要包括生产成本、流通费用、国家税金、农机企业利润等。生产成本是农机价格形成的基础，也是制订农机价格的重要依据；流通费用是发生在农机从农机生产企业向销售过程各个环节之中的，是正确制订同种农机差价的基础；国家税金税率的高低直接影响农机的价格，国家对农机企业征收增值税、所得税、营业税等等；在农机产品的流通过程中还有消费税和购置税；农机企业利润是企业进行生产的目标，企业只有通过盈利才能扩大规模再生产，从而获得更大的利润价值。

五、农机价格的类型及定价影响因素

从农机市场营销角度来看，农机价格组成类型包括农机出厂价格、农机批发价格和农机销售价格，农机价格并非恒定不变，农机产品价格的高低主要取决于农机产品中包含的价值量的大小。一般来说我们可以把这些因素区分为企业的外部因素和内部因素。

（一） 外部因素

外部因素主要有市场供求情况、竞争情况、政策环境和社会环境、消费心理、价格弹性等。农机产品的价格与供求的关系十分密切。当市场价格偏高时，需求量将会下降，生产者则会因价格上升加大供给量，市场上将会出现供过于求的状况，从而造成销售者之间竞争加剧，结果迫使市场价格下降。但当市场价格偏低时，需求量将会上升，生产者则会由于价格下降而减少供给量，市场上又会出现供不应求的状况，从而造成购买者之间的竞争加剧，结果又必然会导致价格上升。

根据企业之间竞争的程度不同，企业定价策略会有所不同。在完全竞争条件下，买者和卖者都大量存在，产品都是同质的，买方和卖方都不能对产品价格施加影响，只能在市场既定价格下从事生产和交易。

在完全垄断竞争的情况下，交易的数量与价格由垄断者单方面决定，完全垄断在现实中也很少见。不完全竞争介于完全竞争与完全垄断之间，它是现实中存在的典型的市场竞争状况，农机市场属于寡头垄断竞争。不完全竞争条件下，随着买者和卖者数量的不断增加，垄断程度逐渐减弱，竞争程度不断增强，买卖各方获得的市场信息也是不充分的，因此企业的定价策略有比较大的回旋余地，它既要考虑竞争对象的价格策略，也要考虑本企业定价策略对竞争态势的影响。

消费者的心理因素对价格的影响主要表现在人们对农机产品的预期价格上，即在心目中认为这种农机应该值多少钱，因此，企业在制订或调节农机产品的价格时，必须认真分析消费者的心理。任何一件商品都是为消费者服务的，消费者在购买农机时往往受到不同的心理倾向支配。如自我感觉优越心理、追求时尚心理、炫耀心理等，不同的消费心理对农机产品的价格有不同的要求。企业只有在研究掌握了不同的消费心理之后，才能制订出最佳的农机产品价格。

对于影响需求价格的弹性因素，包括产品本身的性质、产品的可替代性、产品在消费者支出中所占的比例、产品需求的时间性、文化价值的取向或偏向等等。

农机产品价格的制订还受到其他营销组合的影响。对于新建的中小型农机生产企业，或者知名企业的农机产品处于导入期和成长期，价格可定得高一些，而处于成熟期和衰退期的生产企业的农机产品定价则应相对低一些。质量好、性能好、品牌知名度高的农机产品的价格可以定的高一些；反之，则必须定得低一些。当企业用于广告或其他方面的费用支出较多时，价格应相应提高；反之，农机产品的价格就可以定低一些。可见，农机产品的定价不能脱离其他营销因素而单独决定。

（二） 内部因素

内部因素主要有生产成本、产品特性、产品生命周期等。

内在因素中，成本是商品价值的基本部分。农机产品的生产成本是指农机企业为研究开发、生产和销售农机产品所支付的全部实际费用以及企业为其产品承担风险所付出的代价的总和。实际上，一种车型、一种配置的价格，往往在其设计阶段就已经确定下来了。既然车型决定价格，因此，通过改变车型和配置来改变价格，已经成为一种基本的价格策略。产品质量是产品价值的重要组成部分。因此，分级定价、优质优价，即“一分价钱一分货”，是一个重要的和基本的定价原则。但是，市场是多变的，消费者对农机质量与价格的认识和看法也是有差异的。

就质量与价格的组合方式，可以有 4 种形式：优质—优价，优质—低价，低质—低价，低质—优价。不同的产品适用不同的组合方式，不同组合方式可以带来不同的市场效果。优质—优价适合于高档豪华农机，消费者追求的精良的品种，并认可不菲的价格；优质—低价适合于中低档农机，讲求物超所值，这一层次的消费者往往希望以较低的价格得到相对较高品质的农机，追求的是超值的性价比；低质—低价适用于低档车型，明明白白地告诉消费者产品价格低，产品的品质也不高，能用就行，对那些作为过渡期使用的车主，不求车好，只求价低；而低质—优价是以较低的品质的车卖出高价，作为一种策略，目前在中国的农机市场几乎无法通行，除非是以次充好，假冒盗牌的农机产品，属于商品欺诈行为，是不可取的。

农机产品的生命周期是指某种车型从投放市场开始，到被市场淘汰为止，所经历的整个过程。农机产品处在不同的寿命周期阶段会有与之对应的不同策略安排。

（三） 其他因素

其他因素包括政策法规因素、消费文化因素、企业或者产品的形象因素，等等。政府为了维护经济秩序或其他目的，可能通过立法或者其他途径对企业的价格策略进行干预。政府的干预包括规定最高、最低限价，限制价格的浮动幅度或者规定价格变动的审批手续以及实行价格补贴等。随着市场运行机制的不断完善，国家对企业定价的干预将越来越多地运用经济手段来实现。在现阶段，我国的商品市场价格不仅要受到国家相关价格政策的直接影响，而且国家的投资政策、科技发展政策、劳动工资政策、税收政策等也会对产品价格产生多方面的影响。

因此，企业在定价过程中要综合考虑国家政策对产品供求关系和产品价格的直接或间接影响。企业要严格遵守国家的价格政策，在政策允许的范围内行使定价权力，坚持按质定价、优质优价、劣质低价的原则，以维护消费者的利益，促使改善经营管理，提高产品质量。

有时企业根据企业理念和企业形象设计的要求，需要对产品价格做出限制。例如，企业为了树立热心公益事业的形象，会将某些有关公益事业的农机产品价格定得较低；而为了形成高贵的企业形象，将某些农机产品价格定得较高等等。

农机价格竞争是一种十分重要的农机营销手段。在激烈的农机市场竞争中，农机企业为了实现自己的营销战略和目标，必须根据产品特点、市场需求及竞争情况，采取各种灵活多变的农机定价策略，使农机定价策略与农机市场营销组合中的其他策略更好地结合，促使和扩大农机销售，提高农机企业的整体效益。

六、农机新产品定价策略

在激烈的农机市场竞争中，农机企业开发的农机新产品能否及时打开销路、占领市场和获得满意的利润，除了农机新产品本身的性能、质量及必要的农机市场营销手段和策略之外，还取决于农机企业是否能选择正确的定价策略。企业是否要采取折扣和折让定价策略、折扣的限度为多少，要综合考虑市场上各方面的因素。特别是当市场上同行业竞争对手实力很强时，本企业一旦实施了折扣和折让定价策略，可能会遭到强大竞争对手的更大折扣反击。而一旦形成了竞相折价的市场局面，则要么导致市场总价格水平下降，不仅本企业无法扩大市场占有率，而且导致和竞争对手两败俱伤；要么就会因与竞争对手实力的差距而被迫退出竞争市场。农机新产品有三种基本策略。

1. 撇脂定价策略

这是一种农机高价保利策略，是指在农机新产品投放市场的初期，将农机价格定得较高，以便在较短的时期内获得高额利润，尽快地收回投资。

2. 渗透定价策略

这是一种农机低价促销策略，是指在农机新产品投放市场时，将农机价格定得较低，以便使农机消费者容易接受，很快打开和占领市场。

3. 满意定价策略

这是一种介于撇脂定价策略和渗透定价策略之间的农机定价策略。所定的价格比撇脂价格低，而比渗透价格要高，是一种中间价格。这种农机定价策略由于能使农机生产者和消费者都比较满意而得名。由于这种价格介于高价和低价之间，因而比前两种定价策略的风险小，成功的可能性大。但有时也要根据市场需求、竞争情况等因素进行具体分析。

七、针对农机产品组合的定价策略

一个农机企业往往不只生产一种产品，常常会有多个系列的多种产品同时生产和销售，这同一企业的不同种农机产品之间的需求和成本是相互联系的。但同时它们之间又存在着一定程度的“自相竞争”，因而，这时候的企业定价就不能只针对某一产品独立进行，而要结合相关联的一系列的产品，组合制订出一系列的价格，使整个产品组合的利润最大化。

（一） 同系列农机产品组合定价策略

这种定价策略即是要把一个企业生产的同一系列的农机作为一个产品组合来定

价。在其中确定某一车型的较低价格，这种低价车可以在该系列农机产品中充当价格明星，以吸引消费者购买这一系列的各种农机产品；同时又确定某一车型的较高价格，这种高价可以在该系列农机产品中充当品牌格，强调产品组合中各农机产品的内在关联性。

（二） 附带选装配置的农机产品组合定价策略

这种定价策略即指将一个企业生产的农机产品与其附带的一些可供选装配置的产品看作一个产品组合来定价。如农机消费者可以选装该农机企业的电子开窗控制器、扫雾器和减光器等配置。农机企业首先要确定产品组合中应包含的可选装配置产品，其次再对农机及选装配置产品进行统一合理的定价。如农机价格相对较低，而选装配置的价格相对稍高一些，这样既可吸引农机消费者，又可通过选装配置来弥补农机的成本，增加企业利润。附带选装配置的产品组合定价策略一般适用于有特殊、专用农机附带选装配置的农机。

（三） 折扣和折让定价策略

在农机市场营销中，企业为了鼓励顾客及早付清货款、大量购买、淡季购买，还可以酌情降低其基本价格。这种价格调整叫价格折扣。灵活运用折扣和折让策略，是提高农机企业经济效益的重要途径。具体来说，折扣和折让分以下五种。

1. 数量折扣

数量折扣是根据买方购买的农机数量多少，分别给以不同的折扣。买方购买的农机的数量越多，折扣越大。

2. 现金折扣

现金折扣是对按约定日期提前付款或按期付款的买主给予一定的折扣优惠价，目的是鼓励买主尽早付款以利于资金周转。运用现金折扣应考虑三个因素：一是折扣率大小；二是给予折扣的限制时间长短；三是付清货款期限的长短。例如，顾客在 30 天内必须付清货款，如果 10 天内付清货款，则给以 2%的折扣。

3. 交易折扣

交易折扣是农机企业根据各个中间商在市场营销活动中所担负的功能不同，而给予不同的折扣，所以也称“功能折扣”。如运输、仓储、售后服务的分工等。

4. 时间折扣

时间折和有两层含义，一是季节折扣，二是时段折扣。

季节折扣是指在农机销售淡季时，给购买者一定的价格优惠，目的在于鼓励中间商和消费者购买农机，减少库存，节约管理费，加速资金周转。季节折扣率应不低于银行存款利率。时段折扣是在一些特定的时段，如开业当天，展览会期间，周年庆典期间等时段内给予一定比例的折扣优惠。

5. 运费让价

运费是构成农机价值的重要部分，为了调动中间商或消费者的积极性，农机企业对他们的运输费用给予一定的津贴，支付一部分甚至全部运费。

因而，企业在实行折扣和折让定价策略时要考虑竞争者实力、折扣成本、企业流动资金成本、消费者的折扣心理等多方面的因素，并注意避免市场内同种商品折扣标准的混乱，才能有效地实现经济目标。

（四） 心理定价策略

这是一种运用营销心理学原理，根据各种类型顾客购买商品时的心理动机制订价格。每一品牌农机都能满足农机消费者某一方面的需求，这就为农机购买心理定价策略的运用提供了基础，使农机企业在定价时可以用消费者心理因素，有意识地将农机价格定得高些或低些，以满足农机消费者心理的、物质的和精神的多方面需求，获得最大效益。具体的心理定价策略如下：

1. 整数定价策略

在高档农机定价时，往往把农机价格定成整数，不带尾数。凭借整数价格来给农机消费者造成农机属于高档消费品的印象、提高农机品牌形象，满足农机消费者某种心理需求。

整数定价策略适用于农机档次较高，需求的价格弹性比较小，价格高低不会对需求产生较大影响的农机产品。由于目前选购高档农机的消费者都属于高收入阶层，自然会接受较高的整数价格。

2. 尾数定价策略

尾数定价策略是与整数定价策略正好相反的一种定价策略，是指农机企业利用农机消费者求廉的心理，在农机定价时，不取整数，而带尾数的定价策略。如某款家用农机定价为 9.98 万元。这种带尾数的农机价格给农机消费者直观上一种便宜的感觉。同时往往还会给消费者一种农机企业经过了认真的成本核算才定价的感觉，可以提高消费者对该定价的信任度，从而激起消费者的购买欲望，促进农机销售量的增加。

尾数定价策略一般适用于农机档次较低的经济型农机。经济型农机价格的高低自然会对需求产生较大影响。

3. 声望定价策略

根据农机产品在消费者心目中的声望、信任度和社会地位来确定农机价格的一种农机定价策略。声望定价策略一般适用于具有较高知名度、有较大市场影响的著名品牌的农机。

4. 招徕定价策略

这是指将某种农机产品的价格定得非常之高，或者非常之低，以引起消费者的好奇心理和观望行为，来带动其他农机产品的销售的一种农机定价策略。如某些农机企业在某一时期推出某一款车型降价出售，过一段时期又换另一种车型，以此来吸引顾客时常关注该企业的农机，促进降价产品的销售，同时也带动同品牌其他正常价格的农机产品的销售。招徕定价策略常为农机超市、农机专卖店所采用。

5. 分级定价策略

这是指在定价时，把同类农机分为几个等级，不同等级的农机采用不同价格的一种农机定价策略。这些不同等级的农机若同时提价，对消费者的质价观冲击不会太大。这种定价策略可以使消费者产生按质论价、货真价实的感觉，比较容易被消费者所接受。分级定价策略中等级的划分要适当，级差不能太大或太小。否则，起不到应有的分级效果。

八、调价策略

（一） 企业调价原因

（1）降价：采用直接降价策略，可刺激用户的购买欲，提高产品销量。但若降价时机选择不好，降价方式不适当或宣传力度不够，也会产生不良影响。采用增加价外费用支出和服务项目、赠送礼品、开展“展销优惠月”、给予各种价格折扣等间接降价策略可缓解价格竞争，避免误导消费者，促进产品销售，是常用的降价方式。

企业降价的主要原因包括生产能力过剩，产品积压；维持或提高市场占有率；产品生产成本下降和竞争产品降价等等。

（2）提价：消费者往往存在“买涨不买跌”的心理。如果提价时机好，促销广告宣传有力，提价有时反而会激发消费者购买欲望，增加产销量。

企业提价的原因主要包括通货膨胀导致成本上升、产品供不应求。在通货膨胀条件下，除直接提高产品实际价格外，企业还可采用以下变相提价的方式，推迟报价：在合同中规定按物价指数调价的条款；将原来低价或免费提供的服务分解出来，单独定价；降低价格折扣；采用低价原料或配件，或采用廉价包装材料，或减少产品的功能、服务和分量，或降低产品质量等。

（二） 顾客对企业调价的反应

（1）对降价的有利反应是认为企业让利于顾客，不利的反应是认为产品过时、有缺陷、企业资金周转困难等，从而使购车者产生价格进一步下跌的预期等。

（2）对提价的有利反应是认为农机产品质量提高，或出现了产品供不应求的状况，不及时买就可能买不到，购车者产生了价格可能继续上升等想法。不利反应是认为企业想要获取更多的利润，从而使购车者产生了反感情绪，降低了对该产品的购买积极性。

（三） 企业调价对竞争者的影响

在异质产品市场上，竞争者一般不会追随企业的调价。

在同质产品市场上，竞争者通常追随企业的调价。但不同的竞争者反应的模式不尽相同。反应模式因竞争者的经营目标、经济实力、一贯作风等因素不同而不同。因此，企业应根据对竞争者有关特点的分析，预测竞争者可能做出的反应。

（四） 企业对竞争者调价的对策

在异质产品市场上，对竞争者的调价，企业做出反应的自由度很大。而在同质市场上，竞争者提价时，企业可以提价也可以不提价。但如果竞争者降价，企业通常只能降价。因此，在企业身处同质市场的情况下，应密切关注竞争者的降价动向。

在同质产品市场上，对竞争者的降价行动，企业可以选择的对策主要有维持原价，但改进产品、增加服务等；追随降价；推出价格更高的新品牌攻击竞争者的降价品牌和推出更廉价的产品进行竞争。

【任务实施】

在市场调查的基础上，对某一农机品牌的新产品上市情况进行分析，并对该产品进行上市策划。具体如表 3-18 所示。

表 3-18 任务实施表

环节	对应项目	具体程序
1	了解新产品开发的具体步骤	熟悉新产品开发的八个阶段，掌握进行新产品上市的策划流程。
2	上市时机、地点的选择	会进行新产品上市时机的选择，会进行新产品上市地点的选择。
3	上市策划	学会选择新产品上市的策划，找准切入点，全面部署，准确定位，进行整合传播。
4	明确价格制定中主要影响因素	说明农机产品价格制定的影响因素，了解农机产品价格的构成。
5	统计应定价产品	列示本公司现有产品的定价目标、市场价及成交价，学会分析影响农机产品价格的四个环节。
6	了解农机产品定价的程序，学会进行产品定价策划。	确定新产品的定价目标，说明新产品的定价方法和定价策略，并确定新产品的最终价格。明确新产品的目标市场价格补贴政策。

【工作任务实施记录与评价】

1. 制订新产品开发与扩散策划

师傅指导记录	制订工作计划质量评价	评价成绩
		日期

2. 学徒关键职业能力及职业品质、工匠精神评价

项目	A	B	C	D
工作态度				
吃苦耐劳				
团队协作				
沟通交流				
学习钻研				
认真负责				
诚实守信				

3. 学徒对工作过程的反思

学习项目四
农机销售管理

××农业机械有限公司推出新产品，营业部销售人员进行销售准备工作，并对销售区域进行规划、设计，按照公司的要求分区域进行市场开拓工作，寻找并确定合作客户，让客户熟悉新产品性能，并就价格等进行详细洽谈，最终促成交易的完成。完成销售业务的同时，对所负责的销售区域进行管理，包括销售团队的建立、销售过程的管理、客户关系管理等。

岗位工作任务一　塑造专业的农机销售人员

【任务描述】

在师傅指导带领下，各小组销售人员根据销售任务筹划销售人员的招聘工作，讨论并完善××农业机械有限公司农机销售人员的工作职责。

【任务分析】

在销售任务筹划实践中全面提高业务素质和工作技能。要以销售任务筹划销售人员的招聘工作理论知识为向导，探讨××农业机械有限公司农机销售人员的岗位职责，通过销售任务筹划实践，全面培养和提高政治思想素质、文化素质、技能素质、道德素质等。

【专业知识准备】

一、销售与销售管理的认知

（一） 对销售的认识

销售是指企业说服和诱导潜在顾客购买某项商品或服务，从而实现企业营销目标并满足顾客需求的活动过程。广义的销售包括人员销售和非人员销售，狭义的销售仅指人员销售，本教材研究的销售管理限于人员销售的范畴。

1. 销售活动的特征

（1）销售活动的三要素，即指销售者、销售对象和销售品。

（2）销售的中心是说服。所谓销售，就是说服，主要表现在两个方面：一是让顾客接受销售人员的观点、产品和服务；二是让顾客乐意掏钱购买，并提高顾客购买的满意度。

（3）销售活动具有双重目的。双重目的是指要同时满足销售人员和购买人员的需要。

（4）销售活动是一个复杂的过程。销售活动是销售者与销售对象信息传递的过程，是商品交换的过程，也是销售者与销售对象的心理复杂变化的过程。

2. 销售工作的类型

（1）零售业中的销售：零售人员销售产品或服务，是给顾客个人完成最终消费。在我国，零售业吸纳了大量的销售人员，他们在商店中当售货员，与顾客面对面地沟通进行销售或从事电话销售。

（2）批发销售：批发销售商也称为分销商，它们直接从制造商或其他批发商那里购买商品，然后将商品销售给其他中间商。

（3）制造商销售：产品制造业中的销售人员有时称为销售工程师，他们将制造企业的产品销售给不同类型的客户，这种客户可以是其他制造商、批发商、零售商，也可以是单个客户。

（二） 对销售管理的认识

销售管理是指为实现企业整体销售目标，把握市场机会和实现商品交换而进行的包括建立销售目标、协调各种销售工具、制定销售预算、设计销售方案、评估和控制销售行动等一系列的具体管理活动过程。一般而言，销售管理的过程及步骤如图 3-26 所示。

1. 销售环境分析

销售环境分析可以发现企业内部资源在企业销售工作中的优势和劣势；通过外部环境分析，可以发现企业销售的机会与威胁，便于企业及时把握机会，规避威胁。

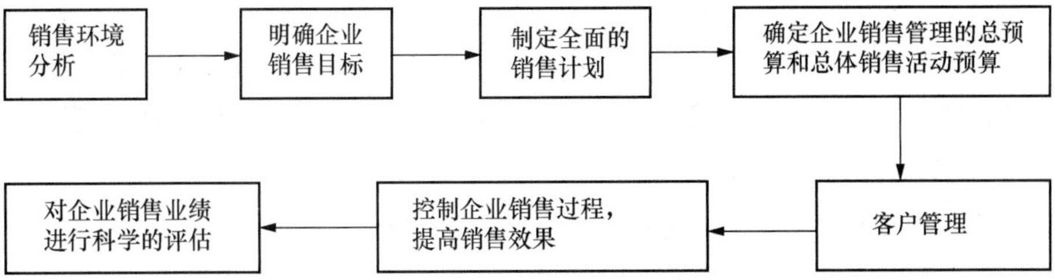

图 3-26　销售管理的过程及步骤

2. 明确企业销售目标

企业销售目标包括企业整体的销售规模目标、销售成本控制目标、不同消费者的销售目标、不同销售区域的销售目标、不同销售人员的销售目标以及不同销售时间的销售目标等。

3. 制订全面的销售计划

协调企业的各种资源使企业的各个方面密切配合，有条不紊地开展销售活动，实施各项具体的销售方案，更好地完成企业总的销售目标。

4. 确定企业销售管理的总预算和总体销售活动预算

根据销售目标明确企业总的销售预算及其在各项销售活动中的预算计划，一方面可以确保提供销售所需要的费用支出；另一方面可以对销售活动的费用进行必要的控制，以提高企业销售活动的经济效益。

5. 客户管理

通过各种方式收集完整的客户资料，对客户进行细致的分析研究，加强客户的动态管理，并为客户提供周到的服务。

6. 控制企业销售过程，提高销售效果

由于各种因素的影响，计划与实际销售过程往往会出现差异，进行有效的信息传递和调整是使销售活动得以顺利开展的保证。

7. 对企业销售业绩进行科学的评估

科学的评估是为了对销售活动进行全面的总结，总结的目的是为了以后更好地把企业的经济效益和经济责任结合起来，提高企业销售管理的水平和企业销售活动的经济效益。

二、农机销售人员的职责

农机销售人员的职责对农机销售是至关重要的，农机销售的效果如何，在很大程度上取决于基层农机销售人员的水平，尤其取决于农机销售人员的素质和综合鼓动能力。因此，探讨农机销售人员的地位和作用、特点和职能，以及如何提高其素质和能力，就成为农机销售工作中的一个重要问题。

（一） 明确农机销售人员的作用

农机销售人员就是在农机销售组织和具有一定推广职能、有志于农机销售的其他组织（经营组织、非经营组织或自然人）中，实施农机销售工作的具体执行者。

1. 对农机销售人员进行分类

农机销售人员可以从不同的角度和按不同的标准来进行分类。主要类别有：

(1) 从执行推广对象的规模来分，可以分为宏观推广者和微观推广者。

(2) 从职能作用上分，可以分为农机销售管理者和农机销售员。

(3) 从所处机构的层次上分，可以分为国家级、省市级、区县级。

(4) 从推广工作的业务上分，可以分为管理者、推广员、技术员、信息员、技术技能培训教师等。

2. 农机销售人员的作用

农机销售人员在农机销售工作中的作用是多方面的，具体工作不同，其作用也不同。

(1) 农机销售活动的指挥者。战争需要指挥，经济管理活动需要指挥。基于管理的协调职能来说，农机销售活动也需要指挥。指挥便于指令畅通，指挥便于协作，指挥便于收到良好的推广效果。

(2) 农机销售活动的组织者。基于管理组织职能来说，农机销售人员是农机销售活动的组织者。

(3) 农机销售活动的执行者。基于农机销售的目的来说，农机销售人员是农机销售活动的执行者。

(4) 农机销售活动的监督者。基于管理的监督职能来说，农机销售人员是农机销售活动的监督者。

(5) 农机销售目的的实现者。基于推广的目标来说，农机销售人员是农机销售活动的实现者。

(6) 农机生产企业的代言人。对于农机销售目录内农机产品的生产企业来说，农机销售人员是农机生产企业的代言人。

（二） 明确农机销售人员的职责

在农机销售组织中，按照职能分工，农机销售人员的职责分为两个方面。

(1) 对于宏观推广人员来说，农机销售人员的职责是：①研究和确定农机销售的战略和策略；②组织和完善管理机构；③制定和执行管理规范；④决策和指挥决策的实施；⑤协调和监督农机销售活动；⑥培养、选拔和使用农机销售人才；⑦制定、宣传、贯彻或执行农机销售的方针、政策；⑧开发农机技能人才；⑨传递、收集和反馈农机销售信息。

(2) 对于微观推广人员来说，农机销售人员的职责是：①执行农机销售目标指令；②宣传、贯彻和执行农机销售的方针、政策；③执行管理规范；④培训农机操作人员；

⑤指导所推广的农业机械化新技术；⑥传递、收集和反馈农机销售信息；⑦按农业机械化区划要求，推广区划控制地域内相适宜的农机具及农业机械化技术。

（三） 农机销售人员应具备的个体素质

农机销售人员的个体素质，是指在一定时间和空间条件下，存在于农机销售人员身上，并在农机销售活动中对农机销售工作经常起作用的那些内在要素和能力；它是农机销售人员在先天基础上通过后天的学习、实践逐步形成的智能、品德等的总和。作为一个合格的农机销售人员，应具备政治思想素质、文化业务素质、组织管理素质、道德品格素质。

三、销售管理中伦理问题的处理

伦理价值和精神价值永远都是一种强大的力量，它能够规范销售人员队伍内部及外部环境的行为。当伦理准则和社会责任感获得广泛认同后，公司就可以利用伦理规范及其企业文化来约束人们的言行。销售管理经常面临道德困境，在现实生活中，经常会出现观点冲突、情况模糊以及形势不明确等销售管理局面。

社会经济观要求企业不仅要对股东负责，还要对其他利益相关者负责。崇尚道德的销售管理应具备以下特征：

1. 把遵守道德规范看作责任

如果遵守道德规范会带来损失，而不遵守道德规范可能会带来利益，企业仍然选择遵守道德规范，这就是责任。

2. 以社会利益为重

社会营销观点要求销售者坚持以社会利益为重，任何牺牲公共利益得到的业绩只能是短期的业绩。

3. 重视利益相关者的利益

关系管理告诉我们，企业不仅要处理好与上游、横向、下游企业之间的关系，还要处理好与企业所有者、内部劳资、顾客、社会和环境的关系。

4. 遵守法律，崇尚道德

法律是所有社会成员必须共同遵守的最基本的行为规范，不仅要遵守法律进行销售活动，而且要激发学徒的责任感、使命感，才能赢得顾客、供应商、公众的信赖和支持。崇尚道德的管理将社会利益放在自身利益之前，却常常能取得卓越的业绩。

5. 自律

由于销售工作具有较大的自主性和创造性，同时又承担着重要的责任，所以销售管理需要强调自律，强调学徒的自我管理。

6. 以企业的价值观为行为导向

在销售活动中，销售人员与企业的价值观不尽相同，但企业的价值观是企业文化的核心内容，企业学徒应该共同遵守和维护。

四、农机销售人员素质的培养和提高

农机销售人员培养和提高素质的根本途径一是学习，二是社会实践。

（一） 农机销售人员的学习

学习是多方面的，这里主要讲从书本中学习。

(1) 农机销售人员的学习要有正确的动机和目的。有正确的动机和目的，才能产生学习的韧性和毅力。在工作中要有活到老学到老的精神，随时要有学习的紧迫感、危机感、责任感。

(2) 农机销售人员学习的内容，要结合形势的需要和自身的实际，如前人总结提炼的理论知识和推广技能知识。

(3) 农机销售人员的学习要有科学的方法。理论联系实际是学习的重要方法。学习马克思主义的基本理论，学习文化、科学、技术、管理等，都要同实际结合起来，学习时要打好基础，循序渐进。

(4) 农机销售人员的学习主要是利用业余时间的学习和农机部门组织的在职人员短期培训，随着农机具及农业机械化技术的换代与发展，农机销售人员应抓住一切机会提高自身知识水平，紧跟科技发展的脚步。

（二） 农机销售人员的实践

(1) 要在农机销售的社会实践中丰富专业文化知识。实践是认识的源泉，管理知识和推广的技能水平，只有不断地在实践中积累和运用才能提高。

(2) 要在社会实践中自觉接受组织和群众监督、自省自纠，不断提高自身素质。

【任务实施】

在上述情境中，各小组销售人员可以按照表 3-19 所列步骤实施。

表 3-19 任务实施表

环节	对应项目	具体程序
1	销售管理认知学习	在师傅指导带领下，各小组农机销售人员进行销售与销售管理认知学习。
2	拟定农机销售人员的招聘启事	以销售任务筹划销售人员的招聘工作理论知识为向导，拟定一份农机销售人员的招聘启事。
3	拟定销售工作职责	拟定××农业机械有限公司农机销售人员的工作职责。
4	讨论完善销售人员岗位职责文件	讨论完善××农业机械有限公司农机销售人员的岗位职责文件，包括岗位目标、工作职责、工作标准等。

按照上述步骤，各小组销售人员可以根据讨论完善的销售人员岗位职责文件，进行销售任务筹划实践，全面培养和提高销售人员政治思想素质、文化素质、技能素质、道德素质等。

【工作任务实施记录与评价】

1. 销售与销售管理工作计划

师傅指导记录	销售与销售管理工作计划质量评价	评价成绩
		日期

2. 学徒关键职业能力及职业品质、工匠精神评价

项目	A	B	C	D
工作态度				
吃苦耐劳				
团队协作				
沟通交流				
学习钻研				
认真负责				
诚实守信				

3. 学徒对工作过程的反思

岗位工作任务二　销售区域管理

【任务描述】

在师傅带领下，各小组根据××农业机械有限公司政策选定销售区域，并拟定在销售区域内的经销商（代理商）开发方案。具体工作如下：

1. 分析公司销售区域划分的政策、新产品目标市场的特点等因素，选定新产品销售区域。

2. 明确选择中间商需考察的因素，并拟定中间商开发方案。

【任务分析】

各小组销售人员在师傅的指导下，按销售任务筹划所负责销售区域的销售计划工作，认真讨论确定所负责销售区域的年度销售目标、销售配额和销售费用、拟定年度销售计划，并整理提交销售计划书。

【专业知识准备】

销售区域也称为区域市场或销售辖区，是指在一段给定时间内，分配给一个销售人员、一个销售分支机构或者一个中间商（批发商和零售商）的一群现实及潜在客户的总和。销售区域可以有地理界线，也可以没有地理界线。一个销售区域可以被认为是企业的一个细分市场，划分销售区域无论是对于企业自身，还是对于销售人员，都有积极的意义。

一、销售区域的划分

销售区域划分一般有按地理区域划分或按经济贸易区域划分等方法。

（一）　以经济贸易区域划分销售区域

这种方法划分销售区域的优点很多：第一，企业可以将消费习惯、消费能力等因素相同的地区予以整合，成立销售分公司，以此来降低企业的销售成本，同时使企业的销售更具有针对性和实效性；第二，企业可以利用经济贸易区域核心城市的辐射作用，带动周边区域的其他城市联动消费，形成统一的消费习性，建立同质的消费倾向。在具体实施时，又有两种方式。

1. 以区域性经济中心来设置销售区域

这是一种经济区域和地理区域兼顾的销售区域设置方式，以考虑经济区域为主在我国，由于历史和经济的原因，形成了很多以大城市为主体的地域性经济中心。

2. 以贸易区域划分销售区域

贸易区域划分销售区域是一种为很多企业采用的销售区域划分方式。贸易区域反映了商品的自然流向，没有地理上的限制，唯一的制约就是经济因素，即费用最省、收益最大。

（二） 以地理区域划分销售区域

用这种方法划分销售区域的优点很多。第一，地理区域已经存在，划分时省时省力。第二，消费者对很多产品的需求带有很明显的地域色彩，因此许多企业在产品的营销上往往以地理区域为基础。第三，很多产品需要生产厂商提供各种类型的服务。第四，在我国，区域性的中间商特别多，在某一区域内它们往往占有绝对的竞争优势，作为生产企业必须以区域为单位派出销售人员，以加强与中间商的关系。

二、销售区域的设计

设计销售区域时，应该给每位农机销售人员分配具有同样销售潜力的区域和工作量，不平等的区域分配是造成士气低下的原因之一。但是在实际的管理工作中，使公司的区域设计完全合理是不可能的。为此，农机销售经理应该正确把握销售区域设计的内容。

（一） 分析农机销售人员的工作量

1. 决定农机销售人员工作量的主要事项

销售区域设计必须考虑农机销售人员工作量的主要事项，即在指定销售区域内，决定农机销售人员需要做哪些工作：

（1）需要访问多少客户；

（2）平均访问多少个客户才可以拿到一个订单；

（3）为涵盖整个区域，一年内销售访问的总次数；

（4）一年内需要的销售访问时间；

（5）一年内需要在外出差的时间；

（6）每一个客户的访问间隔；

（7）每天花在非销售活动上的时间；

（8）花在等待客户上的时间等。

2. 确定农机销售人员工作量时必须考虑的因素

确定农机销售人员的工作量时，必须考虑企业的情况，如生产线、产品的种类及数量等。还有一些其他因素，这里归纳如下：

（1）销售工作的性质。销售工作的性质影响农机销售人员销售访问的形式，例如，仅负责销售的人员比那些既负责销售又负责寻找准客户的销售人员进行销售访问的次数要多。

（2）商品特性。不同的产品赋予销售访问形式不同的意义，如工业资料供给商通常具有很多客户，他们通常进行销售访问，而一些大型设备供给商的销售访问就要少一些。

（3）市场开拓阶段。企业进入一个新的市场时，在市场还未充分开拓、消费者还不是很多的情况下，通常设计较大的销售区域，以保证足够的销售潜力，满足农机销售人员的需要。

（4）市场涵盖的强度。有大量分销商的公司，通常设计较小的销售区域，以增加市场占有率。

（5）竞争性。如果一家公司决定与另一家公司竞争，一般都会增加销售人员的访问频率和对每一个客户的访问时间。而如果竞争加强，公司将采取更有选择性的竞争，专门安排销售人员只访问某几个关键客户。

（二） 合理确定销售区域目标

明确销售区域管理目标是销售区域设计的一项重要工作。销售区域管理目标的明确，一方面有利于企业高层管理人员对企业销售活动进行管理和监督；另一方面也有利于第一线销售人员明确自己的工作职责。

销售区域的具体目标包括以下几项：

1. 市场调研目标

在销售区域的划分过程中，农机销售人员通过市场调研来了解销售区域适合种植的农作物和农机整体水平，使农机销售人员更有针对性、实效性地开展销售活动。

2. 销售业绩目标

合理的销售区域设计，为科学、合理地评估农机销售人员的业绩提供了一定的条件。一般而言，对于相对较小的销售区域，收集市场及客户的信息比较容易而且完整，对区域的市场状况、潜力可以有比较清楚的认识。

3. 市场责任目标

合理的销售区域设计使农机销售人员负责有限的区域市场和客户，这样可以明确农机销售人员的市场职责，有助于加强企业对市场的控制能力，促使农机销售人员集中精力管理好自己的市场，防止竞争对手侵入。

4. 客户管理目标

客户管理是销售区域管理的一项重要工作，对于销售区域的农机销售人员来说，客户管理目标主要有客户发展目标、客户巩固目标、客户判别目标、客户服务目标。

5. 费用控制目标

费用的控制有助于农机销售人员规范自己的销售活动，提高销售的利润率。可见，农机销售人员的绩效评价不仅仅与销售业绩的具体数字相关，还需要关注市场调查、市场责任、客户管理、费用控制等目标。否则，绩效评价更多得到的是负面效应。

（三） 决定基本的销售区域

决定基本的销售区域通常有两种方法，即自下而上的方法和自上而下的方法。自下而上的方法是由小的地理单位合并为大的地理区域；自上而下的方法，则是把整个市场分隔为若干个小的销售区域。这里介绍自下而上决定销售区域的基本步骤。

1. 分析目标客户

（1）确定客户及准客户的位置、数量、规模，然后进行销售潜力预测。

（2）依据客户不同的需要和特点，对客户进行分类，每一类客户采用不同的销售策略。一般采用的分类方法是客户 ABC 分析法，例如：

A：大客户，一旦失去这类客户，对公司销售业绩影响很大。

B：中客户，大多数的客户都属于这一类。

C：小客户，通常购买量很小。

另外，有些公司采用多种方法对客户分类，依据不同的产品、不同的市场，对每一类客户再进行分类，采用不同的销售策略。但在一些工业商品销售中或直复营销的销售形式中，一般不对客户分类，而是假设客户都是相同的，对所有客户采取相同的营销策略。

2. 设计合理的访问形式

主要考虑农机销售人员在一年内销售访问的次数和对每位客户的访问频率。若不对贸易区域内的客户进行 ABC 分类，假设一个农机销售人员一天访问 5 个客户，则意味着农机销售人员一周要进行 25 次访问，或一年进行 1 250 次访问。

在对贸易区域内的客户进行 ABC 分类的情况下，假设某贸易区域中，大客户需要 1 个月访问 1 次，中客户需要 2 个月访问 1 次，小客户需要 1 年访问 2 次。表 3-20 说明了划分 ABC 三类客户时的客户数量及销售人员需要的访问数量。根据表中数据可知，全年 980 次的访问量即可覆盖该贸易区域。

3. 划定销售区域界线

划定销售区域界线一般采用自上而下的方法，这种方法被销售工业产品的公司广泛使用。它要求销售经理首先估计出销售量，然后再分解为农机销售人员的配额。具体包括：

（1）确定公司总的销售量。

（2）确定每个农机销售人员的平均销售量。

表 3-20　划分 ABC 三类客户时的客户数量及销售人员需要的访问数量

客户类型 贸易区域	贸易区域Ⅰ		贸易区域Ⅱ		贸易区域Ⅲ	
	客户数量/个	年访问次数/次	客户数量/个	年访问次数/次	客户数量/个	年访问次数/次
A：大客户	15	130	10	100	15	144
B：中客户	30	180	30	180	25	150
C：小客户	25	50	15	30	20	40
合计	70	360	55	310	60	334

（3）确定销售区域的数量，总销售量除以农机销售人员的平均销售量可以得到销售区域的数量。

（4）按照农机销售人员都具有平等销售潜力的原则，划分销售区域。

三、销售区域业务管理

（一）销售区域开发

1. 分析销售区域现状

在做任何决策之前，都必须尽可能地把握销售区域的现状，为此，农机销售人员需要分析以下事项：

（1）本企业在该销售区域里的相对优势和劣势；

（2）本企业可能面临的机会和挑战；

（3）本企业在该销售区域里的相对市场竞争地位；

（4）本企业的技术、资金、人才、信息等资源条件限制；

（5）本企业总体战略特别是营销战略的基本情况；

（6）该销售区域的市场容量及潜力等。

2. 设定“攻击”目标

使农机销售“部队”开始行动的正是“攻击”目标。具体而言，“攻击”目标就是把客户区别开，进行行业别、性别、年龄别的分层隔离，对这些客户分别设定销售量及毛利目标，这一点非常重要。目标如果没有被具体地分配至每一个农机销售人员，他们就不可能发挥应有的战斗力，因此目标的分配务必清楚、具体，使销售人员能随时铭记在心，随时展开“攻击”行动。

3. 销售区域市场潜力判定

销售区域市场潜力判定方法主要解决销售区域之间销售潜力不平衡的问题。表 3-21 说明销售潜力的使用方法。首先要理解销售潜力和销售渗透的关系。销售渗透是指销售区域的销售额与销售潜力的百分比，一般销售潜力小的区域的销售渗透比销售潜力大的区域的销售渗透大。

表 3-21 用销售潜力方法调整销售区域

区域	销售额/元	销售潜力		销售渗透
		金额/元	比例	
A	940 000	3 000 000	15%	31.3%
B	700 000	2 700 000	13%	25.9%
C	460 000	2 200 000	11%	20.9%
D	600 000	6 200 000	30%	9.6%
E	400 000	6 400 000	31%	6.3%
合计	3 100 000	20 500 000	100%	

从表 3-21 中可以看出销售区域的状况，请注意 5 个销售区域的销售潜力是不平衡的。销售经理认为应当把 5 个区域重新划分成 6 个区域，并且再雇用 1 名农机销售人员。假设 6 个销售区域潜力相当，那么它们各占销售潜力的 16.7%，每个销售区域大约有 3 417 000 元的销售潜力（20 500 000 元÷6），销售渗透大约为 17%，总的销售额为 3 485 000 元（20 500 000 元×17%），共增加 385 000 元（3 485 000 元－3 100 000 元）。

这些只能说明销售额的分析，那么增加一个农机销售人员的费用是多少呢？利润是否增加？表 3-22 所示为 5 个农机销售人员与 6 个农机销售人员的费用及利润分析。假设每个农机销售人员费用为 50 000 元，从利润对比可以看出把 5 个销售区域划分为 6 个销售区域是可行的。

表 3-22 增加销售人员对销售额及利润的贡献 元

项目	5 个销售区域	6 个销售区域
销售额	3 100 000	3 485 000
可变成本	1 240 000	1 396 400
销售人员费用	250 000	300 000
利润	1 610 000	1 788 600

4. 销售地图的使用

销售地图是确定农机销售人员在各自区域活动时应遵循的路线模式，这种模式一般在地图或列表上标示出来，并说明农机销售人员覆盖区域内每个细分市场的顺序。因地区不同，有的需要地图，有的则不需要。制作全国营销地图时，市面出售的地图就够用，普通的地图因为是彩色，不容易区分，可用复印机复印做成黑白地图。此外，在销售地图上可以标注客户分布情况、竞争者的分布情形、交通情况、重点区域的设定、访问路线等。

（二） 销售区域的时间管理

1. 掌握时间管理的技能

管理时间是农机销售经理必须掌握的工作技能。

(1) 按工作的紧急程度划分有些工作特别紧急，需要马上处理，按照优先顺序的原则，紧急的工作排在前面；有些工作不太紧急或不紧急，可以往后推一推，根据优先顺序原则可以将这些工作排在后面。

(2) 按照重要程度划分重要的工作需要花费较多的时间和精力去做，不太重要或不重要的工作只需花费较少的时间去做。显然，优先顺序原则就是重要的工作排在前。

(3) 四象限的工作分类所有的工作都既有紧急程度的不同，又有重要程度的不同。根据这两个方面，可以将工作分成四类，见表 3-23。

表 3-23　四象限的工作分类

第Ⅰ象限	第Ⅱ象限	第Ⅲ象限	第Ⅳ象限
重要	重要	不重要	不重要
紧急	不紧急	不紧急	紧急

第Ⅰ象限：既紧急又重要的事项。紧急是指必须马上做的事项，重要是指对公司、部门或者个人有重大影响的事项。管理者对此类工作必须高度重视，紧急处理。

第Ⅱ象限：重要但是不紧急的事项。一般情况下，重要的事项都是可以在一定的时间内完成的，一般有较充足的时间安排。

第Ⅲ象限：不紧急和不重要的事项。管理者不要为既不紧急也不重要的事而花费宝贵的时间与精力，此类事项可以授权下属去做或推迟处理。

第Ⅳ象限：紧急但不重要的事项。管理者在工作中有大量的此类事项，而且此类事项往往没有计划性，甚至是突发性事项。对于这些事项，管理者同样需要引起重视，处理时需要强调时效性，在忙不过来的情况下，通常可以授权下属处理这些事项。

2. 安排客户访问路线

农机销售人员访问客户时花在路程上的时间很多，大约占出差时间的 1/4，路程时间一般是无效的，而农机销售人员的时间是宝贵的，所以应该采取措施尽量减少无效时间的使用。访问路线的设计实际上是一个时间分配问题，合理的访问路线可以最大限度地利用销售人员的时间。有效的访问路线设计程序如下：

(1) 直线式：农机销售人员从公司出发，沿途拜访所有顾客，然后按原路或其他路线直接返回公司。

（2）跳跃式：农机销售人员从离公司最远的顾客开始访问，然后在回公司的途中对客户进行访问，下一次访问可以从相反的方向进行。

（3）循环式：农机销售人员从公司开始，按圆周形式访问一圈，结束访问时正好回到公司。销售人员可以设计规模不同的循环式路线。

（4）叶片式：与循环式相似，只是把销售区域细分成一系列叶片形式，农机销售人员每次访问一个叶片区域。

（5）区域式：区域式不是真正的路线设计技术，而是时间管理技术，可以避免重复访问，以节约时间。销售访问的规划需考虑预计的销售量、应提供的销售服务及非销售活动等因素的影响。

3. 设计与管理路线销售

路线销售是指每天或每月按照一定区域内路线上的客户加以巡回拜访，以便完成每天或每月所定的销售目标。

路线销售的功能主要包括以下几个方面：

（1）对客户提供定期、定点、定时的服务；

（2）掌握每一零售店的销售态势与销货量的变化，进而作为设定未来（下一周、下一个月、下一季或下一年）销售目标的基础；

（3）作为新产品上市实施促销活动的路线及零售点选择的基础；

（4）能深度了解零售店的存货周转及其消化速度；

（5）作为店铺调查的依据。

路线的规划与设计路线销售的目的在于提高销售效率和节省营销成本，所以在实务的操作上应尽可能以最少的时间完成每天的销售目标。

四、销售网络成员管理

（一） 经销商管理

1. 选择与评估经销商

假如由你来选择西北地区某农机产品的经销商，你会从哪些方面进行考虑呢？以下是你不能忽略的四个方面：

（1）一般状况调查。一般状况主要是针对经销商个人及家庭状况加以调查，可分成三部分：第一部分是经销商是否专心经营事业；第二部分是经销商个人的背景资料与生活习惯；第三部分是经销商的家庭状况。

（2）营业状况调查。在营业状况方面，主要的调查内容是经销商的经营设备、人手及能力。可分为两部分：一是经销商的设备与人手，如店铺的所有权、规模、位置、装潢、照明、店员人数等；二是经销商的经营能力，如店铺内商品陈列情形，店员的教育及工作态度，经营者的经营技术、推销能力、经营年数，同业的评价以及营业实权掌握情况等。

（3）候选经销商是否处于生产商的管控范围内。经销商能把生意做多大是一个方面，生产商能否控制这个经销商其实更重要。经销商更习惯于把眼光集中在当前盈利上，因此很有可能为了自己的利润最大化而违反生产商的市场规定，杀鸡取卵，追求短期效益。

（4）能否与生产商的发展保持共进。大多数生产商的市场管理手段及营运方式总是在不断改进，经销商要与之进行相应的调整和配合，两者联动，才能发挥出生产商改进措施的有效性。这就需要经销商具备一定的学习心态，不断地配合生产商每一次新的策略调整和提升，做出相应的调整与改进。

2. 管理经销商

在与经销商的合作过程中，应多给经销商以配合、激励、协助等。因为经销商在实现产品销售利益的同时，也使企业实现目标利益。生产商对于经销商的管理主要有以下工作：

（1）了解经销商的经营目标和需要。若有可能，可以做出一些让步来满足经销商的要求。

（2）提供经销商需要的优质产品。为使双方合作朝着健康方向不断发展，生产商应不断提高产品质量，扩大生产规模，不断满足经销商的要求。

（3）给予经销商适当的利润保证。为了扩大市场份额和争取经销商，往往需要给经销商一个具有竞争力的销售量边际利润。

（4）给予经销商独家经销和有价值的特许地位。在某一地区只选择一家大的经销商来推广产品，有利于充分调动经销商的积极性。

（5）共同进行广告宣传。生产商需要不断进行广告宣传来增强或维持产品的知名度，否则经销商可能拒绝经销。

（6）进行人员培训。生产商要经常向经销商提供培训、商业咨询服务和帮助。随着产品科学技术含量越来越高，这一培训要求也越来越强烈。

（7）协助经销商完成好其他各项销售促进工作。例如，生产商可以经常派人协助经销商搞好产品陈列、主持产品的操作演示，向经销商提供优惠的信用条件、技术援助等。这样做可以树立经销商经营本公司产品的信心，有助于增加产品的销售量。

（8）协助经销商搞好市场调查和市场分析。生产商应不断地向经销商分发信件、业务通讯及期刊等，以保持良好的沟通状态。尤其在销售困难的情况下，经销商很希望生产商协助进行市场分析，以利推销。实践证明，生产商只有与经销商保持经常的密切的联系，才能减少彼此的矛盾，密切彼此的关系。

（9）给成绩突出的经销商一定的奖励。除了销售利润外，生产商还应给予成绩突出的经销商一定的奖励。奖励可以采取奖金的形式，也可以采取奖品的形式，如小汽车、住房等；还可以采取精神鼓励的方式，如将该经销商的事迹在本公司的刊物或当地报纸上公布。

（10）提供其他服务。生产商可提供其他力所能及的服务，如提供产品目录、产品说明书和其他宣传册；协助经销商检查和管理好存货，当存货降到一定水平时，应及时按需供应产品；协助经销商搞好企业管理，并指导其业务工作。生产商必须设法与经销商保持一种和谐的友好合作关系。一旦遇到冲突或矛盾，生产商应尽量通过友好协商的办法去解决。除了以上方法之外，生产商对经销商还有很多激励的方法，见表3-24。

表 3-24　生产商激励经销商的典型方法

1. 广告合作补贴	10. 保证销售	19. 对特殊庆典的捐赠
2. 销售人员竞赛	11. 当地调研工作	20. 商店装修费用补贴
3. 支付店堂陈列费用	12. 预售服务	21. 各种促销补贴
4. 提供库存管理帮助	13. 自动记录系统	22. 支付销售人员奖金
5. 支付窗橱陈列空间的费用	14. 承担发货费用	23. 为独家特许经营支付专门费用
6. 各种仓库功能的补贴	15. 利润优惠	24. 对独家经销商进行奖励
7. 用实物说明商品的人员费用	16. 慈善捐赠活动	25. 库存价格调整补贴等
8. 赠券代理补贴	17. 免费点检活动	
9. 免费赠品	18. 培训销售人员	

（二）代理商管理

1. 选择代理商

当站在生产商的角度面对地缘广阔的市场，很容易理解代理商的作用：一是有利于降低交易反复程度，节省劳动力，降低流通费用；二是有利于开拓新市场；三是有利于增强产品竞争力；四是有利于扩大产品销售，保持市场占有率；五是有利于减少生产企业的资金占用。

2. 管理代理商

农机销售人员必须学会使用各种支持和激励措施，让代理商觉得与生产商合作是一件非常愉快的事情，而且这种愉快的合作还会给代理商带来丰厚的收益。采取的做法有：

（1）应该和代理商共同拟定一个市场计划，不管这个计划实行起来是多么困难，只要双方坐下来共同协商，拟定有关内容，就会让代理商感到生产商很重视其工作计划。

（2）经常给代理商寄一些信件，可以是个人信件，也可以是一些销售手册、时事通迅以及推销刊物等。假如这些对代理商有所帮助，那么代理商将非常感激生产商。

（3）为了使代理商心情愉快和高效率地为生产商服务，生产商可以：鼓励代理商去参加一些大型的商展，最好是双方一块去并共同分担费用；当代理商需要最新产品目录和销售刊物时，生产商要尽快送达；保证货物、服务符合要求，品质维持较高水准；在每一笔交易成功后马上支付给代理商应得的佣金。

(4) 定期访问，或亲自去，或派学徒去。和代理商一起拜访客户，这会提高代理商的威信，并且也因此有机会直接听取客户对产品的评价，而且一旦将来代理商退出经营或放弃这种代理权，生产商可以利用直接接触所建立的关系维持和客户之间的合作。

(5) 邀请代理商到生产商处做客、参观，参观工厂、生产程序，并与技术工人及推销人员交谈，了解产品性能、质量、结构等，使代理商对产品产生一种信赖感，并且在行销产品时自信地向顾客做详细的介绍。在代理商参观做客时，部分地安排其食宿。

五、××公司经销商开发方案

（一） 目的

通过经销商的渠道网络使企业产品快速铺到市场，树立品牌形象；并通过经销商的资金，减轻公司的资金压力和风险。

（二） 开发流程（图 3-27）

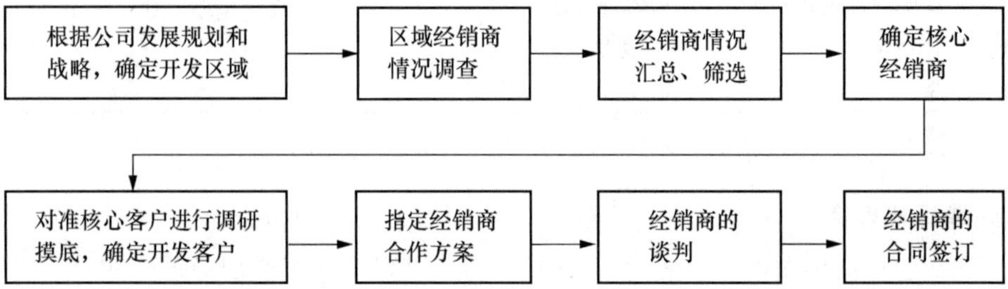

图 3-27 开发流程

（三） 经销商选择原则

(1) 信誉度所选经销商在行业内有良好的口碑；诚信经营，有很高的商业信誉；无不良债务及不良合作情况。

(2) 知名度经销商在行业内有很高的知名度，并且在消费者中也有较高的知名度。

(3) 网络情况经销商的网络能覆盖大部分区域，直营网点达 20 家以上。

(4) 资金财务状况经销商的资金实力雄厚，现金流充裕，并且没有不良债务。

（四） 经销商的调研内容

(1) 经销商基本情况：包括公司名称、地址、联系人、电话、网点数量、组织架构、经营历史、经营现状、经营品类等。

(2) 经销商的口碑：口碑即经销商的商业信誉。通过其他经销商了解其经营能力、结款情况，及与其他代理企业的关系状况；通过消费者了解其知名度；通过有关部门了解其经济实力和资信情况。

（3）经销商的网络情况：了解经销商网络覆盖的区域范围、直营网点数量、加盟网点的数量、与加盟店的关系；并通过实地考察，了解其市场网点开拓能力、网络渠道建设能力。

（4）经销商的实力情况：经销商的实力包括整体规模、注册资金、分店数量、年销售额、仓储面积、配送能力等。

（5）经销商的合作意愿：经销商的经营理念要与企业一致，能够理解企业文化和价值观，并对企业的中长期规划认同；对企业产品的价格、上市策略、回款方式和品牌战略、返利方式等合作条款能够适应。

（6）竞争品牌的情况：对经销商经营的竞争品牌进行调研，包括价格、合作方式、回款方式、扣点返利、促销活动等情况。

（7）经销商的经营管理能力：了解经销商是否有专人配合，经销商管理人员的素质以及企业促销政策能否执行等。

（五） 经销商的谈判

第一次：经过对目标经销商的背景调查后，第一次正式接触，表明身份，介绍企业的基本情况，注册资金、规模、集团背景情况、公司现状等，以及企业产品情况，包括零售价格、产品卖点、产品功能、产品优势、产品功效等；让对方有一个初步的了解。

第二次：根据第一次的沟通情况，评估合作意愿，并形成初步合作方案。与经销商进行第二次沟通，就企业营销理念、营销方式以及企业的销售目标、扣率等进行沟通以期达到思想的共识，激起合作的意愿。

第三次：做出详细的合作方案，与经销商就双方合作细节进行推敲、谈判，包括对销售任务、代理扣率、铺底金额、市场支持政策、市场管理政策、销售返利、回款方式、订单及发货等合作条款逐条沟通确认。

第四次：就双方上次沟通达成的意向，拟定合同条款，与经销商签订合同建立合作关系。

××公司

2018 年 7 月 12 日

【任务实施】

在上述情境中，各小组销售人员在师傅指导带领下，可以按照表 3-25 所列步骤实施。

表 3-25　任务实施表

环节	对应项目	具体程序
1	经销商（代理商）开发方案	1. 各小组农机销售人员根据公司政策重新选定销售区域。 2. 重新拟定在销售区域内的经销商（代理商）开发方案。
2	销售区域年度销售目标	确定所负责销售区域的年度销售目标，包括市场目标、财务目标等。
3	销售配额和销售费用	确定销售配额和销售费用，包括年销售收入、毛利润、每位销售人员的销售额、营销成本、公关费用等。
4	提交销售计划书	完善拟定××农业机械有限公司年度销售计划，并提交销售计划书。

按照上述步骤，各小组销售人员可以根据××农业机械有限公司政策重新选定销售区域，并重新拟定在销售区域内的经销商（代理商）开发方案。明确选择中间商需考察的因素，并拟定中间商开发方案，完善拟定年度销售计划，并提交销售计划书。

【工作任务实施记录与评价】

1. 区域管理工作计划

<table>
<tr><td>师傅指导记录</td><td>区域管理工作计划质量评价</td><td>评价成绩</td></tr>
<tr><td rowspan="3"></td><td rowspan="3"></td><td></td></tr>
<tr><td>日期</td></tr>
<tr><td></td></tr>
</table>

2. 学徒关键职业能力及职业品质、工匠精神评价

项目	A	B	C	D
工作态度				
吃苦耐劳				
团队协作				
沟通交流				
学习钻研				
认真负责				
诚实守信				

3. 学徒对工作过程的反思

岗位工作任务三　销售规划与设计

【任务描述】

在师傅带领下，为××农机公司调研分析本省农机市场，销售规划与设计市场调研方案。具体工作如下：

1. 按市场调查方案的制定流程拟定具有实际指导意义的调查方案，重点讨论调查内容。

2. 按照销售规划与设计的制定流程，规划与设计问题应与销售内容密切相关。

【任务分析】

对××农机有限公司在本省销售的各个影响因素进行研究分析，规划与设计工作方案。运用所学知识进行规划与设计。

1. 掌握销售方法的内容，明确工作目的、对象、项目、具体内容和基本形式，有针对性地选择合适的方法。

2. 理解不同销售规划与设计方法的异同与适用场合。

3. 掌握销售规划与设计，可以根据适当方法完成企业的市场销售规划工作。

【专业知识准备】

一、确定销售目标

目前，企业间的竞争越来越激烈，面对各种各样的市场扩张任务，销售管理工作愈发艰苦。为了让企业的销售工作有条不紊地展开，销售人员必须对销售工作进行周密的规划与设计，并且制定详尽且切实可行的销售计划，以更好地指导销售工作循序渐进地进行。

（一） 制定销售目标的方法

销售目标往往是在销售预测的基础上，结合本公司的营销战略、行业特点、竞争格局以及企业的现状来制定的，常用的方法有以下几种：

1. 根据销售成长率确定销售目标

销售成长率是本年销售实绩与上一年的比率，其计算公式如下：

$$\text{实绩销售成长率}=\frac{\text{本年销售实绩}}{\text{上一年销售实绩}}\times 100\%$$

由此，得

$$\text{销售目标值}=\text{本年销售实绩}\times\text{销售成长率}$$

有时，要想得到比较准确的销售成长率，需要综合考虑过去几年的销售成长情况，用几何平均法求出其平均销售成长率。

2. 根据市场占有率确定销售目标

市场占有率是在一定时期、一定市场范围内企业销售额占业界总销售额的比率，其计算公式如下：

$$\text{企业市场占有率}=\frac{\text{企业实现销售额}}{\text{业界总销售额}}\times 100\%$$

由此，得

$$\text{销售目标值}=\text{业界销售预测值}\times\text{企业市场占有率}$$

3. 根据市场扩大率或实质成长率确定销售目标

用公式表示如下：

$$\text{市场扩大率}=\frac{\text{本年市场占有率}}{\text{上一年市场占有率}}\times 100\%$$

实质成长率是企业成长率与业界成长率的比率，用公式表示如下：

$$\text{实质成长率}=\frac{\text{企业成长率}}{\text{业界成长率}}\times 100\%$$

现举例说明：

企业与业界的相关数据见表 3-26。

表 3-26 实质成长率的计算方法

项目	上一年	本年	成长率
企业实绩	100	150	150%
业界实绩	1 000	1 200	120%
市场占有率	10%	12.5%	

$$\text{市场扩大率}=\frac{\text{本年市场占有率}}{\text{上一年市场占有率}}=\frac{12.5\%}{10\%}=125\%$$

$$\text{实质成长率}=\frac{\text{企业成长率}}{\text{业界成长率}}=\frac{150\%}{120\%}=125\%$$

4. 根据经费预算确定销售目标

在企业的正常经营活动中，无法避免各种经营费用的开支，如销售费用、财务费用、管理费用等。根据经费预算确定销售目标，也就是要使企业销售实现的销售毛利足以抵偿各种费用开支。首先，从销售毛利率公式入手导出下列公式：

$$\text{销售毛利率}=\frac{\text{销售毛利}}{\text{销售收入}}\times 100\%=\frac{\text{销售收入}-\text{销售成本}}{1-\text{销售成本率}}$$

那么

$$\text{销售收入目标值}=\frac{\text{销售毛利}}{1-\text{销售成本率}}$$

或者

$$\text{销售毛利率}=\frac{\text{营业费用}+\text{营业纯益}}{\text{销售收入}}\times 100\%$$

那么

$$\text{销售收入目标值}=\frac{\text{营业费用}+\text{营业纯益}}{\text{销售毛利率}}$$

上式中的营业费用包括了固定费用和变动费用，在实际工作中需要把变动费用部分扣除，所以，销售收入目标值演变为：

$$\text{销售收入目标值}=\frac{\text{营业费用}+\text{营业纯益}}{1-\text{销售毛利率}-\text{变动性营业费用率}}$$

上式比较适合于流通企业确定销售目标值，制造业销售目标值的确定大多利用变动利润求得。一般先估计变动利润，再求销售收入目标值，公式如下：

$$\text{销售收入}-\text{变动成本}=\text{变动利润}$$

$$\text{变动利润率}=\frac{\text{变动利润}}{\text{销售收入}}\times 100\%=1-\text{变动成本率}$$

$$销售收入目标值=\frac{固定成本}{1-变动成本}=\frac{固定成本}{变动利润率}$$

上述方法主要以销售毛利率目标值为标准，然后再求销售收入目标值。但是，要想使该值更贴近实际，可按照产品及部门的毛利来求算销售收入目标值。

现在，以一家农机经销商为例来说明。假定其主要盈利来源分割为整机销售、维修及配件销售三部分，企业预定的毛利目标为 2 000 万元，从表 3-27 算出销售收入目标为 33 500 万元。

表 3-27 某农机经销商销售收入目标值计算

项目	毛利贡献度 A	所需毛利 B	毛利目标 C	预定的毛利率 D	销售收入目标 E
整机销售	30%		600 万元	2%	30 000 万元
配件销售	30%		600 万元	40%	1 500 万元
维修	40%		800 万元	40%	2 000 万元
合计	100%	2 000 万元	2 000 万元	—	33 500 万元

6. 根据消费者购买力确定销售目标

根据消费者购买力确定销售目标，也就是估计企业服务范围内的消费者购买力状况，以此预测企业的销售额。对于零售企业而言，该方法比较适用，大致求算程序如下：

（1）设定企业的服务范围，并调查该范围内的人口数、户数、收入及消费支出等情况。

（2）调查企业服务范围内商店的数目及其平均销售能力。

（3）大致估计各商店的销售收入。

（4）确定企业的销售收入目标。

例如，某超市调查得知，其服务范围内的居民户数为 30 000 户，每户平均年消费水果支出额为 3 000 元。那么，企业服务范围内的消费者年水果购买力为 90 000 000 元。又调查得知，在服务范围内经营水果的商店有 12 家，包括 2 家超市、2 家水果店和 8 家副食品店，其销售能力和销售收入见表 3-28，由此可以确定各水果经营店的销售收入目标。

表 3-28 水果经营店销售力和销售收入情况

项目	超市	水果店	副食品店	合计
商店数/家	2	2	8	12
销售力	1	1.5	0.5	
销售力合计	2	3	4	9
平均销售收入/元	10 000 000	15 000 000	5 000 000	

（二） 编制、执行与控制销售目标

销售目标的实现使销售活动既有效率又有效益，能充分提高销售队伍的士气，有利于公司的长期发展。下面给出一个销售目标编制范例作为参考，见表 3-29。

表 3-29 销售目标编制范例

栏目序号	项目	数量计划	平均售价	销售目标
1	以实绩为基础的销售目标			
2	与竞争者对抗的销售目标计划			
3	盈亏平衡点基准			
4	总资本回转基准			
5	销售额纯利基准			
6	附加价值基准			
7	事业发展计划基准			
8	决定销售目标			

第一步，参考前期销售实绩和竞争者的销售实绩填入第 1 和第 2 行。

第二步，找到盈亏平衡点的基准，填入第 3、4、5、6 各行，以利益为基本，制作销售额目标计划。

第三步，将根据事业发展计划制定的销售目标填入第 7 行。

第四步，综合以上分析做出决策，把所决定的销售目标填入第 8 行。

二、设置销售配额

销售配额是分配给销售人员在一定时期内完成的销售任务，是销售人员需要努力完成的销售目标。销售配额有助于销售经理规划每个计划期的销售量及利润，安排销售人员的行动。设置销售配额的目的是设定目标、明确责任，以有效地激励销售人员更好地完成任务。

（一） 明确销售配额的类型

企业使用的销售配额通常有四大类型：销售量配额、财务配额、销售活动配额、综合配额。企业可以使用这些配额中的一种或几种。

1. 销售量配额

这是最常用最重要的配额，一般用销售额来表示，也可用销售量单位数来表示。但不管如何，销售经理在设置销售量配额时必须考虑以下因素：

（1）区域内总的市场状况；

（2）竞争者的地位；

（3）该地区过去的业绩；

（4）现有市场占有率和市场涵盖的质量；

（5）新产品推出的效果、价格调整及预期的经济条件。

2. 财务配额

企业更关注利润而不是更多的销售量，财务配额有助于改变销售人员不顾利润而尽可能多地推销的自然倾向。财务配额的具体内容如图 3-28 所示。财务配额可以激励销售人员开发更有效益的客户，销售更有效益的产品。销售经理可以利用财务配额来引导销售人员将“苦干”和“巧干”结合起来。

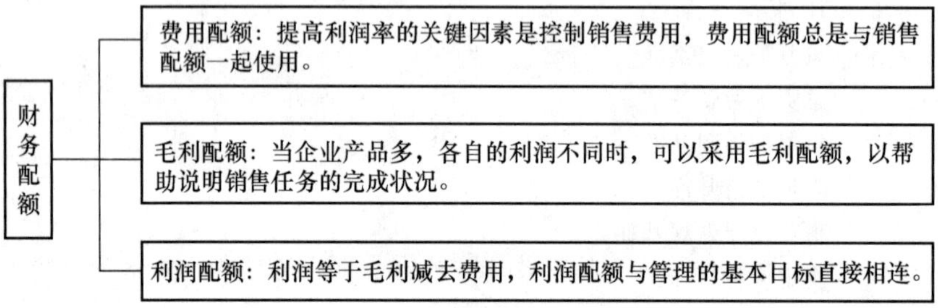

图 3-28 财务配额体系

3. 销售活动配额

销售活动配额是用来衡量销售人员其他销售活动的指标，其目的是减少销售人员对销售定量指标过分依赖的现象，用于平衡销售人员的日常活动。销售活动配额的主要内容包括：销售报告的质量；顾客访问的数量；宣传企业及产品的活动；为客户提供服务、建议和帮助；新客户的开发；自身的学习能力和新销售人员的培训等。

4. 综合配额

综合配额是对销售量配额、财务配额、销售活动配额进行综合而得出的配额。综合配额以多项指标为基础，因此更加合理。设置综合配额相对复杂一些，因为它要用到权重这个概念。表 3-30 是某销售人员的综合配额表。

表 3-30 销售人员综合配额表示例

项目	配额	实际	完成情况/%	权重/%	得分
销售额/百万元	2 000	1 800	90	50	45 分
净利润/百万元	100	80	80	40	32 分
新客户/个	20	15	75	10	7.5 分
客户满意度	大于 90%	95%			加 5 分
关键学徒流失	少于 3 名	5 名			减 3 分
实际得分	45 分+32 分+7.5 分+5 分−3 分=86.5 分				

（二） 设置销售配额的基准

通常，很多企业设置销售配额时往往基于过去的经验，还有一些简单地套用企业的销售预测作为基准。如果企业销售预测的结果是提高 10% 的销售量，那么对每个学徒都分配 10 010 的销售增长。这种方法虽然简单、费用低、易管理、易理解，但是却忽略了地域状况及销售人员能力的差别。另外，在设置销售配额时，一定要考虑区域的销售潜力，销售潜力可以反映企业销售额的成长机会和市场占有率。销售配额的基准可参考表 3-31。

表 3-31　销售配额的基准

销售量		财务目标	销售人员个人因素
以前企业销售量	活动目标	以前财务数据	专业进步
以前行业销售量	企业目标	预算	工作描述
以前销售人员销售量	企业政策	以前销售费用	时间分析
销售潜力	区域特点	利润目标	工作量分析
销售预测	消费者特点		专业目标
竞争者	销售报告		个人目标

（三） 确定设置销售配额的具体方法

1. 月别分配法

月别分配法就是将年度目标销售定额分配到一年的 12 个月或 4 个季度中，这种方法简单易行、容易操作。如果能将销售人员所在地区、产品销售的季节特性等因素与月份结合起来，效果会更好。

2. 地区分解法

它是指根据销售人员所在的地区与顾客的购买能力来分配目标销售定额；其优点在于可以对区域市场进行充分的挖掘，使产品在当地市场的占有率逐渐提高；其缺点在于很难判断某地区所需产品的实际数量及该地区潜在的消费能力。

3. 产品类别分解法

产品类别分解法即根据销售产品的类别甚至产品的型号来分解目标销售定额。采用这种方法的前提是培养忠诚的客户，如果消费者经常改变消费需求，变换所消费的产品，则企业就很难判断某种产品消费群体的规模大小，产品类别分解法也就失去了意义。

4. 客户分解法

客户分解法即根据销售人员所面对客户的特点及数量来分解目标销售定额。这种方法充分体现了客户导向的观念，可以使销售人员把销售的重点放在重点客户上，有利于客户的深度开发和忠诚客户的培养。

5. 销售人员分解法

销售人员分解法即根据销售人员能力的大小来分解目标销售定额。这种分解方法有利于形成对销售人员的激励，其弊端是能力强的销售人员容易骄傲自满，能力差的销售人员会产生自卑感，而且容易引起销售人员之间的矛盾。

6. 销售单位分解法

它是指以某一销售单位为对象来分解目标销售定额。这种分解法的优点在于强调销售单位内部的团结合作，利用销售单位的整体能力来实现目标销售定额；其缺点在于重视销售单位目标定额的完成，而忽视了销售人员个人的潜在价值。

三、确定销售费用

（一） 明确销售费用的构成

销售费用是指销售过程中发生的费用，销售费用的控制是当前企业销售管理的一个重要问题。从经济学角度看，销售费用属于交易费用的范围；从会计学的角度看，销售费用属于期间费用的范围。销售费用是支撑销售活动的前提，现在越来越多的企业认为销售费用不仅仅是一种支出，而且是一种投资。

销售费用按不同的分类标准分为不同的类别，下面按照业务项目将销售费用进行分类。

销售人员报酬：基本工资、资金、津贴、福利、特殊奖励等。

广告费用：包括广告策划费用、媒体费用、制作费用、管理费用等。

公关费用：包括公关公司费用、赞助费用、庆典活动费用、公关人员费用等。

业务费用：包括培训费用、差旅费用、业务招待费用、销售折扣费用、印刷费用、坏账损失费用等。

售后服务费用：包括材料销售费用、燃料动力费用、顾客损失赔偿费用、管理费用等。

销售物流费用：包括库存费用、包装费用、运输费用等。

（二） 确定销售费用的方法和表现形式

1. 选择销售费用的确定方法

（1）销售百分比法。销售百分比法确定销售预算时，最常用的做法有两种：一种做法是采用去年的数据，即去年本公司总的销售费用占销售总额的百分比，再结合今年的销售总额预测值来确定今年的销售费用；另一种做法是把最近几年的销售费用占销售总额的百分比加权平均，得出的结果作为今年的销售费用。

（2）目标任务法。目标任务法是一个非常有用的方法，它可以有效地分配达成目标的任务。如果公司计划实现销售额 140 000 000 元时的销售人员费用为 5 000 000 元。其中，销售人员水平对总任务的贡献水平若为 64%，那么，由于销售人员努力获得的销售额为 140 000 000 元×64%＝89 600 000 元，那么，销售人员费用/销售额＝5.6%。

（3）同等竞争法。同等竞争法是以行业内主要竞争对手的销售费用为基础来制定本公司的销售费用预算水平。采用这种方法首先必须对行业内主要竞争对手的情况有充分的掌握，及时取得大量的本行业主要竞争对手的商业秘密，但在通常情况下，要取得这些资料是很困难的，所以用同等竞争法来分配销售预算，有时不能达到同等竞争的目的。

(4) 边际收益法。边际收益是在原有销售规模的基础上每增加一位销售人员所能增加的收益。这是经济学原理中边际收益理论在销售管理中的具体运用。

(5) 零基预算法。零基预算法又被称为“日落法”。每年年终，各部门阶段性地总结上一年度的工作，开始新年度的预算，将所有销售管理活动都看作重新开始，即以零为基础，根据企业目标，重新审查销售管理的每项活动对企业目标实现的作用，将各项活动对实现企业目标按所做贡献的大小进行前后排序，然后将企业的资金和其他资源按照这个序列进行分配。

(6) 投入产出法。投入产出法是对目标任务法的改进，目标任务法是一定时间内费用与销售量的比较，但有时有些费用投入后，其效应在当期显示不出来，因而无法真实地反映销售量比率。投入产出法不强调时间性，而是强调投入与产出的实际关系，因此一定程度上克服了目标任务法的缺点。

（三） 进行销售费用管理

销售费用管理是一项系统工程，从编制销售预算开始，到售后的统计分析，销售费用管理涉及整个销售活动的方方面面，大体上可以分为以下几个步骤：

1. 建立销售费用管理制度

制度是管理的基础性工作，销售工作自由度高，制定相应的管理制度以规范各销售环节的行为是非常必要的，常见的销售费用管理制度有：广告费用管理制度，销售人员报酬制度，仓储费用管理制度，公关费用管理制度，差旅费用管理制度，招待费用管理制度，售后服务费用管理制度，应收账款管理制度等。

2. 编制销售费用预算

根据市场调研，了解竞争对手的销售费用预算与构成，结合本企业的实际情况，依据前文所述销售费用的确定方法，编制销售费用预算。

3. 对销售费用进行控制

销售费用控制应贯穿销售过程的始终，对每一项销售费用的支出依据销售费用预算计划和销售费用管理制度进行动态管理。需要指出，由于销售工作本身的弹性和自由度高，在实际控制时可遵循突出重点、兼顾一般的原则，重点控制主要的销售费用支出。

4. 对销售费用的执行情况进行分析

一定时期后，将销售费用的实际支出情况与预算方案进行比较，找出偏差。分析偏差产生的原因，并将分析结果作为下一年度费用预算编制的依据。

四、拟定销售计划

（一） 确定销售计划的内容

销售计划是企业战略管理的体现，一定要成为能够实现公司的经营方针、经营目标的指南，并符合发展计划、利益计划、资产负债计划。销售计划的内容如图 3-29 所示，其可通俗地理解为以下五个问题：要卖什么商品（商品计划）；卖到何处（销售路径或是客户计划）；以什么价格卖（售价计划）；由谁卖（销售组织计划）；卖出去的计划（销售额计划）。

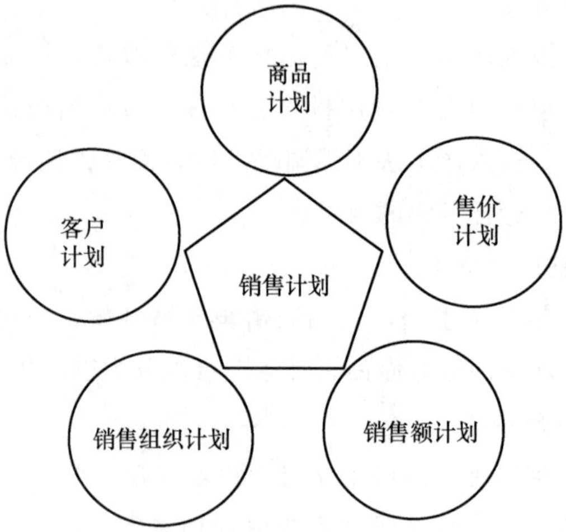

图 3-29　销售计划的内容

（二） 明确所依据的销售策略

销售目标是在营销目标的基础上确定的，销售目标又可以按地区、人员、时间段分成各个子目标，从而形成一个目标体系。但是，设定这些销售目标时必须以企业的销售策略为依据，具体而言，需要考虑以下问题：

（1）前一计划的执行情况；

（2）产品特性（如淡旺季之分、各项物理特征、产品区域分布等）；

（3）地区特性（销售目标地区的人口、经济、文化等环境因素）；

（4）人员特性（是否有相应的销售队伍，人员素质是否达到要求等）；

（5）竞争对手状态（竞争地位分析、竞争策略分析等）；

（6）行业动态；

（7）本公司产品计划、价格策略、销售渠道政策、促销政策、库存管理、服务体制等。

（三） 明确销售计划的制定过程

管理学有详细的“计划的制定和审定”等相关内容，同样，销售计划的制定也是一个整体决策的过程，这个过程涉及现状检查、目标制定、销售战略和销售计划书。

1. 现状检查

首先需要分析企业所处的环境风险和机遇，明白企业自身的优势和劣势。在制定销售计划时，要对整体的市场竞争环境进行现状检查。

2. 目标制定

如果“现状检查”回答的是“我们从哪里来”，那么“目标制定”回答的是“我们往哪里去”。目标制定的主要内容有：企业的战略目标（这是销售计划的指导依据）；市场目标（主要包括现有市场描述、待开发市场描述等）；财务目标（包括销售额、利润，财务目标应具有一定的柔性，能够因环境而灵活调整）。

3. 销售战略

销售战略是指实施销售计划的各种因素，包括产品、价格、广告、渠道、促销及当地条件，是为了达成销售目的的各种手段的最适组合而非最佳组合。销售战略是公司产品/服务投放市场的理念。

4. 销售计划书

销售计划书是企业战略管理的最终体现。好的销售计划书可以使企业的目标有条不紊地顺利实现。销售计划书的内容主要有：

（1）要卖什么（商品计划）；

（2）卖到何处（销售路径或是顾客计划）；

（3）以什么价格卖（售价计划）；

（4）由谁去卖（组织的计划）；

（5）怎么卖出去（销售方法计划）。

五、农机销售计划的特点和作用

实施农机销售计划的目的就是在一定时期内，保证农机推广活动朝着计划指定的目标顺利发展，调节农机拥有量，以此调节农机化水平，并最终实现计划的目标。

（一） 农机销售计划的特点

在社会主义市场经济下，计划具有以下特点：

（1）计划的目的性。制定和编制实施计划，是有一定目的的。目的性是计划的一个显著特点，无目的的计划就成为盲目的无目标计划，计划的存在就失去了意义。农机推广计划的目的是农机推广组织在一定时期内所要实现的推广目标。

（2）计划的事前调节性。计划的事前调节性是指计划机构依据对农业机械化现状的了解和未来前景的预测、分析和判断，对有关农机推广活动进行预先的规划和决策。因此，农机推广活动通常是积极进取的，而不只是消极适应的。

（3）计划的制约性。计划的制约性是指能否有效地实施计划调节，在很大程度上依赖于社会农业机械化系统的组织化状况。因此，计划调节过程总是表现为微观主体对社会计划机构的服从或受其所发出的调节信号的诱导和控制。因此，实行计划调节总离不开农业机械化信息的纵向传递和一定程度的集中处理。

（二） 农机销售计划在农机推广中的作用

计划在农机推广活动中处于十分重要的地位，发挥着十分重要的作用，具体表现在以下几个方面：

(1) 计划为农机推广确定方向。从根本上说，农机推广的目的是要实现制约农机化水平的各项指标的农机具及技术的总量平衡和基本结构的合理，达到农机具的合理布局和充分有效的利用。要实现上述目标，就必须通过计划确定农机推广的基本方向。

(2) 计划在农机推广活动中起着指导和协调的作用。农机推广活动过程是由若干个农机推广部门或推广组织，通过若干层次的决策过程来实现的。为了实现各个农机推广部门或推广组织在农机推广活动中的相互配合和一致性，就需要通过计划来指导和协调。

(3) 计划是农机推广活动的重要手段。农机推广活动的方向主要是通过计划来实现的，是行动的准则。因此，无论是宏观计划，还是微观计划，都是一种调节农机推广活动的重要手段。

六、久保田年销售目标的确定实例

2011 年 1 月 11 日，久保田农业机械（苏州）有限公司总经理饭岛宣昭在北京公布了该公司的经营业绩。

2010 年，久保田农业机械（苏州）有限公司的业务范围得到全方位的拓展。在中国国内市场上，久保田的 2 行、4 行、5 行、6 行这 4 个品种的半喂入收割机销往 26 省的 790 个县，全喂入收割机销往 26 个省的 900 个县，乘坐式插秧机销售到 22 个省的 330 个县，拖拉机销往 22 个省的 261 个县。

从海外市场看，苏州久保田的产品以亚洲为中心逐步向外扩大，在原有的泰国市场基础上，又新增加了菲律宾、马来西亚、印度尼西亚、斯里兰卡等国的市场。

2010 年苏州久保田的销售收入为 29.22 亿元，与前几年比虽然增速放缓，但仍比 2009 年有 10%的增长，2011 年公司的销售目标确定为 32 亿元。

从产品具体销售情况看：半喂入联合收割机经历 2009 年的 6 659 台高峰后，2010 年回落到 5 906 台，2011 年计划销售 5 260 台；全喂入联合收割机 2010 年销售 9 001 台，2011 年计划销售 12 470 台，增长 39%；手扶式插秧机 2010 年销售 19 008 台，2011 年计划销售 23 450 台，增长 23%；乘坐式插秧机 2010 年销售 4 405 台，2010 年计划销售 5 820 台，增长 32%；拖拉机 2010 年销售 1 058 台，2011 年计划销售 1 520

台，增长 44 010，同时增加 100 马力新机型的试销售。

据介绍，为保证上述目标的实现，苏州久保田加大了产品研发力度，2010 年久保田共申请专利 28 项，其中，发明专利 2 项、实用新型专利 15 项、外观设计专利 11 项。

【任务实施】

在上述情境中，各小组销售人员在学习销售规划与设计工作方案后，按照表 3-32 所列步骤实施。

表 3-32　任务实施表

环节	对应项目	具体程序
1	销售方法的内容	在师傅指导带领下，各小组农机销售人员进行销售方法的内容学习，明确工作目的、对象、项目、具体内容和基本形式，有针对性地选择合适的方法。
2	规划与设计工作	对××农机有限公司在本省销售的各个影响因素进行研究分析，运用所学知识进行规划与设计。
3	制定销售规划与设计方案	根据××农业机械有限公司农机不同销售规划与设计方法的异同与适用场合，完成企业的销售规划与设计工作方案。

按照上述步骤，各小组销售人员可以根据讨论完善的销售人员岗位职责文件，进行销售规划与设计实践，为××农机有限公司调研分析本省农机市场，制定销售规划与设计市场调研方案。

【工作任务实施记录与评价】

1. 销售规划与设计工作计划

师傅指导记录	销售规划与设计质量评价	评价成绩
		日期

2. 学徒关键职业能力及职业品质、工匠精神评价

项目	A	B	C	D
工作态度				
吃苦耐劳				
团队协作				
沟通交流				
学习钻研				
认真负责				
诚实守信				

3. 学徒对工作过程的反思

岗位工作任务四　销售过程管理

【任务描述】

按照师傅制定的销售过程管理任务，各小组根据已知条件进行销售谈判，具体工作如下：

1. 按要求进行销售拜访及销售谈判前的准备，包括人员准备、资料准备、报价准备。

2. 根据公司销售政策选择谈判策略，拟定谈判方案，并起草购销合同。

3. 把握谈判进度，并就谈判条款进行磋商。

【任务分析】

在小组内选择合适的销售人员并对其进行相应的岗前培训，使销售人员具有一定的销售过程管理能力和技巧。认真进行销售拜访及销售谈判前的准备，准确记录销售过程，销售过程管理中注重谈判进度。销售人员在任务完成后应掌握销售过程管理所具备的基本要求和素质要求，掌握销售过程管理人员所需培训的课程内容和培训方法，掌握销售过程活动管理和控制方法，掌握一定的销售管理技巧，访谈时注重礼貌、言辞、举止。

【专业知识准备】

一、农机销售准备

（一） 了解购买者的类型

按照购买者的购买目的和规模，可以将购买者分为以下四种基本类型。

1. 个人购买者

个人购买者指那些为自己或为家庭消费而购买商品的人，即购买目的是为了自用，而不是进一步转卖。

2. 中间商客户

中间商客户指那些购买商品为了转卖或出售而牟取利润的个人或组织购买者，主要包括批发商、零售商、租赁公司和代理商等。

3. 产业客户

产业客户是指购买产品或服务并用于进一步生产或服务的生产组织或个人。它们购买设备、工具、原料和配件，是为了通过生产和出售自己的产品以取得利润。

4. 机构和政府客户

机构市场包括学校、医院、护理院、监狱和其他机构，这些机构需要向它们责任范围内的人提供产品和服务，不同机构的主管单位和目标是不同的。一般而言，机构市场的特点是预算低和依靠赞助。

（二） 准备销售知识

销售知识能增强农机销售人员的自信心，农机销售人员必须掌握丰富的专业知识，也能促进客户的购买信心，并利于建立销售关系，只有这样才能使自己的工作更有成效。

1. 了解自己的公司

对公司的熟悉通常有助于在客户面前树立一个专业的形象。对公司的了解包括：公司的历史、各项政策、工作程序、产品类别、生产设施、服务保障，以及公司的发展战略和各项方针政策。

2. 了解自己的产品

农机销售人员要对公司和竞争对手的产品有所了解，尤其是能够分析公司产品与竞争产品的优势与劣势。对于公司的产品，更要了解产品的大致工艺、质量等级、物理性能、操作要点等方面。

3. 了解自己的分销商

掌握公司产品的分销商非常必要，分销商的道德素养、财务能力、客户资源、经营历史、人力资源、分销区域、信用状况等相关方面，都会直接或间接地影响到自己的分销业绩。

4. 了解产品的价值

产品的价值是定价的基础。价值是指客户在交易中对产品属性、属性效能以及使用结果的感知偏好和感知的货币数量评价；价格是指能够吸引客户用货币或者其他等价物来进行交换的数值表现。在销售管理业务中，需要掌握价值的基本理论和定价的常用方法。

5. 了解企业面临的产业政策和国民经济概况

任何销售活动除与微观环境有关外，也与外部的宏观环境息息相关，尤其应强调产业政策和国民经济概况，因为这些宏观因素相对于人口、经济、文化、地理、科技、法律等宏观因素而言更具有可变性。

二、农机销售拜访

（一） 策划销售拜访

当确定了潜在客户，或者农机销售人员已经决定去拜访某些客户，就需要策划销售拜访。策划的指导思想非常重要，要围绕客户的需求提出相应的解决方案，争取通过互惠互利的方案与客户建立长期性的关系。销售拜访策划首先需要确定销售拜访的目标，没有目标的销售拜访效率通常较低。其次，销售拜访策划需要确定调查或者获取客户的资料，通常而言，农机销售人员需要设计客户档案登记表，把相关的客户信息记录下来，作为以后客户跟踪的重要资料。再次，销售拜访策划还要注意开发客户利益，制定客户受益计划，包括向潜在客户表述的产品特性、优点以及效用。许多时候，销售人员还要制定详细的营销计划书、商业计划书或者建议的采购订单。最后，基于销售拜访目标、客户资料以及客户利益，准备自己的销售陈述。

（二） 建立与客户的初步信任

信任反映了客户对农机销售人员的信心程度，这种信心来源于农机销售人员的品行。专业的农机销售人员，在销售拜访前就努力建立与客户的初步信任。只有客户对你有初步的信任，才可能有诚意地接受你的拜访；只有客户对你有真正的信任，才有可能接受你的产品或服务。

（三） 争取销售拜访的机会

贸然的陌生拜访行不行，当然可以。但是，工业客户或者许多其他类型的个人客户不喜欢或没有时间接待陌生拜访，所以，要尽可能获得客户的事先允许，以免拜访时不能同客户面谈。

1. 利用电子邮件保持与客户的联系

农机销售人员要充分发挥电子邮件的作用，在给陌生的潜在客户发邮件时，尽管许多时候得不到客户的回复，但这样做仍然加深了客户对你的印象。对于见过面的客户，电子邮件同样是非常好的沟通工具，特别对于国外贸易，往往要经过长时间的电子邮件来往，才有可能获得见面的机会。

2. 电话预约

农机销售人员通常可以通过电话进行拜访的预约。从表面上看，电话预约是件极其简单的工作，但通过电话获得预约通常会有困难，下面的一些做法有助于你成功地进行电话预约：

（1）先计划并写下你想要说的话。

（2）清楚地介绍你自己以及你公司的情况。

（3）表明你打电话的目的，并简要提示客户同样有可能从销售拜访中受益。

（4）准备一个简单的销售陈述，突出产品特性以及给客户带来的效能。

（5）一定要从被访者那里得到回答，即使从电话中得到的是负面的回答。

（6）要求进行销售拜访，以便向客户进一步解释产品的效用。

（7）尽量用选择提问的方式确定销售拜访的时间和地点。

3. 预约时的其他注意事项

除非你公司的实力和影响力远远高于你的客户，一般情况下，所有的预约得本人亲自进行，并在预约时注意以下事项：

（1）相信自己。作为农机销售人员，你必须相信你能够为潜在客户提供优质服务，你的产品或服务能够给客户带去效能。

（2）与潜在客户公司里的人员交朋友。你要尽可能熟悉客户公司里的其他人员，并试着与他们建立良好的关系，有时，这些看似无关紧要的人能够间接地带给你销售拜访的机会。

（3）不要把时间浪费在无谓的等待上。在拜访客户时，有时你必须在会客室等待。高效的农机销售人员并不会把等待的时间用来看报或喝茶，他们往往准备以下事宜：一是判断等待时间是否会影响到下一个客户的销售拜访；二是在等待时将准备的销售陈述进行重新复习；三是一旦等待时间超过了接受的限度，就重新适度调整下一步销售拜访计划。记住，农机销售人员的时间同样宝贵，不要把时间浪费在无谓的等待上。

三、接触客户

（一） 做好准备

农机销售人员接触潜在客户时经常表现出不同程度的紧张，这种紧张有可能使拜访变糟，使拜访出错，最终可能使拜访难以获得理想的效果。所以，农机销售人员需要掌握放松和集中注意力的技巧，充分利用“创造性想象”。销售人员需要想象出可能发生的最坏的情况，而且准备好如何处理这种情况；也要设想到可能发生的最好情况。

（二） 留下良好的第一印象

农机销售人员留给客户第一印象的机会只有一次。为此，要特别注意影响第一印象的两个方面：一是仪表，二是态度。下面是有助于留下良好第一印象的一些注意点：

（1）着装得体，郑重其事，通常为工作装。

（2）在潜在客户的办公室里，不要主动抽烟，一般不能喝饮料或嚼口香糖。

（3）姿态端庄，神态自信。

（4）所有非必要之物不要带进客户的办公室。

（5）对拜访抱着热情、积极的态度。

（6）始终保持职业化的微笑。

（7）不要说由于占用了潜在客户的时间而觉得抱歉的话。

（8）与潜在客户保持目光接触。

（9）掌握握手、名片交换等基本礼仪。

（10）进行销售拜访之前，若有可能，了解如何恰当地称呼客户。在销售拜访的整个过程中，潜在客户若想把你介绍给其他人，要尽可能记住他们的名字。

（三） 与客户沟通

1. 如何认识沟通

在销售管理行为中，沟通指的是客户和销售人员之间，语言或者非语言的信息传递与理解的过程。销售陈述中的信息沟通可以有多种形式，实际上，日常生活中只有不足33%的交际信息是通过语言表达的，大量的信息则通过非语言的方式来进行传递。图3-30显示的是销售人员与客户之间进行信息沟通的一个基本模式，这个模式由八个主要沟通因素组成。

（1）信息源：信息沟通的起源，这里指销售人员。

（2）编码过程：销售人员的观点和想法转化为可以在销售陈述中使用的语言和材料。

（3）信息：销售人员在销售陈述中所传达的信息。

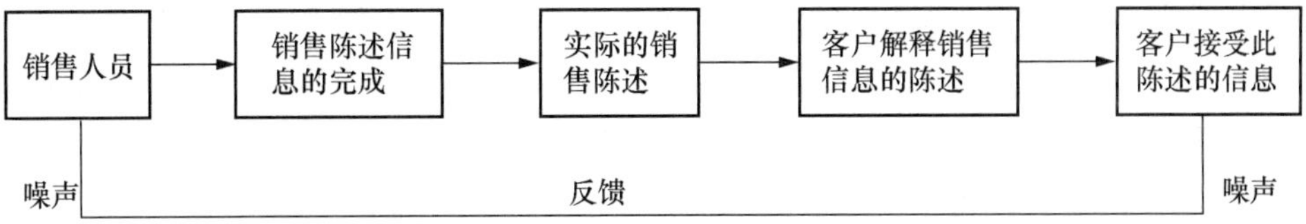

图 3-30　销售沟通的基本模式

（4）媒介：在销售陈述中或者在双方讨论中所使用的沟通方式，通常是指语言、视觉材料和肢体语言等。

（5）解码过程：潜在客户接受和理解信息的过程。

（6）接收者：销售人员预期的沟通对象，一般指潜在客户。

（7）反馈：信息接收者对信息发送者传递的信息所做出的反应，语言的、非语言的，或者两者兼有。

（8）噪声：那些可能曲解双方信息沟通的因素。

2. 明确沟通交流的障碍

销售人员经常会由于未能正确地认识到与客户之间的沟通障碍，在销售过程中，沟通的障碍主要有以下几种情况，这种反应可能失去达成交易的机会。

（1）感觉上的差异。如果客户和销售人员对销售陈述中所包含的信息产生了不同的理解，沟通就可能被中断；相反，客户和销售人员之间的感觉、态度越接近，二者之间就越容易产生达成交易的愿望。

（2）客户尚未意识到对产品的需求。如果销售人员没有说服客户对产品产生需求，或者不能说服客户相信自己就是最好产品的供应商，则双方之间就存在着沟通障碍。

（3）销售压力。客户可以接受适度的销售压力或者被销售的热情，但是，客户不愿意接受高压强行的销售，鲁莽傲慢的销售方式很容易带来沟通交流的障碍。

（4）信息超量。如果销售人员向客户提供过量的信息，客户心里就容易产生混淆，也就无法做出最后的购买决策，甚至可能停止继续倾听销售陈述。

（5）销售陈述头绪不清。客户通常希望销售人员能够理解他们的问题和需要，而且希望销售人员能够按照其特定的需求情况来确定其销售陈述，如果销售人员做不到这一点，沟通就可能中断。

（6）客户心不在焉。在销售人员向客户进行销售陈述时，客户可能中途接听电话、批阅文件、安排工作等。突如其来的干扰可能会让客户分心。可以想象，在客户注意力不集中的时候，向客户销售的成功率会很低。

（7）没有注意客户的反馈。在销售人员进行销售陈述的时候，客户可能会做出适当的反馈，这时就应该让客户参与到销售陈述中。记住，销售陈述不是销售人员的演讲，而是客户与销售人员信息双向交流的过程。

（8）未能适应客户的营销风格。如前文所述，客户间存在不同的人格差异，销售人员对客户的了解往往只是“冰山一角”。为此，销售人员的销售陈述只有尽可能主动地去适应客户的喜好，大多数成功的销售人员都在学习主动适应客户的沟通风格。

3. 与客户沟通的工具

对于企业来说，搭建与客户顺畅沟通的平台和桥梁是良好沟通的第一步。在这个技术日新月异的时代，人们之间的沟通工具越来越丰富、多样化。

4. 设计与客户的沟通方式

有效的沟通是良好客户关系的基础，不同条件下的沟通需要采取不同的沟通方式，可以说，高质量的沟通在很大程度上取决于沟通方式的选择以及沟通工具的科学组合。因此，销售人员在与客户的沟通中，必须根据具体的沟通对象、沟通内容、沟通情境和沟通层次等来设计与客户的沟通方式，并且根据实际情况具体问题具体分析，因地制宜地进行各种沟通方式的组合。

（四） 进行接触面谈

1. 采取陈述型销售接触法

农机销售人员在进入潜在客户办公室之前，需要做好开场陈述的准备。一般而言，陈述型销售接触的常用开场方法有介绍型方法、恭维型方法、推荐型方法、奖励型方法和情景型方法。介绍型方法是最普通但说服力最小的方法，因为农机销售人员的自我介绍很少能够捕捉到潜在客户的注意力和兴趣。

2. 采取演示型销售接触法

利用产品演示和富于戏剧性的场面进行销售开场十分有效。演示不同于一般的交谈，这几乎是一种单向的交流，所以，在整个交流过程中要尽可能引起客户的兴趣与参与。销售人员面对客户时，不仅使用语言，还要借助各种各样的视听手段及手势等非语言形式吸引客户注意；将最有吸引力的关键的内容放在开始；在介绍过程中，要根据客户的反应来调整说话速度，通过鼓励提问、回答客户的问题和短暂的讨论争取客户的参与，活跃气氛。

3. 采取提问型销售接触法

提问是最常用的销售接触法，它能使销售人员更好地弄清潜在客户的需求，且能迫使潜在客户参与到销售拜访中来。在具体运用时，可以围绕客户的受益点进行提问，也可利用好奇进行提问，还可以用震惊式问题提问，使潜在客户能够严肃地考虑销售人员提出的某项提问。

四、农机商品展示

农机商品展示是指农机销售人员把客户引至商品前，通过实物的观看、操作，让客户充分了解商品的全貌、操作的方法、具有的功能及能给客户带来的利益，从而实现营销目的。商品展示的内容是针对客户的需求、商品的特性及利益三个方面进行陈述和示范操作，而不能只作商品功能的示范操作说明。

商品展示有以下几种类型：一是将商品搬至客户处展示；二是邀请客户至公司进行展示；三是举办展示会，邀请客户参加。

（一） 展示前的准备

商品展示前的准备可从以下三个方面进行：

1. 商品准备

（1）事前检查，确定商品的质量与性能是否正常、合格。

（2）若到客户处展示，要事先确认展示的各项条件是否符合规定，如电源、操作空间等。

（3）检查展示用品是否备齐，备用品是否充足。

2. 场地准备

（1）察看场地是否适合。

（2）对场地进行适当布置、整理。

3. 人员准备

（1）准备好服装，修饰好仪容。

（2）邀请适当的客户参加展示。

（3）事前掌握客户的需求。

（4）演练好展示解说词。

（二） 进行 FAB 介绍

F 是指属性或功效（Features 或 Fact），即自己的产品有哪些特点和属性。

A 是优点或优势（Advantage），即自己与竞争对手有何不同。

B 是客户利益与价值（Benefit），即这一优点所带给客户的利益。

FAB 销售技术关注的是客户的“买点”，即在商品推介中，销售人员要将商品本身的特点、商品所具有的优势、商品能够给客户带来的利益有机地结合起来，按照一定的逻辑顺序加以阐述，形成完整而又完善的产品展示。

（三） 进行商品展示

1. 敞开展示

敞开展示即销售人员将商品全部或局部敞开，以展示该商品的优良结构和全貌，吸引消费者注意的一种方法。该方法的关键在于要把商品全貌展示出来，不仅使消费者观看到商品的外表，还要让消费者观看商品的内在结构及特征，使消费者对商品有全面的了解，对商品产生兴趣，进而产生购买商品的欲望。

2. 器械辅助操作展示

器械辅助操作展示即通过器械或仪器等来显示商品性能的方法。农机的性能、特征，单凭展示其外观还不能显示出来，而必须要借助有关的器械或仪器来检测，通过销售人员的具体操作，才能把商品的全貌展示出来。

3. 示范操作展示

示范操作展示即通过销售人员示范操作来展示商品的办法。农机的结构比较复杂，光靠销售人员的展示介绍还不能使消费者全面了解商品的性能及特征，而需由销售人员现场进行示范操作，以使消费者对商品的性能及特征全面了解，进而达到促进销售的目的。

4. 关键部位展示

关键部位展示即通过展示商品的关键部位把商品的内在质量表露出来的一种方法。有些商品的体积比较大，只要把该商品的关键或核心部位展示给消费者就可使他们了解该商品的全部。例如，拖拉机、联合收获机可突出展示发动机的特点和性能。

（四） 明确农机商品展示时应注意的问题

(1) 销售人员应非常熟悉所推销商品的使用方法、操作要领，具体操作时要熟练、连贯、一气呵成，给人一种赏心悦目的感觉，使操作也成为一种营销的语言。

(2) 在进行商品展示、操作时，一定要面对消费者，使他们看到商品展示、操作的全过程。切忌同时用身体挡住消费者的视线或背对消费者进行演示、操作。

(3) 演示、操作要集中在产品主要功能或消费者主要需求方面，对重要功能应反复演示，切忌同时演示两个以上的功能。

(4) 演示、操作商品过程中应加以语言介绍，不断提醒消费者注意该商品的优点等。

(5) 演示、操作商品的过程中，要想方设法吸引消费者的注意力，调动消费者的主动性，让消费者参与你的演示、操作过程，从而刺激消费者的购买欲望。通常，消费者经过亲身的体验，会更信任自己的感觉。经他亲自尝试后，不用过多介绍，他自然会喜欢上你推销的商品。

(6) 演示、操作动作要美观、熟练，语言要流畅，言谈举止要得体，能给消费者留下深刻的印象。每次演示都应有明确的目的，演示、操作完毕后要及时征询消费者的意见。

五、销售谈判

销售谈判是销售活动的重要内容，也是整个销售过程的实质性阶段。谈判能否顺利进行，往往关系到销售活动能否成功。

（一） 准备阶段

在准备阶段，要确定谈判的目标，收集有关的谈判信息，选择相应的谈判人员，确定谈判的地点和时间，制定谈判的策略和制定谈判计划等。

1. 选择谈判人员

在农机产品营销中，任何销售的开展，首先要确定谈判人员，即组织谈判班子。谈判班子的确立需要注意以下三点：

（1）人员的专业知识及搭配。一场谈判特别是大宗交易的谈判，会涉及许多专业知识，但是，这并不意味着相应专业的人都需要进入谈判班子。一般来说，只要谈判班子的成员具备主要的专业知识就行，这种专业知识可分为技术、商务和法律部分。如果算上协调各方面人员的领导者，一个谈判班子就可以确定为 4～5 人，特殊情况可以少些或多些。

（2）谈判人员的素质。素质主要是指一个人的道德品质和专业能力。知识的多少并不决定人的素质高低。正因为如此，在人员选择时，既要考虑专业知识，又要考虑其素质。良好素质的谈判人员应该是遵纪守法、廉洁奉公、忠于职守；既有原则性，又能灵活创新；思维敏捷，决策果断；善解人意，知识丰富，有较强的表达能力等。

（3）谈判人员的分工。挑选合适的人员组成谈判班子后，要在内部进行适当分工。谈判分工就是使每个人在谈判中处于合适的位置，在谈判桌上相互呼应、相互协助，充分发挥整体优势。虽然分工要视具体情况而定，但是，主谈人和辅谈人却是任何销售谈判中都必须确定的。

2. 调查分析

调查分析的对象是谈判环境和谈判对手。调查分析的内容包括以下几方面：

（1）调查分析企业实力。企业实力主要是指企业规模、技术水平、人员素质、市场占有率、企业效益等。就具体产品或技术而言，还要考察其所处生命周期的阶段性。特别是对方企业的工商注册资本、信用与履约能力、资产负债及经营作风等方面的审查更为重要，以防止不法商人进行诈骗。

（2）审查法人资格。企业法人应有具体的名称、营业场所和财产等，法人必须具有权利能力和行为能力。在审查了注册登记证明和资格证明后，还必须要弄清楚法人组织是有限责任公司还是无限责任公司，是母公司还是子公司。公司性质不同，所承担的责任也不一样。

（3）谈判代表的资格。审查参加谈判的代表，由于其职务不同，在公司的地位不同，其权力范围是有限的。有的具备签约资格，有的则不具备签约资格，甚至有些代表根本不是公司内部人员，而是受委托的律师或其他事务所的成员。因此，在谈判签约前，必须审核对方代表资格，让对方出示其法定代表资格的文件，如授权书、委托书等。

3. 确立目标，制定谈判计划

谈判的目标就是谈判的目的，即通过谈判在经济上获得的利益大小。一般来讲，可以把目标分为最低目标和最高目标。最低目标是基本盈利点，它也是保本受益点，低于此目标谈判会破裂；最高目标是希望值，但它也会因对方无法接受而导致谈判破裂。因此，应掌握这种利益希望值的“度”。销售谈判的计划，应包括谈判的议程、进度、谈判地点和谈判的基本策略等。

（二） 实质性谈判阶段

从谈判的报价、磋商到最后成交达成协议的过程，称为实质性谈判。这个过程大体上可分为三个阶段。

1. 报价阶段

报价即谈判双方各自提出自己的交易条件，表明自己的立场和利益。报价有很强的策略性，即谁先报价、怎样报价和如何对待对方的报价。先报价有利还是后报价有利，这要视具体情况而定。

(1) 就一般情况而言，先报价对谈判影响较大，它实际上等于为谈判划定了一个框框，最后协议将在此范围内达成。先报价还会打乱对方的原有部署，甚至动摇对方原有的希望值。但是，先报价也有不利之处，即对方了解本方报价后会对原有策略进行调整，本方处于明处，对方处于暗处。

(2) 报价时态度应该坚定、明确、完整。报价完毕后，不要加以解释和说明，报价后吞吞吐吐会使对方产生不信任的感觉，有时过多的解释和辩解会使对方意识到本方最关心的问题，并能从中找出破绽或突破口。

(3) 报价应该先报总价格，尽量避免报分项目价格，以防止分项目价格的“水分”被对方识破，这是报价时的一个基本原则。当然，报价必须合理，不能漫天要价、毫无控制。

2. 磋商阶段

谈判双方各自提出交易条件后，必然会就分歧的问题进行磋商，讨价还价。这个阶段谈判的策略和技巧是最丰富多样的。总体上可分为让步策略、防守策略和进攻策略。

(1) 让步策略。让步策略在任何谈判中都是需要的，这样谈判才能进行下去，双方才能在新的共同点上达成共识，但是，让步是有原则的，应步步为营，不做无谓让步。让步幅度不能过大，轻易让步会使对方索取欲望更加强烈。让步应该是互惠的，即本方的让步和对方的让步要联系起来，一般不要率先做出单方面让步。

(2) 防守策略。防守策略比较多，运用限制性手段、示弱以求怜悯同情等都是防守性的。以权力有限、资料有限等为理由，都能较好地抵挡对方的进攻，在销售谈判中常被使用。

(3) 进攻策略。进攻策略是一种阻止对方进攻并能有效地采取主动的方法。常见的方式有最后通牒、分化对方重点突破、运用“情绪爆发”来压迫对方让步等。运用以攻对攻方法时要审时度势，抓住机会，否则滥用会导致谈判陷入僵局，甚至会使谈判破裂。

3. 成交阶段

当双方经过磋商在绝大多数的议题上取得一致后，谈判即进入成交阶段。成交阶段的基本原则就是力求尽快地达成交易，尽量保证自己已取得的谈判成果不要丧失，尽量争取获得最大的利益。

（三） 结束阶段

在结束阶段，其工作包括对已经取得的进展和尚存在的问题进行全面、仔细的总结和回顾，以检查有无错漏，并在此基础上对双方在某些条件上的细小差距进行最后的磋商协调；检查、落实会谈的记录工作；把握时机，建议双方确认磋商过程中达成一致的各项交易条款，并尽快地落实谈判协议的起草和签订工作。

六、销售异议处理

在开发新市场、面对新客户时，经常会听到客户对于产品、价格、促销、服务、财务等的不同声音。其实，嫌货才是买货人，客户有异议并不代表不想买，而恰恰是想购买的前提，因此，需要正确地对待这些异议，合理地化解这些异议。

（一） 处理产品异议

“你们的产品质量有保障吗”“你们的产品和××品牌比起来差一些呀”“你们的产品效果如何”，这是常见的客户关于产品的异议，对此，可以运用以下方法来进行沟通。

1. 事例法

所谓事例法，就是通过他人经销或者使用产品的案例，来说服客户。“我们产品你尽可放心，邻县的老李已经经销了三年了，我们合作很愉快，客户借助我们的产品，也发展起来了，如果你不相信，我可以提供他的号码给你，验证一下。”这种方法，简便易行，较易说服客户。

2. 比较法

在销售产品时，很多客户都喜欢与竞品对比，对此，销售人员可以采取现场比较的方式，来证明客户的说法站不住脚。此法的好处是，既不反对客户的意见，又能用事实来证明客户是错的。通过示范的方式，很容易让客户现场感受产品的优劣，从而来让客户信服。

3. 体验法

对于顾客有关产品质量的异议，也可以通过现身说法的形式，来佐证产品质量有保障。比如，有的销售人员会组织客户到企业实地参观，通过企业的旅游工业园，让客户实地感受企业的规模、文化、生产采购流程等，从而消除客户的疑虑，建立合作关系。

（二） 处理价格异议

“你们的价格有点高”“你们的产品比同档次品牌的贵呀”，这是一些客户在谈到价格时，经常说的两句话。如何应对价格异议呢？

1. 比性价比

价格是客户最敏感的因素，要想让客户感觉到产品值，就要给客户分析产品性价比，如包装、用料、性能等方面，让客户认为物有所值。如果是耐用品，还可以通过分析产品可以为客户带来的较大节省等，消除客户对于价格的敏感度。

2. 对比核算

当客户提到价格高时，也可以通过对比竞争对手的品牌、原料、政策等，让客户真切地感觉到产品价格并不高，而自己认为的所谓的高价格，是因为有些自己不太了解的因素在里面。

3. 突出品牌

品牌意味着安全，品牌意味着信誉，品牌意味着实力，品牌意味着号召力。优秀的品牌是具有静销力的，品牌名气大，就意味着定价的空间大。我们可以经常听到一些客户谈到对手的价格时，总是一句“人家是名牌”来为竞品的高定价搪塞。

4. 彰显服务

高规格、标准化的服务，也是削弱产品价格敏感度的方式之一。为什么海尔的家电产品价格高，但依然卖得好，除了产品质量好之外，其五星级的售后服务功不可没。因此，向客户充分阐述自己规范化、可以让客户高枕无忧的服务，也可以消除客户对于价格的异议。

5. 科技含量高

向客户展示产品所蕴含的高科技，如产品所采用的领先技术，相比于竞争对手的较强的产品性能等，就可以让客户理解产品价格高一些的原因。

6. 故意说得不高

这是价格谈判的艺术了，销售人员可以在与客户的沟通当中，故意将价格说得不高。

（三） 处理财务异议

财务异议也是最常见的客户异议之一。我们经常遇到的，“资金紧张，没钱进货”，“我们不能现款，能否赊欠”等。对于以上异议，可以用下列方式化解：

1. 亮明财务政策

可以企业不赊欠这一政策为由，婉拒客户要求。其实，企业不赊欠，是对销售人员的最大保护。赊账易，要账难，很多销售人员因为货款赊欠问题，而纠纷四起，甚至反目成仇，分道扬镳，因此，能不赊欠的，尽量不要赊欠。

2. 巧妙借用下游渠道商货款

如果客户资金不足，也可以建议客户通过召开新产品发布会、订货会等，激发下游渠道商拿钱进货，从而巧妙化解客户资金紧张的窘境。

3. 少量多次

对于销售人员比较看好，而无资金实力的客户，销售人员可以通过协调企业、周边客户等方式，采取联合发货、少量多次、合理控制库存等方式，来化解这一矛盾。

4. 抵押融资

对于资金缺口比较大、较难协调的客户，销售人员可以动员客户通过房产、汽车抵押贷款的方式，合理协调发货。

5. 缩减品类

销售人员也可以通过建议客户缩减代理品类等方式，来集中资金经营，从而通过“拆东墙补西墙”的方式，来规避资金上的差距。

（四） 处理促销异议

处理促销异议是销售人员与客户交锋当中必不可少的一门必修课。经常遇到的问题有：“你们的促销力度太小了”“能不能给个一步到位价”“能多给点儿政策吗”“你们的促销形式太单一了”等，以下是破解的几个方法。

1. 坚持原则

无论是价格政策，还是促销政策，销售人员在与客户沟通时，都要按照企业规定，保持一定的刚性，千万不可随意承诺客户，或犹豫不决给客户留下幻想。

2. 引导客户向市场要资源

真正优秀的经销商，一定不会“等靠要”的，对于促销，向市场要资源，才是真正的高手。因此，在客户无止境地要政策时，销售人员要想方设法引导客户学会向市场要资源。

3. 给促销要用加法

销售人员在和客户沟通促销政策时，要学会拆分，即将促销政策分解得越细越好，比如，如果你手中有 8 个点的政策支配权，你可以把它拆分成月返、年奖、临促或即时激励等，在形式上，除了返利外，还可以给予人员促销、助销物料、旅游、培训进修等，形式越多，越有助于控制客户。

4. 给客户促销政策要学会创造困难

解决客户异议，给客户促销政策，要学会创造困难。容易得到的，往往都不珍惜，这也是人性的弱点。因此，销售人员在给客户政策时，要学会创造困难，要让客户懂得政策来之不易，从而倍加珍惜，让好钢用到刀刃上。

总之，面对客户的各种异议，销售人员一定要能够正确对待，既不能盲目妥协，同时也不能贸然一口回绝，而要通过合适的处理方式，在既不违反企业整体利益的前提下，巧妙化解，从而打造双赢的厂商合作伙伴关系，把市场做强、做大。

七、实现成交

促成交易是想方设法使顾客购买自己的商品，它是销售人员所追求的工作目标。

无论销售人员在前面的阶段作了多少努力，如果不能达成交易，那也就意味着前功尽弃。为使顾客做出购买决定，销售人员在此阶段应采取积极的营销策略和方法，督促顾客做出选择，促成交易的成功实现。

（一） 把握促成交易的时机

1. 从顾客的表情变化来把握

人的面部表情是一种形体语言，销售人员可从顾客的面部表情变化来判断成交的信号。例如，当顾客的面部表情发生如下变化时，就可能表示他已经产生了购买意愿，只要加以合理敦促，便可着手成交：眼睛转动由慢变快，眼角舒展；从托腮沉思变为轻松明朗、善意友好；态度由冷漠、怀疑变为自然大方、随和亲切等。

2. 从顾客的语言来把握

顾客的语言是最直接、最明显的成交信号，当顾客谈到下列问题时，就表示他已有意成交，销售人员可借机提出成交要求：当顾客不断向销售人员打听交货期时；当进行讨价还价时；当与销售人员讨论运输、储存、保养维修、零件供应等问题，索取说明书或样品，要求详细说明使用时应注意的事项时；当对产品的规格、包装、颜色等提出具体的要求或修改意见时；当顾客主动表示与销售企业的职工有私人交情时。

3. 从顾客的行为举止来把握

顾客行为举止的变化也往往会显示或暗示出顾客的成交信号。例如，顾客把销售人员和竞争对手的各项交易条件具体加以比较；顾客一会儿注视着销售人员的神情，一会儿查看商品小册子；顾客由原来听销售人员介绍时那种身体拘谨、小心翼翼变为身体松弛、大大方方的姿势等。这些行为举止都是购买信号，如果销售人员能及时理解，领会到从顾客的行为举止中流露出来的各种暗示，就能捕捉到商机。

4. 从交易条件是否得到满足来把握

在洽谈过程中，销售人员还可从促成交易的条件是否得到满足来把握交易的时机。如果上述促成交易的基本条件都已得到满足，销售人员就应迅速转入敦促成交的工作。当然对促成交易时机的判断和把握，需要销售人员经过长期的实践，在各种场合中去体验总结和积累，才能具有这种经验、直觉和能力。

（二） 掌握促成交易的技巧

1. 保持自然大方的神情

销售人员应具有良好的素质，在销售过程中，不管促成交易成功与否都应表现得大方自若、平易近人。销售成功之时不喜形于色，忘乎所以；销售不成时也不焦急不安，举止失态。这样才能给顾客留下良好印象，使其信赖自己。

2. 抓住最适合于顾客所需的关键点

销售促成交易时，销售人员应尽可能简明扼要地阐述顾客所同意的要点，抓住最适合于顾客所需的关键点进行促成洽谈。一般顾客的需求中，总有一个主要的需求或特定问题，针对顾客最感兴趣或最迫切的需求项目促成之，即把促成交易的方法集中在这点上，重点攻破。

3. 适时离开

当达成交易，签订了合同或协议后，销售人员应礼貌地适时离开，以免节外生枝。而且顾客也有其他事情要做，停留太久，耽搁时间太久常会使顾客厌烦。

八、农机商品购销合同签订实例

已知条件：某农机公司需从某生产企业购进一批小四轮拖拉机，双方对规格型号、数量、价格等已取得一致意见，开始签订购销合同。要求：

（1）能熟知合同的主要条款和内容，懂得如何防范合同风险。

（2）能使用格式化的合同文本，合同条款的内容书写规范、明确、清楚。

一、商品购销合同

供方：××××

需方：××××

签订地点：××

签订时间：××年××月××日

二、产品名称、规格型号、单位、数量、单价、总金额、备注

三、产品质量要求、技术标准

四、交（提）货地点、方式

五、运输方式及到达港站和费用负担

六、合理损耗及计算方法

七、包装标准，包装物的供应与回收

八、验收标准、方法及提出异议的期限

九、随机备品、配件工具数量及供应方法

十、结算方式及期限

十一、如需提供担保，另立合同担保书，作为本合同附件

十二、违约责任

十三、解决合同纠纷的方式

十四、其他约定事项

有效期限：　　年　月　日　至　　年　月　日

签订商品购销合同的几点说明：

（1）商品购销合同包含农机销售企业为购进商品而签订的采购合同和为销售商品而签订的销售合同两种形式。农机销售企业在购进商品时作为需方，在销售商品时则作为供方。

（2）合同文本中的“备注”栏，主要是对供货期限、分批供货的时间和数量，以及在合同执行过程中商品价格能否进行调整等事项进行约定。

（3）合同文本中的“其他约定事项”，主要是对因违约终止合同的有关情况进行约定。如：供方未能在合同约定的时间内或未能在需方同意的延长期内供货，需方有权终止合同，需方未能在合同约定的时间内向供方付清货款，供方有权终止合同。

【任务实施】

在上述情境中，各小组销售人员在师傅指导带领下可以按照表3-33所列步骤实施。

表3-33 任务实施表

环节	对应项目	具体程序
1	销售过程管理学习	在师傅指导带领下，各小组农机销售人员进行销售过程管理知识学习。
2	销售谈判前的准备	各小组根据已知条件进行销售谈判，按要求进行销售拜访及销售谈判前的准备，包括人员准备、资料准备、报价准备。
3	购销合同	（1）根据公司销售政策选择谈判策略； （2）拟定谈判方案，并起草购销合同； （3）就谈判条款进行详细磋商； （4）确定最终购销合同。
4	销售谈判过程分析	认真分析销售拜访及销售谈判前的工作，回顾销售过程及销售过程管理中把握谈判进度的方法。

按照上述步骤，各小组销售人员在师傅指导带领下，根据已知条件进行销售谈判，按要求进行销售拜访及销售谈判前的准备，选定销售政策选择谈判策略，拟定谈判方案，并起草购销合同，就谈判条款进行详细磋商，确定最终购销合同。

【工作任务实施记录与评价】

1. 销售过程管理工作计划

<table>
<tr><th>师傅指导记录</th><th>销售过程管理质量评价</th><th>评价成绩</th></tr>
<tr><td rowspan="3"></td><td rowspan="3"></td><td></td></tr>
<tr><td>日期</td></tr>
<tr><td></td></tr>
</table>

2. 学徒关键职业能力及职业品质、工匠精神评价

项目	A	B	C	D
工作态度				
吃苦耐劳				
团队协作				
沟通交流				
学习钻研				
认真负责				
诚实守信				

3. 学徒对工作过程的反思

岗位工作任务五　客户关系管理

【任务描述】

在师傅的指导下，各小组销售人员对本区域内的现实客户和潜在客户资料进行分析、整理，并将客户进行分类入档。具体工作如下：

1. 设计一份可行的客户信息卡，便于客户档案的整理，以便为企业维护及开发更多的客户。

2. 罗列有效收集客户信息资料的方法和途径，并收集本公司主要客户信息（包括客户类型、客户所处区域、客户需求特点等信息），将相关潜在客户信息记入客户信息卡中。

3. 对已有客户进行分类，形成客户分析报告。

【任务分析】

对前述任务 1 至任务 4 进行总结、汇总，撰写销售客户和潜在客户资料进行分析、整理，并将客户进行分类入档。建立可行的客户信息卡，方便客户关系管理档案的整理。客户信息主要包括客户类型、客户所处区域、客户需求特点等，将相关潜在客户信息记入客户信息卡中进行分类，形成客户分析报告。再对报告的标题、结构、摘要、正文、附件进行修改，使其尽量简单、明了、准确、直观。在正文必须给出准确、清晰、简洁、明了的调查结果、结论和建议，以便企业做出合理预测。

【专业知识准备】

一、认识和区分客户的商业价值

（一） 认识客户的商业价值

客户的商业价值是基于客户对商家的利益而言的。客户作为企业收入来源，是企业生存的基础。从战略的角度讲，客户不仅决定着企业的收入，而且是企业借助其品牌建立自身形象、提高企业市场价值、建立竞争优势的宝贵财富。对于某一企业而言，不同的客户具有各自不同的商业价值。

客户的商业价值是客户对企业产品或服务的购买量、客户营销成本、推动企业品牌增值作用等多种因素综合作用的结果。总的来说，客户的商业价值由客户的既有价值、客户的潜在价值、客户的影响价值和客户的学习价值四大类价值要素构成。

（二） 区分客户的商业价值

1. 客户商业价值的指标

客户商业价值指标是客户商业价值评价内容的具体体现，由于不同的企业在行业类型、经营范围、发展策略等方面各不相同，对于客户商业价值进行评价的关键指标也各不相同。表 3-34 概括了常用的客户商业价值指标。客户商业价值指标总体上可分为客户财务贡献类、客户特征类、交易类和客户忠诚类四大类指标。

表 3-34 常用的客户商业价值指标

指标类型	指标名称
客户财务贡献类	累计交易额、累计利润额、毛利率、销售预期金额等
客户特征类	(1) 单位客户:企业规模、注册资金、区域、行业、年销售额、是否上市公司等 (2)个人客户:年龄、学历、婚姻、月收入、喜好颜色、是否有车、有无子女等
交易类	交易次数、交易频率、交易周期、已交易时间、平均单笔交易额、最大单笔交易额、欠款额、逾期付款次数、退货金额、退货次数、平均欠款率
客户忠诚类	客户表扬次数比例、投诉次数/比例、建议次数/比例、客户的流失率、客户对企业的满意度、客户与企业合作的时间、客户对营销活动响应度、客户重复购买率等

2. 客户商业价值的计算

目前，人们对于客户商业价值的定量计算主要采取两类方法：一类是关键指标法，即根据某些关键指标确定客户商业价值的大小；另一类则是综合评价法，即将多种指标结合起来综合评价客户商业价值的大小。

(1) 关键指标法：企业通过分析某些关键指标（如销售额或利润）来对客户排行，筛选出其中最有价值的客户。该方法可以比较准确地对客户价值进行计算，从而使企业在考察客户关系时，提供量化的依据。再加之简便易行的优点，该法受到了众多企业的青睐。在关键指标法的应用中，企业对客户商业价值的评价着重从客户对企业利润贡献的大小方面展开。

(2) 综合评价法：在关键指标法应用的过程中，人们发现客户除了购买活动产生的既有价值，同时还存在着潜在价值、影响价值和学习价值，单纯一两项关键指标无法多方位地综合体现客户的价值。鉴于此，有些企业开始提出要建立一套全面的客户价值评价指标体系，该指标体系围绕着客户商业价值的几个部分，建立逻辑严密、相互联系、互为补充的体系结构。

3. 客户商业价值的区分与管理

(1) 客户商业价值区分的步骤。对企业的客户进行区分，具体步骤如下：

①选定客户商业价值的计算方法。即确定使用关键指标法还是综合评价法，并在此基础上确定评价指标。

②搜集评价所需相关数据。

③利用上述选定的计算方法算出客户商业价值并对其加以排行。

④进行客户分组，即根据分值将客户商业价值分为若干等级。客户分组主要根据客户的商业价值、排行和在企业中客户的比例进行，通常将客户分为四类：一是 VIP 客户，这类客户的数量不多，占企业客户数量的比例较小，一般将客户商业价值排行

前1%的划分为该类客户；二是重要客户，这类客户占企业客户数量的比例略大于VIP客户，但比例也较小，一般将客户商业价值排行前5%的除去VIP客户以外的划分为该类客户；三是普通客户，将客户商业价值排行前20%（或30%，具体根据不同企业需要而定）的除去前两类客户后的客户划分为该类客户；四是小客户，除去以上三类以外的客户全部归入该类。

（2）基于商业价值区分的客户关系管理。通过对其商业价值的辨识和区别，有针对性地进行客户关系管理，企业只有对其加以有效的管理，才能使客户资源价值得以充分实现。

①VIP客户的管理策略。VIP客户的购买能力很强，购买金额在企业销售额中占的比例最大，对企业贡献的商业价值最大，位于客户金字塔的顶端。对于这类高盈利性的客户，企业应对其客户关系应进行重点管理，保持良好关系。

②重要客户的管理策略。VIP客户对企业的贡献很大，但数量非常少，企业不应将所有精力都放到他们身上，而应将关注的重点放到为企业利润主要来源的重要客户身上。重要客户也是企业竞争对手奋力争夺的目标，企业应准备好向这些客户提供适度的折扣和激励，或者采用特殊服务的方式不断提升其满意程度，以保证在其他竞争者来临时，这些客户能保持对企业产品的忠诚。

③普通客户的管理策略。普通客户在企业中占的比例较高，但其购买额有限，能为企业带来一定的利润。对于这类客户，企业应精心研究和培养他们，努力提高他们的满意度，以期在不久的将来使其转变为具有更高商业价值的客户。

④小客户管理策略。小客户人数众多，但对企业的盈利贡献很小甚至为负。对于此类客户，企业没有必要花费过多的精力，只需进行简单的维护。此外，企业还要控制住那些只能为企业带来负利润客户的数量。

二、建立和利用客户档案

客户档案顾名思义就是有关客户情况的档案资料，是反映客户本身及与客户关系有关的商业流程的所有信息的总和，包括客户的基本情况、市场潜力、经营发展方向、财务信用能力、产品竞争力等有关客户的方方面面。

（一） 建立客户档案

建立客户档案是为了缩减销售周期和销售成本，有效规避市场风险，寻求扩展业务所需的新市场和新渠道，并且通过提高、改进客户价值、满意度、盈利能力以及客户的忠诚度来改善企业的经营有效性。

1. 收集客户档案资料

建立客户档案就要专门收集客户与公司联系的所有信息资料，以及客户本身的内外部环境信息资料。

2. 客户档案的分类整理

客户信息是不断变化的，客户档案资料会不断补充、增加，因此客户档案的整理必须具有管理的动态性。根据程序，可以把客户档案资料进行分类、编号定位并活页装卷。客户档案资料一般分为以下 4 个部分：

第一部分，客户基础资料，如客户背景资料，包括销售人员对客户的走访、调查报告。

第二部分，客户购买产品的信誉、财务记录及付款方式等情况。

第三部分，与客户的交易状况，如客户产品进出货的情况登记表，实际进货、出货情况报告，每次购买产品的登记表，具体产品的型号、颜色、款式等。

第四部分，客户退赔、折价情况。例如客户历次退赔折价情况登记表、退赔折价原因、责任鉴定表等。

客户建档工作有以下 4 点值得注意：

(1) 动态管理。客户的情况是会不断发生变化的，客户的资料也要不断加以整理。剔除过去旧的或已经变化了的资料，及时补充新的资料，对客户的变化进行跟踪，使客户管理保持动态性。

(2) 突出重点。有关不同类型的客户资料很多，要通过这些资料找出重点客户。重点客户不仅要包括现有客户，而且还应包括未来客户或潜在客户。

(3) 灵活运用。客户资料的收集管理目的是在销售过程中加以运用。所以，在建立客户资料卡或客户管理卡后不能束之高阁，应以灵活的方式进行更详细的分析，使死资料变成活资料，提高客户管理的效率。

(4) 专人负责。由于许多客户资料是不宜流出企业的，只能供内部使用，所以客户管理应确定具体的规定和方法，由专人负责管理，严格规范客户情报资料的利用和借阅。

（二） 利用与开发客户档案

对客户档案的管理不能简单地认为是对客户资料的收集、整理，开发和利用才是真正的目的。要把客户档案作为企业资产来集中管理，通过客户档案信息的整理、分析、总结，提出可行的决策建议，指导企业的销售和客户服务，提高客户的满意度。

(1) 划分客户类型，为不同类型的客户制定针对性的营销策略。根据对客户资料的分析，确定不同客户群对企业的价值、重要程度，针对不同客户群的消费行为、期望值等制定不同的销售服务策略。

(2) 不断收集和研究客户需求。针对目标客户群的产品和服务需求对客户档案进行研究，并将之融入产品和营销策略中去，提高已有客户的满意度，抓住新客户。

(3) 根据关键客户档案，针对性地采取措施挖掘客户价值。客户档案包含客户的基本信息、曾经接触的记录、客户的偏好等，针对不同客户制定有效的差异化关系维护计划。

(4) 根据客户档案对销售人员进行管理。企业管理者可以通过回收销售人员的客户档案卡来获知销售人员对某一客户的回访次数、日拜访客户数、新增客户数等。

(5) 利用客户档案做好客户维系工作。有不少的农机企业常为销售人员的离职而带走客户苦恼不堪，其实这是因为其客户维系工作没有做好。客户本来应该是公司的，销售人员只能是代表公司与客户进行沟通和交流。要解决这一问题，公司就必须定期对客户进行维护。

(6) 销售人员利用客户档案管理提高工作效率。销售人员通过客户档案对销售结构进行分析，从而可以充分有效地利用自己有限的时间。

三、实施客户信用管理

客户信用管理是指企业在市场交易过程中制定信用管理政策，收集和评估客户信用并进行授信，保障债权和回收，以及处置应收账款等一系列控制客户信用风险的管理活动。

（一） 客户信用调查

客户信用调查是通过对客户信用状况进行调查分析，从而判断应收款项成为坏账的可能性，为防范坏账提供决策依据。

1. 选择客户信用调查的方法

销售部根据业务需要，提出对客户进行信用调查。财务部可选择以下方法对客户进行信用调查：

(1) 通过金融机构或银行对客户进行信用调查。这种方式可信度高，所需费用少。不足之处是很难掌握客户全部资产情况和细节，因可能涉及多家银行，所以调查时间会较长。

(2) 利用专业资信调查机构进行调查。这种方法能够在短期内完成调查，费用支出较大，能满足公司的要求。同时调查人员的素质和能力对调查结果影响很大，所以应选择声誉高、能力强的资信调查机构。

(3) 通过行业组织进行调查。这种方式可以进行深入具体的调查，但往往受到区域限制，难以把握整体信息。

(4) 内部调查。询问同事或委托同事了解客户的信用状况，或从新闻报道中获取客户的有关信用情况。

2. 确定客户信用调查的内容

如果没有客户资信调查，也就无法客观、准确地进行信用分析，确定的客户信用度也就不能作为企业信用管理的基础。一般而言，客户信用调查的内容见表 3-35。

表 3-35 客户信用调查内容

客户信息项目	主要内容
基础资料	客户的名称、地址、电话、股东构成、经营管理者、法人代表及其企业组织形式、开业时间等
客户特征	企业规模、经营政策和观念、经营方向和特点、销售能力、服务区域、发展潜力等
业务状况	客户销售业绩、经营管理者和业务人员素质、与其他竞争者的关系、与本企业的业务关系及合作态度等
交易现状	客户的企业形象、声誉、信用状况、销售活动现状及优劣势、交易条件、出现的信用问题及对策等
财务状况	资产、负债和所有者权益的状况、现金流量的变动情况等

3. 处理信用调查结果

（1）调查完成后应编写客户信用调查报告

①客户信用调查完毕，财务部有关人员应编制客户信用调查报告，及时报告给授信额度管理小组。业务员平时还要进行口头的日常报告和紧急报告。

②定期报告的时间要求依不同类型的客户而有所区别。A 类客户每半年一次即可，B 类客户每三个月一次，C 类客户要求每月一次。

③调查报告应按企业统一规定的格式和要求编写，切忌主观臆断，不能过多地罗列数字，要以资料和事实说话，调查项目应保证明确全面。

（2）信用状况突变情况下的处理

①业务员如果发现自己所负责的客户信用状况发生变化，应直接向上级主管报告，按“紧急报告”处理。采取对策必须有上级主管的明确指示，不得擅自处理。

②对于信用状况恶化的客户，原则上可采取如下对策：要求客户提供担保人和连带担保人；增加信用保证金；交易合同取得公证；减少供货量或实行发货限制；接受代位偿债和代物偿债，有担保人的，向担保人追债，有抵押物担保的，接受抵押物还债。

（二） 评估客户信用状况

客户信用评估是企业或聘请信用评估机构在对客户进行全面考察分析的基础上，对其履行各种经济承诺的能力及其可信任程度所进行的综合分析和评价。客户信用评估的内容众多，为了提高信用评估的效率和效益，在实际工作中，客户信用评估的内容主要包括五个方面：一是企业素质，二是资金实力，三是资金信用，四是盈利能力，五是发展前景。

（三） 确定客户信用等级

企业客户信用等级一般情况下设置为 A、B、C、D 四个等级，每个等级下还可以继续分等级，如 A 级中分 AAA 级、AA 级、A 级，B 级中分 BBB 级、BB 级、B 级，以此类推。不同的信用等级代表着不同的内涵。

A 级：该类企业盈利水平很高；短期和长期债务的偿还能力很强；企业经营处于良性循环状态；不确定因素对企业经营与发展的影响很小。

B 级：该类企业盈利水平处于中等；具有足够的短期和长期债务偿还能力；企业经营处于良性循环状态；不确定因素对企业经营与发展的影响较大，对企业的盈利能力和偿债能力产生较大的影响。

C 级：该类企业盈利水平处于中等偏下的水平，甚至是亏损；短期和长期债务的偿还能力较弱；企业经营状况不好。

D 级：该类企业处于严重亏损甚至是资不抵债的状态；短期和长期债务的偿还能力非常差；企业经营状况处在恶性循环中，处于破产状态。

（四） 制定信用政策

信用政策是企业与客户进行商业交往时用于控制客户信用风险的对策，也是企业对外开展信用交易的根本依据和操作指南。实际操作中，给予客户的信用政策主要体现在信用期限和信用额度两个方面。

1. 信用期限

信用期限是企业为顾客规定的最长付款时间，确定适宜的信用期限是企业制定信用政策时首先需要解决的问题。较长的信用期限会吸引更多的客户，实现更高的销售额，较短的信用期限会影响到企业的销售规模。企业应根据客户的信用等级情况确定合理的客户信用期限。

2. 信用额度

信用额度又称为信用限额，是指企业根据其经营情况和每一个客户的偿付能力规定允许给予客户的最大赊购金额。信用额度在一定程度上代表企业的实力，反映其资金能力以及对客户承担的可容忍的赊销和坏账风险。其额度过低将影响企业的销售规模，额度过高会增加企业的信用销售成本和坏账风险。因此，企业应根据自身的情况及客户的信用等级情况确定合理的客户信用额度。确定客户信用额度的方法很多，常用的有以下几种：

(1) 根据收益与风险对等原则确定客户信用额度。根据客户的预计全年购货量和该产品的边际贡献率计算出企业能从该客户处获得的收益额，并以该收益额作为该客户的信用限额。

(2) 根据客户营运资本净额的一定比例确定客户信用额度。一般来讲，客户在一定的生产经营规模下，其流动资产与流动负债的差额即营运资本净额也是大致稳定不变的。

（3）根据客户清算价值的一定比率确定客户信用额度。客户清算价值是客户因无力偿债或其他原因进行破产清算时的资产变现价值。清算价值体现了客户偿债的最后保证。

四、提高客户的满意度

1. 明确客户的需求和期望

实现客户满意首先要明确客户的需求、期望。企业应该了解市场的客户，包括竞争对手的客户的需求和期望，然后进行产品定位，要加强识别产品和服务的质量的特征以及这些质量对客户或特定客户群体的相对重要性。此外，客户需求和期望不是一成不变的，它呈现出多元化、动态性的特点。

2. 提高产品质量

产品质量总是客户考虑的第一要素。因此，企业要实现全面的质量管理，首先要进行全过程的质量管理，质量贯穿于生产的全过程，用工作质量来保证产品质量。其次加强结果检验，在产品销售给客户之前，检验人员必须从严检验，对于不能达标的产品，坚决不准销售，即使很小的质量问题也不能放过，追求“零缺陷”。

3. 提高服务质量

较高的服务质量可以导致较高的客户满意度，进而产生较高的客户忠诚度，最终带来较高的收益增长和利润率。竞争的加剧使企业已经很难做到在产品上有效区别于竞争对手，越来越多的企业把目光聚焦在服务上，通过完善的服务来提高客户满意度，增进与客户之间的关系。

4. 认真评估客户的反馈

对于企业对客户的反馈信息，应该主动探寻和收集，而不能被动等待和反应，客户反馈系统必须精心计划、周密组织，使客户信息源源不断地流入企业。另外，公司应该建立客户满意评估系统，这个系统应该建立在两套资料的基础上，一套是来源于客户调查和客户投诉管理系统的外部信息反馈，另一套是公司对学徒本身服务的数量、质量评估。

5. 建立以客户满意为导向的企业文化

企业要想把以客户满意为导向的理念根植于学徒的思想中，并在行为中体现出来，必须先要把这种理念融入企业文化中。企业文化是一种柔性管理，虽然无形，但却具有极强的约束力，它向全体学徒提供一套共有的理念、信仰、价值观和行为准则，以及由此导致的行为模式。

6. 建立客户导向的组织结构及流程

以客户满意为导向的企业文化构筑了学徒的价值观和行为模式。但仅有软件支撑是不够的，企业必须具有合理的组织结构、通畅的业务流程来确保客户导向的目标得以实现。企业在设计组织结构和业务流程时必须从客户角度出发，一切以能给客户增加价值为准绳。

五、以东风农机召开客户关系管理（CRM）系统启动会为例

2009年12月30日，东风农机召开客户关系管理（CRM）系统启动会。公司领导、销售公司全体人员，以及信息中心同用友软件公司领导、项目负责人、实施小组成员共同参加了本次启动会。

CRM系统的实施，在东风农机已经酝酿已久，随着公司的快速发展，时机已经成熟，该项目的启动标志着东风农机开始进入客户经营阶段，为走向国际市场打下扎实的根基。

启动会由东风农机副总经理许国明主持，他在会上做了动员，并从四方面对大家提出要求：

第一，提高认识。希望各部门领导重视并安排协调好资源，提高信息化认识，通过系统化的工作，规范管理，提升公司管理水平。

第二，认真学习。学习标杆企业的优秀管理思想，为我所用。

第三，严格考核。系统“上线”前必须要考核，在平时日常工作中也需要考核，并实行奖罚制度。

第四，规范制度和流程。东风农机现有的管理方法、工作流程要与用友软件公司一起细化，便于后期更好地执行。

【任务实施】

在上述情境中，在师傅的指导下，各小组销售人员可以按照表3-36所列步骤实施。

按照上述步骤，各小组销售人员可以根据对前述任务1至任务4进行总结、汇总，对销售客户和潜在客户资料进行分析、整理，并将客户进行分类入档；接着建立可行的客户信息卡，方便客户关系管理档案的整理，形成客户分析报告，并进行预测运用。

表 3-36 任务实施表

环节	对应项目	具体程序
1	客户关系管理认知	在师傅指导带领下，各小组农机销售人员进行销售客户关系管理知识学习。
2	客户资料分类入档	各小组销售人员对本区域内的现实客户和潜在客户资料进行分析、整理，并将客户进行分类入档。 （1）设计一份可行的客户信息卡，便于客户档案的整理，以便为企业维护及开发更多的客户； （2）罗列有效收集客户信息资料的方法和途径； （3）收集本公司主要客户信息（包括客户类型、客户所处区域、客户需求特点等信息）； （4）将相关潜在客户信息记入客户信息卡中。
3	拟定客户分析报告	对已有客户进行分类，形成客户分析报告，对报告的标题、结构、摘要、正文、附件进行修改，使其尽量简单、明了、准确、直观。
4	企业预测运用	对客户分析报告进一步讨论，并给出准确、清晰、简洁、明了的调查结果、结论和建议，以便企业做出合理预测。

【工作任务实施记录与评价】

1. 客户关系管理工作计划

师傅指导记录	客户关系管理质量评价	评价成绩
		日期

2. 学徒关键职业能力及职业品质、工匠精神评价

项目	A	B	C	D
工作态度				
吃苦耐劳				
团队协作				
沟通交流				
学习钻研				
认真负责				
诚实守信				

3. 学徒对工作过程的反思

岗位工作任务六　销售服务及售后管理

【任务描述】

各小组销售人员对农机售后服务质量保证“三包”应用进行整理、分析后，按照售后服务质量保证“三包”应用的要求，撰写一份农机质量保证“三包”应用实例。具体工作如下：

1. 分析售后服务质量保证“三包”应用，得出结论，并提出建议。
2. 讨论售后服务质量保证“三包”应用的标题、结构、组成内容等。
3. 分工，并编写售后服务质量保证“三包”条款。
4. 合理编排质量保证“三包”条款的格式。

【任务分析】

各小组对本企业的售后服务质量保证“三包”工作进行讨论分析，并写出售后服务方案。明确企业售后服务流程、规定及服务行为规范。对企业的售后服务工作进行讨论、研究，编排质量保证“三包”条款，拟定企业售后服务方案。任务完成后，各小组销售人员应具备：

1. 掌握销售服务及售后管理的基本方法，能够按照相应的程序和方法熟知售后服务质量保证“三包”应用的要求。

2. 掌握对搜集资料进行编辑、分组、汇总和制表制图等整理工作程序的工作方法和技巧。

3. 能够进行组织讨论、研究，编排质量保证“三包”条款。

4. 能够对整理好的资料进行分析，撰写一份农机质量保证“三包”应用实例。

【专业知识准备】

销售服务是指企业在产品销售活动过程中，为客户提供各种劳务的总称。企业向客户销售产品时，总要伴随着一定的劳务付出，这些劳务付出是围绕着为客户提供方便，满足客户的需要，使客户在购买产品前后感到满意而进行的。销售服务的根本宗旨在于：让客户满意，树立企业形象，促进产品销售。

一、农机销售服务现状分析

随着农业机械化水平的不断提高，先进适用的农机具已经成为发展农业生产的重要依托。然而，与之形成鲜明对照的是，农机销售服务近年来却没有与时俱进，反而出现了很多问题。这些问题最突出地表现在以下 4 个方面：

（一） 销售服务责任主体的责任不到位

农机产品的销售服务原本应由销售商或生产厂家来承担，但由于农机销售市场目前比较活跃，销售服务队伍日趋庞大，鱼龙混杂。其中，有的生产厂家为了抢占市场，增设过多销售网点，有的维修人员在经济实力、技术实力等条件都不成熟的情况下，实行混合经销、维修，造成农机产品销售服务责任主体的“三包”责任难以到位，从而使部分农机产品用户的合法权益得不到保障。

（二） 售后服务质量仍有待提高

农机产品售后服务的重点，应该是产品维修，而农机产品维修服务质量的好坏，又主要取决于维修队伍的配置是否合理和维修人员技术水平的高低。目前，在这两个方面都存在着一些具体问题。首先是维修队伍难以实现科学合理的配置。很多经销商的售后服务主要靠产品生产厂家安排维修人员，而厂家又必须根据地区的市场情况来安排维修人员，有时候甚至出现某一产品在一个或几个县内仅有一个维修人员的情况，有时还有跨省调集维修人员的现象。农忙季节，机具“三包”服务不能及时到位，后果可想而知。

（三） 跨区作业形式下网点服务范围之外的售后服务缺乏有效的解决办法

随着农机装备水平的提升，受土地流转、“绿色”通道等惠农政策的影响，农机具作业功能呈多样化发展趋势，其资源流动性不断增强，跨区作业就是国家鼓励的最基本的表现。而这个跨区作业一般都在服务网点之外，而且都是农忙季节，一旦出现故障，其修理问题很难得到有效解决。

（四） 依法诉求时常无法收到应有的效果

农机用户在农忙季节操作使用农机具发生责任事故，在无法与经销商或厂家协商一致的情况下，由于责任问题一般都是在农业生产操作过程中发生的，农机作业又有自己的特殊性，要提供专业的、有力的证据比较困难。加之，依法诉求是一个较长的过程，且各种程序较多，仅农忙季节影响生产带来的效益损失，就足以使农机户对走程序化的诉求渠道丧失信心。

二、销售服务的类型

（一） 销售服务分类

按照不同的标准，销售服务主要包括以下几个方面：

（1）按产品销售的过程划分，可分为售前服务和售后服务两大类。这也是一种常用的划分标准和服务种类。售前服务是指在产品销售之前为顾客提供的各种服务，如产品咨询、产品设计、产品示范等销售服务活动。售后服务是指在产品售出之后为顾客提供的各种服务，如代办托运、产品维修、零件供应、包退包换等销售服务活动。

（2）按销售服务的性质划分，可划分为技术性服务和非技术性服务两大类。技术性服务是指企业为顾客提供与产品技术和效用有关的服务，如技术咨询、技术培训、安装调试等销售服务活动，这种服务需要有专门知识的技术人员负责进行。非技术性服务是指企业为顾客提供的与产品效用无关的服务，如送货上门、分期付款、代理仓储等销售服务活动。

（3）按销售服务的费用划分，可分为无偿服务和有偿服务两大类。无偿服务是指企业免费为顾客提供的销售服务，如产品咨询、免费安装、免费送货、免费代办托运等，凡属不收取费用的服务项目均为无偿服务。有偿服务是指企业在为顾客提供某些服务项目时，向顾客收取一定的费用。

（4）按销售服务时间划分，可分为长期服务和短期服务两大类。长期服务是指企业为顾客提供的某些服务项目是从顾客购买本企业产品起自始至终坚持下去，如对产品实行终身保修就是一种长期服务。短期服务是指企业为顾客提供的某些服务项目只局限于一定的时期范围内。例如对产品实行保修三年，购买产品一月内实行包退包换等。

（二） 售后服务工作分析

为更好地服务农机客户，售后需要对售后服务工作进行改进和提高，因此，各小组对本企业的售后服务工作进行讨论分析，并写出售后服务方案。具体工作如下：

（1）明确本企业售后服务流程、规定及服务行为规范。

（2）对本企业的售后服务工作进行讨论、研究，拟定本区域内售后服务方案。

（三） 农机售后客服中心工作任务

关于客服中心，主要工作任务如下：

（1）客服中心接收到用户投诉信息后须立即上报服务部负责人，同时协调相关人员及部门制定解决方案，经批准后立即安排处理。

（2）客服中心接收到用户咨询信息后直接回复用户或咨询相关部门后再回复给

用户。

(3) 客服中心接收到用户建议、表扬信息，记录整理后反馈相关部门。

(4) 客服中心接收到用户配件需求信息，转给配件门市部处理或记录整理后转给配件门市部处理。

三、农机售前服务管理

售前服务是通过精心研究客户的购买心理，在客户采取购买行动之前，为诱导和刺激客户的购买欲望，促使其采取购买行动而提供的各种服务工作。企业为客户提供售前服务的内容和方式主要包括以下几个方面：

(一) 客户咨询服务

客户咨询服务是指企业运用产品的专业知识、技术资料和使用经验等，来解决客户提出的各种问题的一项销售服务工作。

1. 客户咨询服务的方式

客户咨询服务的方式须以客户提出咨询的方式为依据，主要包括：

(1) 信件咨询：当客户以信件的方式提出咨询时，企业应随之复信给予答复。

(2) 电信咨询：当客户以电话、电传、传真等方式提出咨询时，应以电话、电传、传真等方式迅速进行答复。

(3) 当场咨询：当客户在购买产品现场提出咨询时，销售人员应当场予以答复。

(4) 设点咨询：企业在客户集中的区域专门设立客户咨询服务点，征求客户意见并进行答复。

(5) 巡回咨询：企业派出咨询服务人员深入到重点客户中间，征求客户意见和进行现场答复。

2. 客户咨询服务的基本要求

(1) 企业中负责客户咨询服务的人员要具备较丰富的产品知识和相关的业务知识，能够充分胜任客户咨询服务工作。

(2) 客户咨询服务人员在解答客户提出的各种问题时，一定要满腔热情，耐心细致，正确无误，以消除客户疑虑为准则。

(3) 向客户宣传介绍本企业产品的性能特点、质量和使用效能等情况时，一定要实事求是，名副其实，并要做到简明易懂，令人可信，以强化客户对本企业产品的认知为准则。

(4) 有条件的企业应设立专门的客户咨询服务机构，配备专业的客户咨询服务人员，建立完善的各项规章制度，有组织、有措施地开展客户咨询服务。

(二) 产品示范服务

产品示范服务是指农机销售人员为使客户了解和掌握本企业产品的特性、使用性能和操作方法等而开展的一种售前服务工作。

企业提供产品示范服务的方式主要包括以下几种：

1. 产品操作示范服务

这是为便于用户了解和掌握本企业产品的操作使用技术和方法而采取的一种示范服务方式。这也是一种适用于机器设备等产品的售前服务方式。一般是由农机销售人员或技术人员负责进行操作示范，同时指导客户进行实际操作，并向客户传授操作技术和方法。

2. 产品特性示范服务

这是为便于客户了解和掌握产品的性能、特点和价值等特性而采取的一种示范服务方式。一般是由农机销售人员现场向客户进行示范，并同时向客户进行宣传介绍，以增加客户对本企业产品特性的认识。

（三） 产品选购服务

产品选购服务是指农机销售人员密切结合客户的需要，帮助客户选购产品而提供的一种售前服务工作。

1. 产品选购服务的内容及形式

(1) 帮助客户选型。根据客户购买产品的实际需要，帮助客户选择型号和规格相符合的产品。

(2) 帮助客户选价。根据客户的支付能力，帮助选择价格适合客户承受能力的产品。

(3) 帮助客户选量。根据客户对产品的数量的需求，帮助客户分析和选择购买产品的数量。

(4) 帮助客户选质。根据客户对产品质量的要求，帮助进行产品质量分析，挑选符合客户质量要求的产品。

2. 产品选购服务的基本要求

(1) 应诚心诚意地为客户当好购买产品的参谋，切实从维护客户的利益出发。

(2) 应善于了解与掌握客户的需求心理和购买产品的实际需要，有针对性地帮助客户选购产品。

(3) 在帮助客户选购产品时，切忌为达到产品售出的目的而弄虚作假、胡乱参谋，引诱客户做出错误的购买决策。

(4) 帮助客户选购的产品一定要符合客户的实际需要，使客户感到满意。这也是为客户提供产品选购服务的根本要求。

（四） 财务结算服务

财务结算服务是指企业为客户购买本企业产品而提供支付货款方面的一项销售服务工作，财务结算服务的形式主要包括如下两种：

1. 延期付款

这也是商业信用形式之一。客户购买产品时，不当场支付货款，而是延迟到双方协商规定的某个日期，由客户一次性付清全部货款。企业为客户提供延期付款服务，一般适用于一次购买批量很大或购买价格昂贵的工业品。为急需某些工业品而又一时缺乏支付能力的客户提供这种服务，以便使这类客户可以先获得产品的使用权，日后再逐渐集资或用回收资金予以偿还。

2. 分期付款

客户在购买产品时，不必一次性付清全部货款，而是按照买卖双方协商规定的要求，先支付其中的一部分，其余部分分期还清。企业为客户提供分期付款服务，一般适用于价格较高的中高档耐用消费品、中大型工业品或批量购买产品。

四、农机售后服务管理

通过售后服务，使顾客买得放心，用得满意，从而增强顾客对企业和商品的认同感和信任感，有利于扩大商品销售，提高营销工作的效率和效益。售后服务是指企业在产品售出之后，为给客户在使用产品当中带来更多的便利而提供的各种销售服务。

（一） 明确售后服务的作用

1. 售后服务是企业竞争的重要手段

在市场经济条件下，企业在品种、质量、价格基本相同的情况下，竞争的重心已转移到服务方面，服务竞争已成为企业竞争的重要内容。谁的服务好，用户评价高，谁就能赢得更多客户，就能在市场竞争中立于不败之地。

2. 售后服务是密切企业与客户关系的重要途径

对任何企业来说，客户都是“上帝”。营销工作的成败关键在于能否拥有忠实、稳定的客户，一个重要途径就是向客户提供良好的售后服务。通过售后服务帮助客户解决商品使用过程中存在的问题，使客户得到满意和实惠。只要所提供的服务令客户满意，客户就会再次光临，并且会向企业推荐新客户，从而使企业逐步建立起一个相对稳定的潜在客户群体。

（二） 进行售后服务管理

在激烈的市场竞争中，企业营销工作创造的售后服务的形式多种多样。就农机商品营销而言，主要有以下几方面的内容：

1. 代送代运服务

代送代运服务是指企业根据客户的要求，采取一定的手段代替客户把所购买的产品运送到指定位置而提供的一种售后服务方式。企业为客户提供代送代运服务的内容及方式主要包括下列几个方面：

（1）代办运输，这是由企业根据客户的委托，代替客户把购买的产品运送到指定的地点而提供的一种运输服务方式。

（2）代办托运，这是由企业根据客户的要求，帮助客户办理有关产品的托运手续而提供的一种运输服务方式。

（3）代客送货，这是企业为方便客户运输，主动为客户提供的一种运输服务方式，也就是送货上门服务。

2. 安装调试服务

安装调试服务是指企业为保证用户购买的机器设备产品能按技术要求顺利安装、正确调试、可靠地起动运行，而应用户要求派出技术人员到现场负责指导或直接进行安装调试的一种售后服务工作。

（1）安装调试服务的内容

①指导或负责编制施工的设计方案、安装调试方案和时间进度方案。

②指导或负责组织设备安装施工，解决设备安装过程中的各种技术疑难问题。

③监督和检查设备安装的质量，确保质量达到规定的技术标准。

④指导或负责进行设备调试，处理设备调试过程中发生的各种异常现象。

⑤指导或负责进行设备的起动运行，确保设备起动成功并正常投入使用。

（2）安装调试服务的程序

①安装调试的准备阶段，这一阶段的重点是组织专人负责检查设备和配件、附件、工具及图样、资料等是否齐全；由技术人员、质检人员、安装人员等根据所承担的设备安装调试特点和技术要求，编制施工的组织设计方案、安装调试方案和制定相应的技术措施，明确重点工艺环节和作业进度，建立专机专项质量检查卡片。

②安装调试的实施阶段，这一阶段的重点是严格按照工艺规定的质量要求和安装调试程序，指导或组织人员进行设备的安装调试工作，解决安装调试中出现的技术问题，监督检查安装调试质量，确保设备起动成功，达到规定的技术要求。

③安装调试的总结阶段，这一阶段的重点是在设备安装调试成功之后，对安装调试的工程质量进行总结评比，听取用户的意见和建议，以便改进产品设计和制造工艺，以满足用户未来的需要。

（3）安装调试服务的基本要求

①企业要派出技术水平高、责任心强的技术人员为用户提供安装调试服务。

②企业要保证安装调试质量，以便用户购买的产品能够及时发挥作用。

③企业要对用户安装调试的设备产品规定一定的保证期，保证期内可根据用户的要求，负责提供设备维修服务和技术指导服务。

3. 备件供应服务

备件供应服务是指工业品生产企业为保证用户购买的本企业的机器设备产品能够正常运转和发挥效用，而提供维修所用的备品备件的一种售后服务工作。企业为用户提供备件供应服务的方式主要有以下几种：

（1）在承揽订货、考核生产任务和安排生产时间时，要做到备件和主机一样对待。

（2）建立备件供应网点，由用户根据需要自行前去购买。

（3）按照用户所需备件的订货，有计划地安排生产和供应。

（4）对常用备件可采取批量生产，多级库存，随时供应。

（5）对特殊备件可采取集中生产、集中供应。

（6）对淘汰产品用的维修配件，应专门生产，专门供应。

企业无论采取哪种备件供应服务方式，对用户所需的备件都要确保质量可靠，品种齐全，数量充足，价格合理，供应及时，以使用户感到满意。

4. 加工改制服务

加工改制服务是指企业根据用户的要求，对原来销售给用户的设备、器具等产品进行部分再加工改制的一种销售服务方式。加工改制服务的主要内容有以下几种：

（1）以旧改新，提高产品性能。

（2）以小改大，提高设备效率。

（3）修旧利废，提高旧设备利用率。

（4）改进外观，提高美观程度。

（5）改进型号，增加新的功能。

企业在进行加工改制旧产品时，要尽可能充分利用旧产品本身，并要保证经加工改制的旧产品功能有新的提高，切实满足用户所提出的要求。

5. 三包服务

三包服务是指企业对售出产品实行包修、包换、包退的具体做法。农机产品实行谁销售谁负责三包的原则。2009 年 9 月，国家质量监督检验检疫总局、国家工商行政管理总局、农业部、工业和信息化部发布《农业机械产品修理、更换、退货责任规定》，对农机产品的三包有效期、三包的方式、三包纠纷的处理以及农机销售者、修理者、生产者各自应承担的责任和义务，做出了详尽的规定，为保护农机消费者的利益，妥善解决农机产品质量纠纷，提供了具体的法规依据。农机营销员应认真学习、理解和执行农机产品的三包规定，既要对本企业负责，又要对广大农机消费者负责，保证产品使用价值的实现。

（1）包退包换服务。包退包换服务是指企业对于客户购买的产品，根据客户的要求，在一定期限内按一定条件给予客户退换的一种售后服务方式。企业对销售出去的产品实行有条件的包退包换，不仅是一个销售服务问题，也是一个对客户负责的问题。

①包退包换服务的内容：主要包括包换服务和包退服务两大方面。包换服务是指客户对购买后的产品感到不满意，产品质量有缺陷或不适合，而提出调换要求，则由企业负责给予调换。包退服务是指客户对购买的产品感到不适用或者有缺陷，由企业

根据客户的要求予以退货。

②包退包换服务的要求：主要包括以下几个方面。

• 企业对产品实行包退包换应有一定的条件尺度。对售出产品的退与换，必须做出明确具体的规定，明确属于什么问题允许退，属于什么问题允许换，以及什么条件下才允许退换，或者什么条件下不允许退换。总之，企业为客户提供的包退包换服务必须是有条件的，而不是无条件的。

• 企业对产品实行包退包换应有一定的时间期限。对已销售产品的退与换，必须规定具体的时间范围，如售出后十日内或一月内等，在这个时间范围内允许退换，超出这个时间范围则不予退换。所以，企业为客户提供的包退包换服务须具有一定的期限性和时效性，不可无限期地包退包换。

• 企业对产品实行退换应有一定的标志。实行包退包换的产品应出具相应的凭证。如发给客户一个退换信誉卡，一则可作为允许退换的凭证，二则可表示本企业讲究信誉，起到广告宣传的作用。

• 企业对客户退换产品应热情相待。企业的销售人员在为客户提供退换产品服务过程中，应与客户购买产品时一样热情相待，不能显示出不高兴或不耐烦的态度。否则，即使为客户提供了退换服务，也很难达到提供这种服务的目的和效果。

（2）产品维修服务。产品维修服务是指企业对售出的产品在客户使用过程中发生故障或造成损坏而负责进行修理，使之恢复正常功能的一种售后服务工作。

①产品维修的种类：产品维修服务主要包括包修业务和日常维修业务。

• 包修。这是指产品在保修期内的维修服务工作。企业在产品销售过程中，应根据产品的使用寿命和国家有关产品销售的包修规定，明确制定产品的包修期限。在规定期限范围内，客户购买的产品如果发生损坏或故障，企业有责任和义务对产品实行包修。

• 日常维修。这是指对超过包修期限的产品所进行的维修服务工作。客户购买的产品在超过包修期限之后，如果发生损坏和故障，企业也应予以提供维修服务。虽然这不属于企业的硬性责任和义务，但是这对建立企业的信誉、促进产品销售具有不可低估的作用。

②产品维修的方式：企业为客户提供产品维修服务的方式主要包括下列几种。

• 定点维修。这是由企业设置固定的维修场所，对客户购买的产品进行维修的一种方法。这种维修方法的特点在于：企业在购买本企业产品较为集中的地区建立维修服务部或服务站等固定维修的服务网点，配备相应的维修设施和技术人员，由客户把发生故障或损坏的产品送入企业设立的固定网点进行维修。

• 上门维修。这是企业应客户的要求，派出维修人员前往客户所在地对产品进行修理。这种维修服务的特点在于：企业不必设立固定的维修网点，只需要配备专业的维修队伍在企业待命，一旦接到客户提出维修要求的信件或电函，便把维修人员派往指定地点，登门给客户修理产品。

• 巡回维修。这是由企业建立巡回维修队伍，前往使用本企业产品的客户当中检查产品使用情况，一旦发现有故障或损坏的产品及时进行维修。

• 委托维修。这是企业在某一产品销售地区不设立自己的维修部门，而是委托该地区同类企业的维修部门或专业修理部门代为修理本企业的产品。

③维修服务的基本要求：主要包括这样几个方面。

• 企业要建立一支具有高度负责精神和较高技术水平的维修队伍，以确保能够充分胜任本企业产品的维修需要。

• 企业的维修人员要牢固树立全心全意为客户服务的指导思想，不断提高维修水平和质量，保证经维修后的产品能恢复原有的功能。

• 企业要供应充足的零配件，不仅为现行型号的产品，而且要为旧型号的产品提供零配件，以满足本企业各种产品的维修需要。

• 企业要建立客户档案，归类整理和长期保存所有的产品修理记录。

农机营销企业要如实向用户介绍商品的使用、维护、保养等方面的注意事项及售后服务方式、修理单位，提供有效的发票和售后服务的凭证。应设置三包服务机构，配备与经营规模相适应的三包服务人员。农忙季节应提供农机维修热线和 24 小时的昼夜服务，处理故障应做到及时，要向用户承诺处理故障的时限，并根据企业实际提供三包期外的有偿维修服务。

五、农机销售服务质量的提高

（一） 实施服务营销策略

现在，越来越多的企业关注提供快捷、高效、优质的销售服务，通过销售服务来开拓和维护市场。可以说，实施服务营销策略是全面提升客户满意度和忠诚度的必由途径。

1. 实施服务一体化

要使客户满意，必须搞好服务一体化工作，全方位、立体式地让客户从心理上感到满意。服务一体化包括售前和售后服务工作，它们相互联系，相互作用。服务一体化从纵向上看，是关系到产品销售全过程的服务；从横向上看，是多种服务项目、服务方式的综合。

2. 提供个性化的服务

在物流业、酒店业、金融业、医疗业、服装业、教育业、娱乐业等各个行业，甚至是政府职能部门，都在主张个性化的服务。当然，要做到个性化服务，不仅需要进一步细分市场，树立“以客户为中心”的理念，还需要依托销售服务硬件设备，特别是充分利用网络技术，提高个性化服务的水平。

3. 实施一对一营销

在一对一的基础上提升对每一位客户的占有程度，最终目标是提升整体的客户忠诚度，并使客户的终生价值达到最大化。当然，一对一的营销需要通过与客户一对一地沟通交流，设计一对一的定制产品和服务，构建一对一的销售组织，提供一对一的客户服务等环节才能实现。

4. 依据客户生命周期的不同阶段实施不同的服务

客户生命周期主要分为考察期、形成期、稳定期和衰退期四个时期。实施服务营销策略，还需要针对不同的客户生命周期实施不同的客户服务策略。

（二） 建立销售服务的质量指标体系

为了提高销售服务质量，建立销售服务的质量指标体系非常重要，实际运用过程中要把握住两个方面：一是服务质量过程指标体系的设置，服务是一个过程，没有高质量的服务过程也就难以保证高质量的服务结果；二是服务质量绩效指标的设置，抓住影响服务质量的关键指标，对提高服务质量至关重要。

1. 服务质量过程指标体系的设置

目的是通过分析服务质量问题产生的原因，指导管理者发现质量问题的根源，并寻找适当的消除差距的措施，提高服务质量。客户预期与客户实际感知的服务之间的差距——这是差距模型的核心，要弥合这一差距，就要对其他四个差距进行弥合：不了解顾客的期望；未选择正确的服务设计和标准；未按标准提供服务；服务传递与对外承诺不相匹配。

2. 服务质量绩效指标的设置

服务质量绩效测量的是服务质量的结果，它取决于服务内容、提供服务质量的水平能力和客户对服务质量的需求与期望。

（三） 提高销售服务质量

提高销售服务质量是指要求企业所有部门和全体人员参加的，以服务质量为核心，以客户忠诚为导向，从为客户服务的思想出发，综合运用现代管理手段和方法，建立完整的质量体系，通过全过程的优质服务，全面满足客户需求的质量管理活动。

1. 选择最有价值客户

企业在与客户建立关系之前，应进行客户潜在的成本与利益的衡量对比分析，并在潜在对象中确定真正的有利可图者。建立、维持和发展客户关系，势必牵涉大量投资，若企业从这种关系中的获益不能弥补投资并获取合理利润，则建立关系是不明智的。

2. 建立学习关系

学习关系表现为客户说出他们的需要，企业根据客户的需要定制产品和服务。企业必须与最有价值客户建立学习关系，只有这样才能获得、保持和发展最有价值客户。需要强调，客户信息数据库是企业与客户间建立学习关系的关键。

3. 建立与客户的全面互动关系

现代网络技术和电子商务技术为企业建立与客户的全面互动关系提供了良好的工具和手段，企业可以通过网络把企业和客户联成一体，并对服务流程进行整合，从而为客户提供一个集成的、一体化的、互动式的高效销售服务。

4. 培养满意学徒

客户感知的服务质量绝大部分由销售人员决定，学徒的操作水平和熟练程度影响技术质量，而学徒的精神面貌和友善态度影响功能质量。因此，只有满意的学徒才能创造出满意的客户。

5. 规范服务蓝图

服务蓝图是对服务所做出的可视性的整体描述，它有利于加深销售人员对整个服务过程的认识，加深对服务质量的了解，认清自身在服务中所扮演的角色，确保服务前后过程的衔接。此外，服务蓝图有利于企业有效地引导客户参与服务过程并发挥积极作用，明确质量控制活动的重点，使服务提供过程更合理。最后，服务蓝图还有助于识别服务提供过程中的失败点和薄弱环节，改进服务质量，并全面提升服务的质量。

6. 进行服务创新

以客户为中心的销售服务是一个差别化服务的概念，企业面对的客户很多，不同层次的客户需求各不相同，采取统一标准和模式的服务来满足所有客户的需求是不可能的。在资源有限的情况下，企业要为客户提供满意的服务，应走差别化服务的路子，即对不同的客户提供不同的产品和服务、不同的服务流程、不同的定价水平和不同的服务环境，这就需要对服务进行持续的创新。

7. 进行服务补救

企业的销售服务难免有失误，服务失误伤害了客户的感情，必然会引起客户的不满、投诉甚至背离。但是，企业如果能够及时进行补救和补偿，如通过道歉、送礼物、免费、提供额外服务等办法向客户真诚地表达自己的歉意，就可以重新赢得客户。

8. 多方参与控制服务质量

销售服务质量的提高是一个系统化过程，仅仅通过销售人员参与控制服务质量很难有理想的效果。因此，多方参与共同控制是提高服务质量的必由途径：一是让客户参与监督控制，提高客户的感知服务质量；二是让学徒参与服务质量监测，减少对销售服务绩效考评的抵触情绪；三是利用统计过程进行监测，构建和使用质量控制图来监测服务质量。

六、以凯斯纽荷兰机械（哈尔滨）有限公司质量保证（三包）条款为例

购买凯斯纽荷兰机械（哈尔滨）有限公司产品的用户将会有为期 12 个月符合制造厂商标准的三包服务，凯斯纽荷兰授权经销商在三包期内对购买其产品的用户提供免费的维修服务。

凯斯纽荷兰机械（哈尔滨）有限公司对下列在中国销售和使用的产品提供如下有条件的保修，在保修期内，凯斯纽荷兰机械（哈尔滨）有限公司负责提供因弥补产品材料或工艺的缺陷所需要的零配件，该保修期始于产品被任何人（包括最终用户，凯斯纽荷兰机械（哈尔滨）有限公司中国经销商或雇员）首次交付使用之时。下列产品的保修期为一年。

- T2104 拖拉机
- T1404 拖拉机
- T1804 拖拉机
- PUMA 系列拖拉机
- T1654 拖拉机
- MAGNUM 系列拖拉机
- T1564 拖拉机
- 凯斯 1104 拖拉机
- T1104 拖拉机
- 7 系列拖拉机

产品被用于商业和建筑领域时，质保期是 6 个月或发动机运转 500 小时（以先到达者为准）。对于上述产品，凯斯纽荷兰机械（哈尔滨）有限公司对主要部件的保修时间为 2 年（仅限于零部件本身的铸造原因产生的砂眼、裂纹等）。主要部件包括发动机机体、发动机缸盖、飞轮、离合器壳体（如果有）、机架、变速箱箱体、转向器、差速器壳体、最终传速箱箱体，制动器和提升器壳体、半轴壳体、牵引板。

（一）凯斯纽荷兰机械（哈尔滨）有限公司三包条款

凯斯纽荷兰机械（哈尔滨）有限公司对产品在正常使用情况下，因产品制造缺陷或零件材质问题所引起的故障问题提供为期一年免费的三包服务，三包期的计算方法从产品销售的当天日期算起。凯斯纽荷兰机械（哈尔滨）有限公司授权经销商以更换零件或维修来履行三包服务，包括人力成本。如果提供维修服务的经销商不是原来销售产品的经销商，用户要提供购买其产品的证明在三包期内，任何因质量被更换或维修的配件将会享受免费的三包服务。三包期的维修过程中，只能使用纯正的哈尔滨纽荷兰配件或授权制造厂商提供的零件。油泵的服务将会由 OEM 供应商直接提供，凯斯纽荷兰机械（哈尔滨）有限公司经销商将会直接与 OEM 供应商联系产品的服务和保养

要求符合凯斯纽荷兰机械（哈尔滨）有限公司使用说明书上的技术要求和参数。在三包期内，服务维修配件，各种维护保养油类产品必须是纯正的凯斯纽荷兰机械（哈尔滨）有限公司产品。产品的所有者必须要求机手接受凯斯纽荷兰机械（哈尔滨）有限公司经销商的操作培训与鉴定。

三包质量保证将不会应用到以下情况：

•用户所购买的产品没有发票和“三包凭证”或规格型号与发票不一致。

•产品超过三包有效期。

•用户没有填写保修单。

•正常的保养服务（例如发动机的磨合、燃油系统的清洗、刹车和离合器的调整）

•正常的更换服务配件（例如：滤芯、喷油器、制动器、离合器衬套、冷却剂）

•由于正常的使用和暴露导致皮带、软管的磨损

•由于人员配备的不及时、不到位，使得农作物造成损失，环境造成的危害以及经济损失。

•辅助装备的更换和移除，非哈尔滨纽荷兰。

•超过额定的装载量和轮轴的重量。

•提高发动机的额定速度和功率。

•由于用油不干净和受污染导致燃油系统受损坏。

•不按说明书进行正常的维护保养。

•不按规定使用燃油和润滑油引起的磨损。

•未经凯斯纽荷兰机械（哈尔滨）有限公司授权，对产品进行私自改装，或者是因为疏忽大意和野蛮操作导致意外事故。

•液压力的提高幅度超过减压阀的设计。

•附加装置、设备、零件的使用对产品的性能和可靠性产生相反的作用。

•未经正规培训、无证驾驶、操作。

•因不可抗力造成的故障。

•发生故障后，自行处置不当造成对故障原因无法做出技术鉴定的。

•非产品质量原因，发生其他人为损坏的。

（二） 质量保证的限制与免除

本条款包括凯斯纽荷兰机械（哈尔滨）有限公司质量保证的全部内容。对此，凯斯纽荷兰机械（哈尔滨）有限公司再无其他明示或暗示的说明或保证，对于特殊目的的产品使用，尤其不具有适销性和适用性的暗示保证。对于由其他生产厂家提供质量保证的部件或其他项目，凯斯纽荷兰机械（哈尔滨）有限公司不提供明示或暗示的质量保证。

CNH 凯斯纽荷兰产品保修卡

				索赔单号	
用户姓名		地址			
电话		发票编号		保修起止日	
经销商名称			电话/传真		
产品型号		出厂编号		生产商	
发动机型号		发动机号		生产商	
工作时间		保修时间		维修人员	
保修内容				服务中心盖章	
用户签名					

（三） 质量保证条款内容的非修订与扩充性

凯斯纽荷兰机械（哈尔滨）有限公司提供的质量保证仅限本文所描述的书面条款。凯斯纽荷兰机械（哈尔滨）有限公司未授权包括凯斯纽荷兰机械（哈尔滨）有限公司的代理或销售商在内的任何人以任何方式改变或扩充本质量保证条款的内容。在本条款限制或免除内容之外，对于给予购买者在维修或操作凯斯纽荷兰机械（哈尔滨）有限公司设备上的任何协助，将不构成对本条款限制或免除内容的放弃，也将不构成对于本条款内容的扩充或恢复。

（四） 保修单

保修单

产品名称

型号：	规格：	产品编号：
发动机牌号：	发动机型号：	发动机编号：
发动机生产商：	前桥号：	特殊选项：
生产日期：	交货日期：	

第一用户：

姓名：	电话：	手机：
地址：		

第二用户：

姓名：	电话：	手机：
地址：		

第一经销商/维修公司：

姓名：	电话：	手机：
地址：		

第二经销商/维修公司：

姓名：	电话：	手机：
地址：		

1. 产品的使用及维护

你的新产品已经进行过交货前的检查并符合CNH公司规定的技术规范，要想得到连续高效而经济的运作，则取决于定期的维护和良好的维修程序。在我们向您发货的时候，你将收到一本“使用说明书”。该书包含需要的设备操作及维护方面的信息，其中，“使用说明书”中特别注明了一项50～100小时的保养服务，厂家授权的经销商/维修公司将对你的设备进行检查并做一些小的必要的调整。

2. 保修单中配备的零部件

在保修期内，如果出现需要替换可保修部件的情况，厂家授权的经销商/维修公司将免费替换被保修零部件。厂商保留改良或更改其产品的权力，不对以前所出售的设备承担进行这种改良或修改的任何义务。

3. 保修期以外的修理

我们的目的是使你对你的机器一直保持满意。我们的经销商维修公司将派经过培训且有经验的技术人员进行维修，并就最经济的操作及维护程序向你提出建议，并且能够进行你需要的任何修理工作。

4. 保修范围和保修限制

本保修单是根据中华人民共和国国务院2010年6月1日颁发的《农业机械产品修理、更换、退货责任规定》而提供的，并且适用于该条款。整个产品的保修期是自销售到第一用户/所有人之日起为期12个月，此保修工作将由厂家授权的经销商维修公司负责进行，替换或修理任何有缺陷的部件所带来的费用包括有关的劳务费用均应由该经销商维修联公司承担。本保修单将不适用于：

（1）正常维护保养，例如：发动机气门调整、燃油系统的清洗、喷油嘴的调整、制动装置、离合器及操作性的调节。

（2）保养项目的正常替换，例如：过滤器、喷嘴、制动装置或离合器摩擦片衬片。

（3）由于正常使用或风吹日晒导致的发动机皮带、软管及外抛光的质量变差。

（4）接地部件的损耗。

（5）受操作人员滥用、疏忽、误用、粗心大意或意外等因素影响的任何产品的零件，或者因使用了非CNH公司制造或提供的零部件或设备，并且经销商/维修公司认为这种用法影响了有关零部件的性能或可靠性。

（6）在授权经销商/维修公司以外的商业场所，以该经销商/维修公司认为会影响其性能或可靠性的方式进行更改或修理的任何产品的零部件。

本产品保修期自签署本文件之日开始。保修期内剩余的保修期可以转让给后来的产品所有人，在你要求进行保修维修服务的时候，你应该向经销商维修公司出示该文件，因此建议你保留好本文件。

保修开始日期：　　　　　　　　保修截止日期

用户签名：　　　　　　　　　　经销商/维修公司盖章及签名：

保修期内的修理记录：

日期：	修理说明
1	
2	
3	
4	
5	

（五） 拖拉机交货单

产品名称

型号：	规格：	产品编号：
发动机牌号：	发动机型号：	发动机编号：
发动机生产商：	前桥号：	特殊选项：
生产日期：	交货日期：	

第一用户：

姓名：	电话：	手机：
地址：		邮编：

第二用户：

姓名：	电话：	手机：
地址：		邮编：

第一经销商/维修公司：

姓名：	电话：	邮编：
地址：		

第二经销商/维修公司：

姓名：	电话：	邮编：
地址：		

拖拉机交货单（PDI）

是否验收

1　外　观

是　否　10 驾驶条件

☐　☐　11 油漆质量：机罩/仪表盘①轮子/轮辋②

☐　☐　12 拖拉机底盘质量

☐　☐　13 拖拉机是否根据订货制造

☐　☐　14 遗失件

2　液　位

☐　☐　20 发动机油底壳

☐　☐　21 制动器油箱①　离合器液压控制②

☐　☐　22 变速箱　①　后桥②　后桥最终传动③

☐　☐　23 液压转向油箱

☐　☐　24 前桥：差速器①　前轮最终传动②

☐　☐　25 冷却　①　风挡清洗器②

3　循环液体油封

检查项目：卡子松动①　接头②　其他③

☐　☐　30 发动机冷却液　①　②　③

☐　☐　31 燃油系统　①　②　③

☐　☐　32 液压提升器　①　②　③

☐　☐　33 液压转向　①　②　③

☐　☐　34 遥控阀　①　②　③

☐　☐　35 离合器　①　②　③

☐　☐　36 制动器　①　②　③

☐　☐　37 风挡清洗器　①　②　③

4　液体密封

检查项目：放油螺塞①　其他②

☐　☐　40 发动机　①　②

☐　☐　41 变速箱/后桥　①　②

☐　☐　42 后桥最终传动　①　②

☐　☐　43 变速箱　①　②

☐　☐　44 转换前桥　①　②

☐　☐　45 前桥最终传动　①　②

是否验收

5　功能检查

是　否

☐　☐　50 启动开关　①

☐　☐　仪表/标尺/警示灯　②

外形　③　功能能监视④

☐　☐　51 转向灯　①　闪灯②

停车灯　③　前灯④

驾驶室灯　⑤　喇叭⑥

☐　☐　52 空调器：热风　①　冷风②

☐　☐　53 发动机转速（转/分）：最低①最高②

☐　☐　54 结合：动力输出轴①

同步式动力输出轴②

动力输出轴制动器③

☐　☐　55 接合：前驱动轮　①　前桥差速器②

后桥差速器③

☐　☐　56 接合：　机械式变速箱①

高—低　②　超速转动③

ECO 速度　④　液压换档⑤

☐　☐　57 接合：　倒挡①

分动器　②　爬行挡③

☐　☐　58 提升器　①　液压转向②

☐　☐　59 制动器　①　挂车制动器②

6　调整

☐　☐　60 离合器　①　动力输出轴②

☐　☐　61 转向器　①　座椅②

☐　☐　62 提升器控制：机械式①　电子式②

LIFT-O-MATIC③

☐　☐　63 遥控阀

☐　☐　64 制动器：行车①　驻车②

☐　☐　65 驾驶室：　门①　后窗②风挡玻璃③

☐　☐　66 前轮内倾　①自动快速挂接装置②

☐　☐　67 风扇皮带　①　空调压缩机皮带②

7　其他检查

☐　☐　70

☐　☐　71

序号	重要事项：不合格项详细说明

PDI 日期：	发动机小时数：
经销商或维修公司签字：	用户签字：

（六） 保修检查附单

农机售后保修是农机售后的重要环节，是确保售出产品在出现故障后得到及时修理和维护，提高客户满意度和提升产品服务年限的重要途径。一般农机的保修检查附单分为两大类：第一次保修检查附单（50～100 发动机小时）和第二次保修检查附单（在保修期期满之前）样板如下：

产品名称：

型号：	规格：	产品编号：
发动机牌号：	发动机型号：	发动机编号：
发动机生产商：	前桥号：	特殊选项：
生产日期：	交货日期：	

第一用户：

姓名：	电话：	手机：
地址：		

第二用户：

姓名：	电话：	手机：
地址：		

第一经销商/维修公司：

姓名：	电话：	手机：
地址：		

第二经销商/维修公司：

姓名：	电话：	手机：
地址：		

第一次保修检查附单（50～100 发动机小时）

冷车保养检查	
1. 轮胎压力和状况：	2. 散热器冷却液液位：
3. 检查皮带：	4. 调节压缩机驱动皮带的松紧度：
5. 更换发动机机油和过滤器：	6. 更换液压/变速箱过滤器：
7. 检查变速箱/后桥油位：	8. 检查前轴差速器油位（4WD)：
9. 检查前桥轮毂油位（4WD)：	10. 制动器主缸液位：
11. 离合器主缸液位（机械变速箱)：	12. 检查制动器踏板的均衡性：
13. 手制动器的拉线调：	14. 轮与轮辋的夹紧螺栓和紧固锁定螺母：
15. 将轮盘固定到轮毂上的紧固螺母：	16. 前端配重支架紧固螺栓：
17. 前轮内倾：	18 润滑前轮轴承（2WD)：
19. 为所有的黄油嘴加注黄油：	20. 调节发动机气门间隙：
21. 清洁空气过滤器并检查软管连接：	22. 清理池中的积尘：
23. 检查电池电解液的液位（如果可适用的话)：	24. 检查膨胀水箱中的冷却液液位：
25. 检查散热器清洁器：	26. 检查燃油过滤器沉积杯并进行清洗：
安全部件检查	
1. 驾驶室或驾驶室安全护架螺栓扭矩（如果可适用的话)：	2. 中立启动开关的操作：
3. 地面驱动 P. T. O. 互锁开关操作（如果可适用的话)：	
热车检查	
所有操作性检查都必须在拖拉机在正常操作温度	
1. 检查照明灯和灯泡：	2. 检查仪表是否正常运行：
3. 风挡玻璃清洗器雨刮器的操作：	4. 液体和油的渗漏：
5. 最大零负载速度和空转速度调节及燃油关闭：	6. P. T. O. 的操作：
7. 牵引力调节系统和位置调节系统的操作（液压系统)：	8. 液压流量控制系统的操作（液压系统)：
9. 液压输出阀的操作（液压系统)：	10. 变速箱离合器踏板断开开关的调节：
11. 检查/替换保险丝：	
性能检查	
1. 发动机操作包括油门和调速器的操作：	2. 传动变速箱，包括离合器：
3. 变速箱离合器的校正（动力换挡)：	4. 方向盘控制：
5. 差速器锁定机构的啮合和分离：	6. 制动作用：
7. 所有附加设备及零件：	
第一次保修检查日期：	发动机小时数：
经销商或维修公司签字：	用户签字：

产品名称：

型号：	规格：	产品编号：
发动机牌号：	发动机型号：	发动机编号：
发动机生产商：	前桥号：	特殊选项：
生产日期：	交货日期：	

第一用户：

姓名：	电话：	手机：
地址：		

第二用户：

姓名：	电话：	手机：
地址：		

第一经销商/维修公司：

姓名：	电话：	手机：
地址：		

第二经销商/维修公司：

姓名：	电话：	手机：
地址：		

第二次保修检查附单（在保修期期满之前）

冷车保养检查	
1. 轮胎压力和状况：	2. 散热器冷却液液位：
3. 检查皮带：	4. 调节压缩机驱动皮带的松紧度：
5. 更换发动机机油和过滤器：	6. 更换液压/变速箱过滤器：
7. 检查变速箱/后桥油位：	8. 检查前轴差速器油位（4WD）：
9. 检查前桥轮毂油位（4WD）：	10. 制动器主缸液位：
11. 离合器主缸液位（机械变速箱）：	12. 检查制动器踏板的均衡性：
13. 手制动器的拉线调；	14. 轮与轮辋的夹紧螺栓和紧固锁定螺母：
15. 将轮盘固定到轮毂上的紧固螺母：	16. 前端配重支架紧固螺栓：
17. 前轮内倾：	18 润滑前轮轴承（2WD）：
19. 为所有的黄油嘴加注黄油：	20. 调节发动机气门间隙：
21. 清洁空气过滤器并检查软管连接：	22. 清理池中的积尘：
23. 检查电池电解液的液位（如果可适用的话）：	24. 检查膨胀水箱中的冷却液液位：
25. 检查散热器清洁器：	26. 检查燃油过滤器沉积杯并进行清洗：
27. 检测钢筋座，检查油位：	28. 排干燃油箱：
29. 检查发动机是否有烟并调节喷嘴，如果有必要的话：	

续表

安全部件检查	
1. 驾驶室或驾驶室安全护架螺栓扭矩（如果可适用的话）：	2. 中立启动开关的操作：
3. 地面驱动 P. T. O. 互锁开关操作（如果可适用的话）：	
热车检查	
所有操作性检查都必须在拖拉机在正常操作温度状态下进行：	
1. 检查照明灯和灯泡：	2. 检查仪表是否正常运行：
3. 风挡玻璃清洗器刮雨器的操作：	4. 液体和油的渗漏：
5. 最大零负载速度和空转速度调节及燃油关闭：	6. P. T. O. 的操作：
7. 牵引力调节系统和位置调节系统的操作（液压系统）：	8. 液压流量控制系统的操作（液压系统）：
9. 液压输出阀的操作（液压系统）：	10. 变速箱离合器踏板断开开关的调节：
11. 检查/替换保险丝：	
性能检查	
1. 发动机操作包括油门和调速器的操作：	2. 传动变速箱，包括离合器：
3. 变速箱离合器的校正（动力换挡）：	4. 方向盘控制：
5. 差速器锁定机构的啮合和分离：	6. 制动作用：
7. 所有附加设备及零件：	8. 离合器反应时间的校正（高—低）：
第二次保修检查日期：	发动机小时数：
经销商或维修公司签字：	用户签字：

【任务实施】

在上述情境中，各小组销售人员可以按照表 3-37 所列步骤实施。

表 3-37　任务实施表

环节	对应项目	具体程序
1	了解售后服务质量保证“三包”	在师傅指导带领下，各小组销售人员对农机售后服务质量保证“三包”应用进行整理、分析。
2	搜集农机质量保证“三包”知识	掌握销售服务及售后管理的基本方法，能够按照相应的程序和方法熟知售后服务质量保证“三包”应用的要求对搜集资料进行编辑、分组、汇总和制表制图等资料整理工作程序的工作方法和技巧。
3	草拟农机质量保证“三包”应用实例	按照售后服务质量保证“三包”应用的要求，草拟一份农机质量保证“三包”应用实例。具体工作如下： (1) 分析售后质量保证“三包”应用，得出结论，并提出建议。 (2) 分组讨论售后服务质量保证“三包”应用的标题、结构、组成内容等。 (3) 分工，并编写售后服务质量保证“三包”条款。 (4) 合理编排质量保证“三包”条款的格式。
4	确定农机质量保证“三包”应用实例	进行组织讨论、研究，编排质量保证“三包”条款。对整理好的资料进行分析，撰写一份较为合格的农机质量保证“三包”应用实例。

按照上述步骤，在师傅的指导下，各小组销售人员对农机售后服务质量保证“三包”应用进行整理、分析后，按照售后服务质量保证“三包”应用的要求，草拟一份农机质量保证“三包”应用实例。分析售后服务质量保证“三包”应用，得出结论，并提出建议。讨论售后服务质量保证“三包”应用的标题、结构、组成内容等。分工，并编写售后服务质量保证“三包”条款。合理编排质量保证“三包”条款的格式。

【工作任务实施记录与评价】

1. 销售服务及售后管理计划

师傅指导记录	销售服务及售后管理质量评价	评价成绩
		日期

2. 学徒关键职业能力及职业品质、工匠精神评价

项目	A	B	C	D
工作态度				
吃苦耐劳				
团队协作				
沟通交流				
学习钻研				
认真负责				
诚实守信				

3. 学徒对工作过程的反思

附　录

农机市场营销学徒岗位课程标准

Appendix
Appendix
Appendix
Appendix

农机市场营销学徒岗位课程标准

试点专业名称	农业装备应用技术专业		
学徒岗位课程名称	农机市场营销		
学徒岗位课程工作描述	农机市场营销学徒岗位任务由六个任务组成：1. 农机营销岗位安全知识；2. 农机市场营销认知；3. 农机市场营销策划分析；4. 农机消费者购买行为分析；5. 实施农机市场营销策略；6. 农机销售管理。该教材基于农机企业营销环境，根据企业实际需求设计教材项目，通过规划、分析和制定农机企业真实营销策略，开展农机市场调研与分析，制定农机市场营销策划，并提高农机销售管理工作的能力。教学项目真实、设计完整，符合学生思维习惯和学习顺序，并有利于培养学生对整体内容的认知和把握，引导职业理念，帮助学生树立职业目标、熟悉工作内容，增强就业和职业能力。	学徒工作学习周数	20 周
课程教学目标与学习产出	职业素质目标（可量化考核）： 1. 具有良好的市场营销岗位工作职业素养； 2. 爱岗敬业团队合作的职业素养； 3. 认真、踏实、进取的工作态度； 4. 具有健康的身心素质。 考核依据： 1. 客户、师傅和校内指导对学徒职业素养考核合格； 2. 团队成员相互评价考核合格。 专业知识目标（可量化考核）： 1. 制定农机市场营销策划的程序和目标； 2. 运用营销策略，进行农机产品市场细分、目标市场的选择及市场定位； 3. 理解产品整体概念、产品组合、产品生命周期的内涵，理解品牌策略的内涵； 4. 制定农机产品的定价目标，掌握定价方法、定价程序及价格； 5. 分析农机产品分销渠道的作用及类型，阐述分销渠道决策的基本内容及其影响因素； 6. 实际运用促销组合策略进行农机产品营销，使用广告、公共关系、营业推广、人员促销等策略。 考核依据：根据客户要求，运用专业知识选择适合于该用户的农机具，销售农机具 1 台。 职业能力目标（技术技能和岗位从业能力）： 1. 制定农机市场营销策划的目标，按照营销策划的程序进行农机产品的策划； 2. 对某款农业机械产品进行目标市场营销策略分析，实施农机市场营销策略； 3. 进行某款农业机械产品的营销活动（产品、价格、渠道、促销）策划，并形成策划方案； 考核依据：根据企业要求策划某款农业机械产品的营销活动，制定策划方案，销售农机具 2 台。		

续表

<table>
<tr><td rowspan="3">学徒岗位认证条件</td><td>学徒岗位技术、设备、规模资质，质量管理等保障条件</td><td>岗位现代化生产技术设备水平：拥有各类品牌大中型农机的销售企业，东方红、雷沃、凯斯纽荷兰、约翰迪尔、道依茨法尔、久保田等主流品牌农机具销售展厅和样机。
规模资质：企业取得不同品牌各类农机具经销权，具有办公场所200平方米以上、农机具销售展厅5 000平方米以上。农机具销售企业年度销售规模1 000万以上，企业农机销售人员10～15人以上。
企业文化与质量管理：企业管理规范、企业场所文化氛围浓厚，特色鲜明管理规范。企业通过2000版ISO9000认证或构建有完善的质量保证体系。
企业科技与人员水平：企业农机具营销人员实践能力强，本科以上且有系统培训或兼职教学经历，农机具营销工作5年以上，主持片区营销工作技术人员不少于5人，并有带徒指导的时间。</td></tr>
<tr><td>学徒岗位课程实施工作场所与使用工具</td><td>工作场所：农机具销售企业办公场所、销售展厅。
使用工具：东方红、雷沃、凯斯纽荷兰、约翰迪尔、道依茨法尔、久保田等主流品牌农机具样机</td></tr>
<tr><td>学徒岗位课程实施岗位职业安全与规章制度</td><td>1. 认真学习和严格遵守各项规章制度，不违反劳动纪律，不违章作业，对本岗位的安全生产负直接责任。
2. 精心操作，严格执行工艺纪律，做好各项记录。作业前落实好安全防护措施，交接班时必须交接安全情况。
3. 正确分析、判断和处理各种事故隐患，把事故消灭在萌芽状态，如发生事故，要正确处理及时如实地向上级报告，并保护好现场，做好详细记录。
4. 按时认真进行农机具设备巡回检查，发现异常情况及时处理和报告。
5. 正确操作、精心维护好设备，保持作业环境整洁，搞好文明生产。
6. 上岗时按规定着装，打磨时必须戴好防护镜。
7. 妥善保管和正确使用各种防护器具和灭火器材。
8. 积极参加班前、班后会等各种安全活动。
9. 有权拒绝违章作业的指令，对他人违章作业加以劝阻和制止。</td></tr>
<tr><td colspan="2">行业企业工作学习职业行为规范</td><td>职业守则：爱岗敬业；掌握技能，精益求精；保证质量，诚实守信；立足本职，服务农民。
行为规范：着装企业统一服装、衣着朴实；培训交流言语实在、言行一致；遵守企业规章制度，保护企业利益，保证客户权益，不受贿赂，不侵占群众利益。
安全生产规范：遵守企业生产安全、出行安全、食宿安全的有关规定。</td></tr>
</table>

续表

企业师傅、专业指导教师配置与教学要求	企业师傅认证条件： 1. 本科学历、中级职称或片区经理； 2. 独立开展农机具销售工作 5 年以上； 3. 具有培训、兼职教学经历。 企业师傅配置要求： 1. 企业师傅需经专业学徒制委员会按“专业学徒师傅标准”认证； 2. 企业师傅与学生按 1∶1 或 1∶2 的比例配置。			
可考取的职业资格证书、行业或企业证书	农机修理工			
岗位工作学习任务(或项目)	工作学习内容	工作学习组织	学习产出考核标准	工作学习时间
企业岗前培训	企业文化管理、企业财务管理、人力资源管理、技术业务培训、产品市场营销等。	1. 由企业各部门主管按照学徒进行轮训。 2. 在企业师傅指导下制订学徒期间的工作计划、学习计划和专题研修计划。	1. 了解企业管理结构、发展环境； 2. 了解企业对技术员的业务和行为规范要求，自身职业生涯发展； 3. 了解企业技术、产品市场、财务流程等； 4. 制订学徒制期间的工作计划、学习计划和专题研修计划	0.5 周
农机营销岗位安全知识	1. 学徒岗位安全生产职责 2. 掌握事故预防与控制理论 3. 掌握事故预防与控制理论 4. 了解我国安全生产方针、法规、管理体制 5. 了解安全管理知识	通过师傅的讲解、试验，学徒小组实操演练，师傅和客户评价	1. 能够遵守岗位安全生产注意事项 2. 工作中能够正确做好防护，识读相关安全标示 3. 能够按照安全规程操作设备 4. 能够按要求做好事故预防相关措施	0.5 周
农机市场营销认知	1. 熟悉农机市场的主要品牌与车型特点； 2. 了解国际、国内农机市场的基本情况； 3. 掌握市场营销与农机营销概念； 4. 了解农机市场营销工作岗位及其职能。	通过师傅的讲解、试验，学徒小组实操演练，师傅和客户评价	1. 能够应顾客要求进行车系、品牌车型的特点介绍，为顾客购车提供必要的参考； 2. 能对优秀的营销案例进行分析，借鉴其成功的经验，服务于本职工作； 3. 能够把学到的农机市场营销管理知识运用到实际工作中。	1 周

续表

农机市场营销策划分析	1. 掌握农机市场营销环境的概念和分类； 2. 掌握农机市场营销宏观和微观环境内容，能够对某某市场营销环境进行分析； 3. 熟悉市场调查与市场预测的方法与作用； 4. 理解市场细分的作用，熟悉市场细分标准，理解企业产品市场定位的作用； 5. 了解农机营销策划的流程和影响因素；熟悉市场营销策划包含的内容和程序。	通过师傅的讲解、试验，学徒小组实操演练，师傅和客户评价	1. 能够对某个市场营销环境进行分析； 2. 能明确农机产品市场定位，完成市场细分的案例分析； 3. 能设计某个品牌农机产品市场调查（如客户满意度调查等）； 4. 能编制农机营销策划大纲。	2 周
农机消费者购买行为分析	1. 掌握农机个体消费者购买行为特征和行为过程； 2. 掌握影响农机个体消费者购买行为的因素； 3. 了解农机个体消费者购买行为的类型； 4. 了解集团消费者农机购买行为的含义、特征及类型； 5. 掌握影响集团消费者农机购买行为的因素。	通过师傅的讲解、试验，学徒小组实操演练，师傅和客户评价	1. 能够对农机消费者购买行为特征、行为过程、类型、影响因素进行系统分析； 2. 能够撰写影响消费者农机购买行为分析报告。	2 周
实施农机市场营销策略	1. 了解营销理论组合营销的概念； 2. 学会以市场为导向，以产品销售为目的，会利用营销理论进行农机营销操作。	通过师傅的讲解、试验，学徒小组实操演练，师傅和客户评价	运用营销策略实施某品牌农机产品的营销策划	12 周
农机销售管理	1. 掌握农机产品销售的规范流程； 2. 掌握顾客接待的基本礼仪和行为规范； 3. 掌握产品介绍的基本方法和技巧； 4. 熟悉农机售后服务的管理程序。	通过师傅的讲解、试验，学徒小组实操演练，师傅和客户评价	1. 能够借助产品资料进行整车介绍； 2. 能够把学到的商务礼仪和销售流程运用到农机介绍中来。 3. 养成良好的职业素养和行为习惯，培养良好的服务理念。 4. 能够开展三包服务、交货和第一次保修、第二次保修引导。	1.5 周

续表

<table>
<tr><td>学徒培养总结</td><td>企业师傅指导学徒系统总结学徒期间三项计划的完成情况，形成学徒总结。专题研修报告具有一定的技术含量。</td><td>总结、指导、审阅修改总结报告和研修报告。</td><td>1. 学徒培养总结报告。
2. 学徒岗位工作总结报告。
3. 学徒培养学习成果报告。
4. 专题研修技术报告或论文。</td><td>0.5周</td></tr>
<tr><td>职业品质与工匠精神培养</td><td colspan="4">学徒按照准学徒身份，在企业师傅言传身教，人格潜移默化影响下，在通过企业管理、农机具营销、绩效考核、调查研究、分析总结、农民组织与沟通等业务工作开展中，不断磨炼学生职业品质和素养，规范职业行为，逐步形成工匠精神，培养出良好的职业素养。</td></tr>
<tr><td>工作学习资源</td><td colspan="4">教材、各大农机品牌厂家资料、网络资源、企业内部资料和学校教学资源等。</td></tr>
<tr><td>学徒学业考核评价方案</td><td colspan="4">按照学院学徒制试点改革方案，学徒学业评价给予企业学徒岗位工作情景，充分体现社会化学习成果和岗位工作成果，注重关键职业能力和技术技能掌握运用。
学徒学业考核由三个部分组成：
<table>
<tr><td colspan="2">企业岗位考核
（20%）</td><td colspan="2">企业师傅观察性考核
（20%）</td><td colspan="3">学徒量化学习产出目标考核
（60%）</td></tr>
<tr><td colspan="2" rowspan="5">按企业学徒同等要求的月考核结果。</td><td colspan="2" rowspan="5">企业师傅在以师带徒的过程中对学徒的态度、行为规范、职业品质、工匠精神和专业知识掌握应用观察性考核。</td><td colspan="3">学徒岗位完成工作任务量化技术技能操作运用能力考核</td></tr>
<tr><td>序号</td><td>技术技能名称</td><td>评价结果</td></tr>
<tr><td></td><td></td><td></td></tr>
<tr><td></td><td></td><td></td></tr>
<tr><td></td><td></td><td></td></tr>
<tr><td>月份</td><td>考核结果</td><td>项目</td><td>等级
（A/B/C/D）</td><td></td><td></td><td></td></tr>
<tr><td></td><td></td><td>工作态度</td><td></td><td></td><td></td><td></td></tr>
<tr><td></td><td></td><td>行为规范</td><td></td><td></td><td></td><td></td></tr>
<tr><td></td><td></td><td>职业品质</td><td></td><td></td><td></td><td></td></tr>
<tr><td></td><td></td><td>工匠精神</td><td></td><td></td><td></td><td></td></tr>
<tr><td></td><td></td><td>专业知识掌握应用能力</td><td></td><td></td><td></td><td></td></tr>
</table>
</td></tr>
</table>

参考文献

[1] 施颖．农机市场营销［M］．北京：机械工业出版社，2014.
[2] 付慧敏，罗双，郭玲．汽车营销实务［M］．哈尔滨：哈尔滨工业大学出版社，2013.
[3] 科特勒，凯勒．营销管理［M］．卢泰宏，译．13 版．北京：中国人民大学出版社，2009.
[4] 赵铁．市场调查与分析［M］．北京：北京交通大学出版社，2008.
[5] 蔡瑞林．销售管理实务［M］．北京：人民邮电出版社，2011.
[6] 袁燕，钟红霞．新编市场营销［M］．北京：东方出版社，2013.
[7] 钱增泉．市场营销学［M］．南京：东南大学出版社，2007.
[8] 黄彪虎．市场营销原理与操作［M］．北京：北京交通大学出版社，2008.
[9] 李岩，黄业峰．市场营销学［M］．北京：科学出版社，2006.
[10] 杨春富．营销渠道管理［M］．南京：东南大学出版社，2006.
[11] 贾凯军．新概念营销［M］．北京：中国经济出版社，2007.
[12] 曹成喜．市场营销［M］．上海：立信会计出版社，2004.
[13] 任锡源．营销策划理论与实务［M］．北京：首都经济贸易大学出版社，2006.
[14] 李红梅．市场营销实务［M］．北京：电子工业出版社，2009.
[15] 张新植，乔金友，刘宏新，等．农业机械管理［M］．哈尔滨：黑龙江科学技术出版社，2008.
[16] 张瑞宏，孙玉兴．农机化运用实务［M］．北京：中国农业出版社，2004.
[17] 刘建伟．汽车销售实务［M］．北京：北京理工大学出版社，2012.
[18] 顾燕庆，朱小燕．汽车销售顾问［M］．北京：机械工业出版社，2012.
[19] 宋润生．汽车营销基础与实务［M］．广州：华南理工大学出版社，2008.